KB123508

고대·중세의 畿內부근

(8世紀ごろ)

0　10　20　30　40km

丹後　若狭　美　濃　尾　張

琵琶湖　安土　二不破関　桑名

丹波　比叡山　延暦寺　近江(大津京)

平安京　坂本　近江(大津京)　鈴鹿関

長岡京　六波羅　大津　園城寺　紫香楽宮

摂津　山崎　逢坂関　石山寺

山背川　伏見　宇治　平等院　安濃津

難波京　淀川　三笠山　伊賀

兵庫(福原)　四天王寺　唐招提寺　東大寺　春日神社　伊　勢

住吉神社　薬師寺　法隆寺　興福寺　三輪神社

茅渟海　河　内　平城京　耳成山　室生寺

淡路　信貴山　大湊

播磨　仁徳陵古墳　応神陵古墳　藤原京　天香具山　山田　宇治

和　泉　観心寺　畝傍山　飛鳥浄御原宮　伊勢神宮

紀　川　吉野山　飛鳥寺　志　摩

高野山　大　和

紀　伊　金剛峰寺

隠岐　隠岐

山陰道　丹後　但馬　丹波

対馬　出雲　伯耆　因幡　丹

壱岐　石見　美作　丹波

西海道　長門　安芸　備後　備中　備前　播磨　摂津畿内

筑前　周防　山陽道　和泉

豊前　讃岐　淡路

肥前　筑後　豊後　伊予　阿波　紀

肥後　土左(佐)　南海道　伊

日向　海

薩摩　大隅

大隅道

国名　薩摩　日向　肥後　壱岐　対馬　肥前　豊後　豊前　筑後　筑前　西海道

県名　鹿児島　宮崎　熊本　長崎　佐賀　大分　福岡

土左　伊予　阿波　讃岐　淡路　紀伊

高知　愛媛　徳島　香川　兵庫　和歌山　三重

고대의 행정구획도

(8世紀 ~ 9世紀)

出羽
東
陸
みちの
奥
おく

佐渡
さど
道

能登
のと
陸

北
越後
こしのみちのしり
えち

加賀
かが
越中
こしのみちのなか
えっちゅう

越前
こしのみちのくち
えちぜん

飛驒
ひだ
信濃
しなの
道
上野
かみつけの
こうづけ
下野
しもつけの
しもつけ

美濃
みの
常陸
ひたち

尾張
おわり
甲斐
かい
武蔵
むさし
下総
しもふさ
しもうさ

三河
みかわ
駿河
するが
相模
さがみ
上総
かみふさ
かずさ

志摩
しま
遠江
とおつおうみ
とおとうみ
伊豆
いづ
安房
あわ
道

東
海
道

勢

| 0 | 50 | 100 | 150 | 200 km |

─── 畿內·7道 경계
( ) 내는 후세의 명칭
◎ 國府 소재지

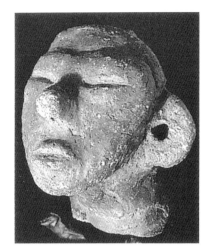

▲죠몬 토우의 두 얼굴 모습. 죠몬인의 특징을 잘 보여주고 있
다. 위는 岩手県 매장문화센터, 아래는 青森県立郷土館 소장

▲구석기 시대의 창 끝에 사용된 첨두기(尖頭器)

▸죠몬시대 만기의 토우. 마치 선그라스를 쓴 듯 한 모습이라 해서
차광기 토우라 부른다. (東京国立博物館)

▲의례용으로 사용되었을 돌로 만든 岩偶(日本民芸館)

▶야요이시대의 토우(東京국립박물관, 上)와
 야요이토기(明治大学, 下)

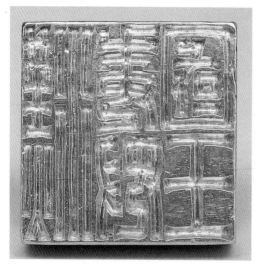

▲「漢委奴国王」의 金印. 1784년(天明4). 博多湾의 시카노시마 (志賀島)
 에서 한 농부에 의해 발견되었다. 『후한서』에 AD57년에 왜의 노국
 왕이 후한에 조공하여 광무제로부터 받았다고 하는 인수가 바로 이
 금인으로 추정된다.

복원된 큐슈의 사가현의 요시노가리(吉野ヶ里) 유적. 『위서』왜인전에
나오는 야마타이국(邪馬台国)의 소재지가 아닌가 추정되고 있다.

▼ 사카이 시(堺市)에 있는 다이센고분(伝 仁徳陵). 2중의
　호를 가진 전장 486미터의 일본최대의 전방후원분이다.

▲고류지(広隆寺)에 있는 일본국보1호인 미륵보살반가사유상. 『일본서기』 추고31년(623)조에 신라사절이 가져온 불상을 秦寺(広隆寺)에 안치했다는 바로 그것이 아닌가 추정된다.

아스카시대의 백제관음상. 부드러운 얼굴과 장신의 모습이 독특하다. 아스카조각의 명작 중의 명작이다. ▲

▲◀ 백제의 의자왕이 아스카 시대의
귀족 나카도미노 카마타리(中臣鎌
足)에게 선물했다고 전하는 바둑판
과 바둑알(正倉院 보물). 정교하게
조각된 감·홍색의 바둑알이 눈에
띈다. 바둑알은 흑백이 1조 300개
이고, 감홍이 각각 120개, 132개
있다.

▼ 정창원에 소장되어 있는 세계 유일의 5현비파. 5현비파는 인도에서 발생하여 중앙아시아를 걸쳐 중국의 당에 이르러 완성되었다. 낙타를
타고 있는 胡人(중앙아시아 민족)의 모습이 보인다.

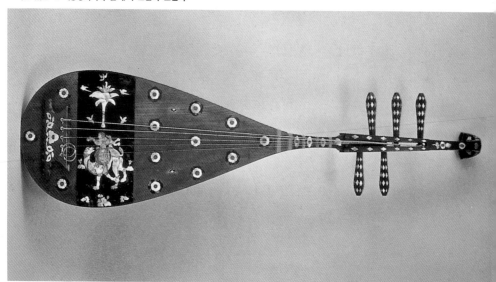

▲ 무로마치(室町) 시대 3대장군 아시카가 요시미쓰(足利義満)가 조영한 金閣. 北山문화를 대표하는 건물로서 요시미쓰의 권력을 상징하고 있다.

▲ ▶ 에도(江戸) 막부의 장군의 거성(居城)인 에도성의 모습(「江戸図屏風」 중에서)

江戸城

御本丸

加藤式

卆沢門

梅林坂

登城する武士、城内の的場や、朝鮮使節の登城などが見える。『江戸図屏風』

▲ 에도(江戶)의 日本橋 주변의 풍경(「江戶図屛風」 중에서)

▲미쓰이가(三井家)의 포목 도매상(吳服店) 에치고야(越後屋). 위는 에도의 스루가초(駿河町) 본점,
아래는 에치고야의 상점내부. 「현금정찰판매」 등의 상법으로 크게 번영하였다.

◀▲参勤交代制에 의해 에도(江戸)로 향하는 오와리 번(尾張藩) 다이묘(大名) 행렬. 막부 장군의 다이묘 통제방법의 하나. 에도와 번(藩)을 왕복하는 비용은 다이묘의 부담이므로 이들의 경제적 고통은 대단히 컸다. 九州와 四国의 다이묘는 선박을 이용하였다(「参府行列図」 중에서)

1853년 4척의 군함을 이끌고 내항한 아메리카의 페리제독은 개국을 요구하였다. 위의 그림은 1854년 2번째 내항할 때의 광경. 아래는 페리 일행을 접대하는 막부의 관리들.

일본역사

연민수 · 편저

보 고 사

  우리 나라 역사에서 전근대로부터 현재에 이르기까지 가장 밀접
하고 빈번한 관계를 유지해 온 나라를 들자면 중국과 일본을 꼽을
수 있을 것이다. 동북아 3국은 고대로부터 동아시아 세계라는 하나
의 지역적 공간속에서 불가분의 관계를 맺으면서 지내왔다. 동일한
한자 문화권이라는 문화의 공유성과 지리적인 요인이 삼국의 관계
를 2천년간 역사의 무대로부터 분리시키지 않고 상호작용을 통해
제각기 발전해 나가게 하였다. 중국과의 관계는 전반적으로 한반도
의 역사에 정치적·문화적으로 커다란 영향을 끼치면서 역사의 진
전에 큰 축을 이루어왔다. 따라서 중국학에 대해서는 역사를 비롯
하여 고대로부터 수많은 연구가 진행되어 왔다.
  이에 대해서 일본과의 관계는 평화의 시기보다는 대립과 갈등이
많았던 역사적 과정이었다고 할 수 있다. 우리의 일본에 관한 연구
는 조선시대 일본을 왕래한 사절들이 남긴 기행문이 시초이고, 그
것도 일본사정을 소개하는 정도로 본격적인 일본연구는 이루어지
지 않았다. 일본으로부터의 수난과 피해의 역사가 오히려 일본연구
를 기피하고 멀리하는 결과를 가져오지 않았나 생각된다. 여기에는
또 일본으로부터는 얻을 것이 없다는 전근대로부터의 한국인의 머
리속에 내재되어 있는 잠재의식이 커다란 요인이었다고도 보여진
다. 고대·중세이래의 왜구들의 침탈행위는 차치하더라도 근세의
임진왜란에 의한 국가적 파멸사태는 일본에 대한 증오심만 증폭시
켰을뿐 적절한 대응조치는 이루어지지 못했다. 조선통신사라는 정

치적 성격을 띤 문화사절단의 왕래는 양국의 평화의 시대를 맞이하게 하였지만, 크게 보면 수동적인 외교자세였다고 할 수 있다. 19세기말 서양열강들의 아시아에 대한 식민지적 쟁탈전의 와중에서 또 한번 일본의 무력적 외교에 굴복하여 합병문서에 조인하고 말았다. 같은 일이 반복되는 역사적 현실 속에서 구호만 요란할 뿐 일본연구는 진전되지 못하였다. 우리보다 역사적 관계가 비교가 되지않을 정도로 짧은 구미제국의 일본연구의 축적과 비교해 보면 안타까울 정도로 뒤떨어져 있다. 당사국인 일본의 한국연구에 비하면 더더욱 초라할 따름이다.

현실의 일본과의 갈등과 누적된 앙금은 역사적인 문제에서 풀어야 한다. 이를 위해선 당연히 일본역사에 대한 체계적인 연구가 요구되고 동시에 일본에 대한 올바른 역사교육과 인식이 있어야겠다는 것이다. 대학에서 일본사를 가르치는 입장에서 안타까운 일은 일본의 역사를 이해하는데에 적절한 교재를 발견하기 어렵다는 사실이다. 물론 일본과 미국등지에서 나온 번역서가 있고 이들 책들은 최고 수준의 연구자에 의해서 집필된 것들이다. 그러나 일본사 전공자가 아닌 대학생이나 일반독자가 읽었을 때 이해하기 어려운 부분도 있고 실제로 그러한 얘기를 종종 듣는다. 우리에게 일본사는 어디까지나 외국사이기 때문에 많은 부분에서 생소하고, 특히 일본사의 용어문제에 있어서 적절한 번역이나 해설이 없이는 문장의 흐름을 파악하는데 어려움을 느낀다. 번역서의 경우는 원저자의 생각을 충실히 반영해야 하기 때문에 역자의 주관에 따라 개역이나 개서는 상당한 부담이 따르게 마련이다. 더구나 민감한 대외관계의 기술에 있어서 직역으로 인한 혼란도 예상되어진다. 그래서 편저를 내어보기로 마음을 먹었다. 편저라고 하더라도 통사를 정리하는 일은 힘겨운 일이고 나의 능력에 부치는 일이었다. 그러나 누군가에 의해 먼저 시도되지 않으면 개설서의 작업은 늦어질 수밖에 없다고 생각되어 출간하기로 하였다.

　본서는 일본사를 처음 대하는 사람들이 일본사의 전체 흐름의 이해를 돕기 위해서 각 장마다 시대개관을 삽입하였고, 본문의 내용도 가능한 한 필요한 부분만을 기술하였다. 그리고 시각적 효과를 높히기 위해 관련 사건의 사진자료와 도표를 넣었고 각주를 달아 용어의 설명이나 본문의 내용을 보충하고자 하였다. 아울러 부록으로서 천황과 장군, 원정(院政)의 상황, 섭정(摂政)·관백(関白), 가마쿠라(鎌倉) 시대의 싯켄(執権), 그리고 근대이후의 내각의 총리대신의 일람표를 삽입하였고, 주요 사건의 연표와 색인을 작성하였다. 이 편저는 기존의 일본연구자의 연구성과를 최대한 반영하였지만, 대외관계의 기술은 편저자의 생각을 부분적으로 반영하였고 대학생들을 위한 교과서적 서술의 형식을 취했다. 원고가 탈고된 후에 몇 분의 일본사 연구자들에게 일독해 줄 것을 청하여 미진한 부분에 대한 지적과 교시를 받았다. 그리고 도서출판 보고사의 김흥국 사장님의 일본학에 대한 강한 관심과 배려가 본서의 출간을 앞당기게 하였다. 이분들에게 마음으로부터 감사를 드린다.

1998년 가을
연 민수 씀

凡 例

1. 인명·지명의 고유명사와 연호·관직·책명 등은 일본식 발음을 적고 괄호 안에 한자를 넣었다. 다만 잘 알려져 있는 관직과 책명에 대해서는 우리식 표기법을 취하였다.

2. 일본식 발음은 교육부 지정 표기법을 따르되, 원음과 큰 차이가 있는 것은 원음에 가까운 표기를 하였다.

3. 색인은 본문의 한글표기에 따라 가나다 순으로 하였고, 고유명사 등은 괄호 안에 한자를 넣었다.

4. 본문의 한자는 일본식 약자를 사용하였다.

5. 본서가 이용한 주요 참고문헌은 다음과 같다.

『日本の歷史(전22권)』(集英社, 1993), 『アジアのなかの日本史(전6권)』(東京大学出版会, 1992), 石井進(外), 『新日本史』(山川出版社, 1994), 稲垣泰彦(外)『日本史』(三省堂, 1993), 『争点·日本の歷史(전6권)』(新人物往来社, 1991), 体系日本史叢書『政治史(Ⅰ·Ⅱ·Ⅲ)』(山川出版社, 1965·1967), 『対外関係史』(山川出版社, 1978), 笹山晴生, 『日本古代史講義』(東京大学出版会, 1977), 『ジュニア日本の歷史(전6권)』(小学館, 1978), 『国史大辞典(전14권)』(吉川弘文館, 1979~1993), 義江彰夫, 『日本通史Ⅰ』(山川出版社, 1986), 水林彪, 『日本通史Ⅱ』(山川出版社, 1987), 閔斗基編著, 『日本の歷史』(지식산업사, 1976), 존W·홀(朴英宰訳), 『日本史』(역민사, 1986), 피터 두으스(金容德訳), 『日本近代史』(지식산업사, 1983).

┃머리말

제1부 원시·고대

제1부 원시·고대

▲ 커다란 활로 동물을 노리고 있는 모습.
죠몬인의 수렵에의 풍요를 기원하는 마음이 토기에 새겨져 있다.

時代	年代	天皇	事　件
원시·고대	57		왜의 奴国王, 後漢에 입공. 金印을 받음
	107		왜국왕 帥升, 후한에 입공. 生口(노예)를 헌상
	239		卑弥呼, 魏에 견사. 親魏倭王의 칭호를 받음
	369		大和政権의 형성과정. 왜와 가야제국간의 통교가 활발해짐
	391		왜병, 한반도 전란에 백제측에 가담하여 참전 시작
	421	讚	왜왕 찬, 宋에 견사
	478	武	왜왕 무, 송에 견사하여 상표. 안동대장군의 칭호를 받음
	527	継体	筑紫国造, 磐井의 난
	538	欽明	백제로부터 불교가 전래
	587	用明	蘇我馬子, 物部守屋을 멸함
	596	〃	飛鳥寺 준공(일본 최초의 절)
	603	〃	관위12계 제정
	607	〃	小野妹子를 견수사로 파견
	630	舒明	제1차 견당사 파견
	645 大化1	〃	을사의 정변(蘇我氏 멸망). 大化改新
	663	天智	백제부흥군 파견. 백촌강 전투에서 나당연합군에 패배
	672	弘文	壬申의 난. 飛鳥浄御原宮으로 천도
	684	天武	8색의 姓 제정
	694	持統	藤原京으로 천도
	701 大宝1		大宝律令 완성
	710 〃 3	〃	平城京 천도
	720 〃 4	〃	日本書紀를 편찬
	729 天平1	〃	長屋王의 변. 光明子 황후가 됨
	752 天平勝宝4	孝謙	東大寺 대불개안
	757 天平宝字1	〃	養老令을 시행. 橘奈良麻呂의 변
	794 〃 13	〃	平安京 천도
	858 天安2	清和	藤原良房, 최초의 摂政이 됨
	884 元慶8	光孝	藤原基経, 최초로 関白이 됨
	894 寛平6	宇多	菅原道真의 건의로 견당사 중지
	902 〃 2	〃	延喜의 장원정리령, 班田기록의 최후
	1017 寛仁1	後一条	藤原道長 태정대신이 됨. 藤原頼通 섭정으로 취임
	1069 延久1	後三条	延久의 장원정리령. 기록장원권계소 설치
	1086 応徳3	堀河	白河上皇, 院政을 시작
	1167 仁安2	六条	平清盛 태정대신이 됨. 平氏 天下

제 1 장 　일본열도에서의 문화의 발생

■ 시대개관 ■

　　인류가 지구상에 나타난 것은 지금부터 약 400만년 전이라고 말하여진다. 인류가 출현하면서부터 지구상은 기후의 주기적인 변화로 인해 북반구 대륙의 대부분은 수차에 걸쳐 빙하로 뒤덮였다. 그 사이에 인류는 타제석기를 만들고 불을 사용하기 시작했다. 일본열도에서도 중국의 북경원인이 사용했던 것과 비슷한 20~50만년 전의 것으로 추정되는 석기가 발견되었다.

　　약 1만년 전쯤 최후의 빙하기가 끝나면 일본에서는 석기 외에 토기를 사용하기 시작되었던 것이 최근의 연구에 의해서 밝혀지고 있다. 일본의 죠몬(繩文) 문화는 약 8000년간 계속되었는데 그 사이 중국에서는 이미 기원전 4000년 경에 화중지역에서 농경이 행해지고 있었고, 기원전 2000년 경에는 황하유역에서 중국고대문명이 일어나 청동기와 이후 철기가 제작되었다. 중국에서 시작된 농경문화(벼농사)는 한반도에 수용되고 이어서 죠몬 말기에 일본의 북부큐슈에 전파되었다. 이로부터 이 지역에 야요이(彌生) 문화가 시작하게 되고 철기·청동기도 전래 되었다. 농경의 개시와 금속기의 사용은 일본사회에 커다란 변화를 가져오고 일본열도에 문명의 여명기가 시작되었다.

1 　일본열도의 형성과 원시문화

일본열도의 형성 　　일본열도는 지질학에서 말하는 홍적세 초기의 빙기(기원전200만년~60만년)에는 한반도와 육지로 연속되어 있어, 전체적으로 동아시아대륙의 동단의 반도를 이루고 있었다. 이후 홍적세 전기에서 중기에 걸쳐서 간빙기와 빙기가 2번 반복하고 여기에 동반하여 간빙기에는 해수면이 상승하고 빙기에는 하강하였다. 그러나 이 시기까지는 일본열

▲ 구석기시대의 나이프형 석기들. 箱根産의 흑요석으로 만들어짐.

도와 동아시아대륙의 지세는 변하지 않았다. 홍적세 후기가 되면 전 세계적으로 대량의 빙하가 녹아서 해수면이 상승하여 쓰시마(对馬)·대한해협 등 일본을 둘러싼 제해협이 형성되고, 최종적으로는 충적세 초인 1만년 전쯤에 모든 해협이 확정되어 현재의 일본열도가 탄생하게 되었다. 이후 일본열도는 커다란 지세의 변화 없이 일본열도에 국한되어 역사를 전개해 왔다.

동아시아 지도상에서 일본열도를 보면 홋카이도(北海道), 혼슈(本州), 시코쿠(四国), 큐슈(九州)의 커다란 4개의 섬과 그 주변에 많은 크고 작은 섬이 산재해 있고 아시아대륙의 동방해상에서 보면 활 모양으로 휘어져 있는 형세이다. 특히 서남단에 위치한 큐슈는 북으로는 쓰시마를 거쳐 한반도를 향하고 있고 남서 방면으로는 동지나해를 거쳐 중국대륙으로 통한다. 그리고 남쪽으로는 남서제도·대만에 이르는 환동지나해의 중앙부에 위치하여 역사의 여명기로부터 일본사의 전개에 커다란 영향을 미치게 된다.

| 구석기문화 | 지질학상의 갱신세(홍적세) 시대에는 고고학 상에서는 구석기시대에 해당하고 그 문화를 구석기문화라고 하는데, 예전에는 일본열도에 구석기문화는 존재하지 않았다고 생각되어 왔다. 그러나 이와쥬쿠(岩宿) 유적1)의 발견 후 연구가 진행되어 최근에는 20만년~50만년 전으로 거슬

---

1) 아이자와 타다히로(相沢忠洋)가 이마쥬쿠에서 처음으로 간토(関東) 롬층(갱신세 말기)으로부터 석기라고 생각되는 흑요석편을 발견하고, 그것이 1949년의 학술조사에 의해 확인되어 일본의 구석기문화의 존재가 확인되었다.

러 올라가는 타제석기가 미야기현(宮城県)의 다카모리(高森) 유적에서 발견되었다.

그 후 북반구가 최후의 빙기로 들어가 일본열도도 대단히 한냉하게 되었는데 이 시대의 후기구석기인들은 흑요석, 수정 등으로 소형의 돌칼을 만들어 사용하였다. 이윽고 기후가 따듯해지면 나뭇잎 모양의 돌창과 세석기(細石器)2) 등 소형의 박편(剝片)석기가 만들어지고 인간은 이것을 사용하여 수렵생활을 하고 있었다고 생각된다. 그들은 절벽 아래의 바위 안쪽이라든가 동굴의 입구 가까이에 소형의 수혈주거를 만들었다. 식생활은 그다지 명확하지는 않지만 육류의 경우는 직접 불에 익히거나 혹은 나뭇 잎에 싸서 달군 돌속에 넣어 익혀 먹었다고 생각된다.

이 시대의 인골이 아이치현(愛知県)의 우시카와(牛川), 시즈오카현(静岡県)의 밋카비(三ケ日)·하마키타(浜北), 오키나와현(沖縄県)의 미나토가와(港川) 등지로부터 발견되고 있지만3), 그것이 어떤 인류였던가에 대해서는 아직 밝혀지지 않고 있다.

❷ 죠몬(繩文) 문화와 사회

| 죠몬(繩文) 문화 | 약 1만년 전 기후의 온난화와 더불어 넓은 유라시아대륙을 뒤덮은 빙하시대가 끝나고 지질학상으로 완신세

(충적세)를 맞이하게 된다. 이 새로운 환경에서 인류는 토기를 만들기 시작했다. 일본의 토기의 기원은 약 1만년 전으로 거슬러 올라가고 그로부터 수천년간 거의 동일한 형식의 토기가 계속되었다. 이것은 저온에서 구운 두텁고 무른 흑갈색의 토기로 죠몬 토기4)라고 불리어지고, 이 시대의 문화를 죠몬

---

2) 2~3㎝의 소형의 석기로 세석인(細石刃)이 중심, 구석기시대의 말기에서 신석기시대에 걸쳐 과도적으로 사용되었다.

3) 우시카와 인(牛川人)은 약 3만년전의 인간이고, 미나토가와 인(港川人)은 약 18000년 전, 밋카비 인(三ケ日人)·하마키다 인(浜北人)은 약 13000년 전의 후기구석기 시대인으로 추정된다.

4) 죠몬토기의 명칭은 1877년에 미국의 동물학자 에드워드모스가 오모리(大森) 패총을 조

▲ 죠몬 중·후기의 토기

▲ 초창기 죠몬 토기의 두 형식

문화라고 한다.

처음에는 음식을 익히기 위해 깊고 밑이 뽀족한 첨저(尖低)토기가 발달하고 문양도 간단했으나 중기 이후 음식과 물을 보존하는 항아리형(甕形)과 과실주를 넣는 토병형(土甁形) 등 용도에 따라 토기의 종류가 증가하고, 문양도 다양해졌다. 석기는 타제석기 외에 표면을 갈은 예리한 마제석기가 나타나고 돌창·돌도끼·돌촉·돌칼 등 다양한 도구가 제작되고 사냥에 활도 사용되었다. 또 사슴·멧돼지 등의 뼈를 이용하여 작살이나 낚시바늘 등의 골각기를 만들었다. 이외에 상아로 만든 목거리, 골각제의 머리핀, 패류의 팔지·목거리·장신구 등도 보인다.

| 죠몬시대의 생활 | 죠몬 시대의 초기에는 사람들은 먹을 것을 찾아 이동하는 생활이었으나 수렵, 어로, 식물성 식료의 채집 등 다면적인 활동에 의해 점차로 안정적인 생활이 가능하게 되었다. 수혈식 주

─────────────

사중에 거기에서 새끼줄 문양(繩紋, cord marked pottery)의 토기를 발견하고 후에 이를 번역하여 죠몬(繩文) 토기라 명명하게 되었다.

거의 집단적인 취락이 장기에 걸쳐 형성하게 되고 중기·후기에 오면 취락
은 점차 대규모화되어 간다. 수혈주거에는 취사·난방 등의 기능을 갖는 화
로를 설치하였다. 이러한 주거는 일반적으로 광장의 주위에 원형 혹은 타원
형으로 집합하여 하나의 취락을 형성하고 있다. 또 취락의 내부에는 공동묘
지가 조영되었다. 이러한 취락의 형태는 당시의 사람들이 취락을 단위로 하
여 강한 결합을 갖는 생활을 하고 있음을 말해주고 있다. 공동작업이 필요한
수렵, 어로 등은 집단공동으로 행하여 획득한 물건을 공평하게 분배하였다.
당시의 생산력에서는 개인적인 부와 권력을 발생시키는 잉여 생산물의 축적
은 불가능했고, 집단의 통솔자는 있어도 계급적인 지배는 존재하지 않았다.
이것은 당시의 매장이 공동묘지에서 행해지고 개인의 부를 표시하는 부장품
이 발견되지 않는 것과 주거지의 규모와 구조 등도 거의 평등해서 빈부의
차가 보이지 않는 것으로부터도 알 수 있다. 개개의 취락을 이루고 있는 소
집단과 그 주변지역 내에 거주하는 타 소집단과의 사이에는 혈연적인 결합
이 있고 수렵·어로·채집 등의 생산활동의 장을 공유, 협력해서 생활하고
있었다.

  이러한 일정 지역을 영역으로 하는 혈연집단은 제각기 자급자족 생활을 하
고 있었는데 특수한 석재 등을 구하기 위해 원격지의 집단과의 교역도 행하고
있었다[5]. 이러한 유통에 의해 일본열도의 제지역은 연쇄적으로 결합하고 제각
기 지방색을 나타내면서 전체로서 공통의 죠몬 문화를 발전시켜 나갔다.

| 원시사회와 신앙 | 죠몬시대 사람들의 생활은 자연의 힘에 의해 좌우되는
일이 많고 자연재해와 질병에 대한 저항력이 약했다.
그 때문에 주술에 의지하여 재해를 막으려 하고 풍족한 자연의 혜택을 얻으
려 했다. 또 엄격한 집단의 규칙을 정하여 자원의 보호에도 힘썼다고 생각된

---

5) 작살이나 화살에 쓰이는 돌촉의 재료인 나가노현(長野県)의 흑요석이 간토(関東)지방에
   도 발견되고 있는 점, 돌촉 등의 접착제인 아키다현(秋田県)의 아스팔트가 후쿠이현(福
   井県)의 태평양연안에도 발견되고 있는 점이 그 예이다.

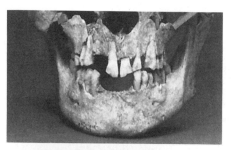

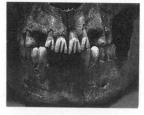

▲ 발치(상)와 차상연치(하)

▶ 죠몬의 비너스. 볼록나온 배와 과장된 하반신이 임산부를 연상시킨다.

다. 주술적인 습속을 표시하는 유물로서 토우(土偶)·토면(土面)·토판(土版), 석봉(石棒) 등이 있다. 특히 토우는 모두가 여성을 모방하고 있어 아이를 낳고 기르는 생산의 기원을 나타내는 주술적인 신앙과 관련이 있다고 보인다. 또 장례시에 시신의 손발을 구부려 매장하는 굴장(屈葬)의 풍습이 보인다. 이것은 죽은 자의 혼이 유체로부터 이탈하지 않도록 하고, 새로운 생명의 재생을 위해 모태 내에 있는 자세를 취한 것으로 생각되는데, 한편으로는 묘 구덩이를 파는데 드는 노동력을 줄이기 위한 것으로 보는 견해도 있다. 죠몬후·만기의 인골에서는 이빨을 뺀 발치6)의 모습이 보이는데, 이것은 성년식의 통과의례로서 사회의 구성원이 되었다는 표시라 생각된다.

---

6) 무녀 등의 특수한 계층의 인골에는 앞니를 예리한 칼로 움푹 판 차상연치(叉狀硏齒)도 보인다.

제2장 농경문화의 시작과 소국의 성립

기원전 3세기경 한반도로부터 북부큐슈에 전래된 벼농사 문화는 왜인사회에 커다란 영향을 미치게 된다. 농경의 전래에 의해 정착생활과 생산경제로 바뀌게 되고 생산력의 증가에 의한 빈부의 격차와 경지의 확보를 위한 집단 상호간 전쟁에 의해 계급이 발생하고, 사회는 점차 통합되면서 국이 출현하게 된다. 전쟁을 통해 몇 개의 집단을 통솔하게 된 수장은 선진문물을 수입하고 지배체제를 공고히 하기 위해 대외교섭을 추진하게 된다.

2세기 중·후반 대란을 겪은 왜인사회는 야마타이국(邪馬台国) 여왕 히미코(卑弥呼)를 맹주로 하는 연맹왕국을 탄생시킨다. 연맹왕국의 수장이 된 히미코는 통일적인 지배체제를 구축하고 대외교섭의 독점화를 꾀하게 된다. 대외교섭을 통해 지배체제의 구축에 중요한 요소인 철자원 등을 한반도 남부로부터 수입하고, 중국에 견사조공하여 중국황제로부터 친위왜왕(親魏倭王)이라는 칭호를 받아 중국의 권위를 바탕으로 내정의 강화에 힘쓴다. 그러나 266년 서진에의 조공을 끝으로 중국문헌으로부터 일본열도의 기록은 소멸하는데, 아마도 이 시기에는 정치적 격동기였을 것으로 생각된다.

▲ 동탁에 새겨진 절구질 하는 모습. 농경문화를 상징하고 있다.

▲ 초기에 사용된 취사 · 저장 · 식사용의 야요이 토기들

▲ 19세기말 東京의 弥生町에서 발견된 토기. 지명을 따서 야요이 토기라 명명.

1 야요이(弥生) 문화

야요이 문화의 성립   기원전 3세기경 한반도 남부로부터 농경문화1)의 영향을 받아 북큐슈(北九州)를 중심으로 벼농사와 금속기를 사용하는 새로운 문화가 일어나 일본열도에서 처음으로 농경사회가 성립하였다. 또 죠몬 토기에 대신해서 야요이(弥生) 토기2)가 이용되었기 때문에 이 시대의 문화를 야요이 문화라고 부른다.

이러한 문화의 성립에는 당시 동아시아의 정치적 동향과도 깊은 관계가 있다. 중국대륙에서는 한민족이 황하유역에서 일어난 농경문화를 기초로 일찍부터 고도의 문명을 발전시켜 기원전 4세기경 철기시대에 도달하고 기원전 3세기에는 동아시아 최초의 통일국가인 진(秦)이 출현하고 이어서 강대한 한제국이 성립하여 주변 제국가, 제민족에게 정치적으로 뿐 아니라 문화적으로도 커다란 영향을 미쳤다. 이러한 정치, 문화적 파급에 의해 제민족은 특

---

1) 1978년 일본 최초로 후쿠오카현(福岡県)의 이타즈케(板付)유적으로부터 죠몬말기의 것으로 보이는 벼농사 유적지가 발견되었다. 1980년에는 사가현(佐賀県)의 나바타케(菜畑) 유적에서도 동일한 유적이 발견되어 이미 북부큐슈(北部九州) 지역에서는 벼농사가 시작되고 있음을 말해주고 있다.

2) 1884년 현재의 도쿄(東京) 분쿄구(文京区)의 야요이(弥生)에서 처음으로 발견되었기 때문에 그 지명을 따서 명명하였다. 이 토기는 전·중·후기의 3기로 나누어진다. 소성도가 높고 적갈색 혹은 황백색으로 문양이 없는 것이 많다.

색있는 농경과 금속문화를 발전시켜 나가게 되었다.

농경문화와 더불어 직물의 기술도 전해졌다. 이것이 일본열도에 전해진 것은 주로 한반도 남부로부터 집단적으로 이주해 온 사람들에 의해서였다고 생각된다. 이것은 한반도 남부의 것과 같은 형의 지석묘가 북큐슈에서 자주 발견되고, 서일본의 야요이시대 전기의 지석묘에서 발견되는 인골의 평균신장이 죠몬시대 인골의 그것과 비교해 볼 때 한반도 남부인의 신장에 가깝다는 것으로도 알 수 있다. 이 시기에 도래자수가 어느 정도인지는 알 수 없으나 죠몬시대 이래의 일본열도의 인종을 완전히 변화시킬 정도는 아니었던 것 같다. 다만 북큐슈에서 발견된 최고 형식의 야요이 토기에 자주 그 지역 최후의 죠몬 토기가 동반하여 출토되고 있는 있는 것으로 보아 일본 재래의 사람들이 도래한 사람들과 접촉·융합해서 죠몬 문화를 변질시켰다고 추정된다.

북큐슈에서 발생한 야요이 문화는 츄고쿠(中国), 시고쿠(四国)로부터 긴키(近畿)지방까지 급속히 퍼져 나갔는데, 중부지방 동쪽에 야요이 문화가 미쳤던 것은 중기 이후의 일이다. 그 이유는 동일본의 자연조건이 서일본에 비해 농경재배에 적합하지 않고, 동일본 사회에서는 수렵·어로경제의 전통이 강했기 때문에 새로운 생산경제로의 전환에 시간이 걸렸다고 생각된다. 그러나 야요이시대 후기까지는 동북지방의 일부와 홋카이도(北海道)를 제외한 전일본에서 벼농사가 행해지게 되었다.

농업생산력의 발전과 사회적 변화

초기의 벼농사는 저습지를 이용해서 행해지고 경작에는 목재의 쟁기·가래, 벼의 수확에는 반월형의 돌칼이 사용되었다. 저습지의 유적으로부터는 목제신발·절구공이 등 정교하게 가공된 목기류가 발견되었다. 목제농구의 제작을 위해 목재를 벌채하고 가공하는 데에는 주로 마제 돌도끼가 이용되었지만 제품의 마무리 작업은 철기가 사용되었다. 철기는 점차 보급되어 그 용도도 확대되고 후기에는 돌칼이 철제 낫으로, 마제 돌도끼가 철제 도끼로 바뀌는 등

모든 면에서 철기가 석기를 대신하게 되었다. 이러한
철기의 보급은 농업생산력을 크게 진전시켰다.

　　농업의 기술도 진보되어 후기가 되면 시즈오카시
(静岡市)의 도로(登呂) 유적과 같이 대규모의 수전(水田)
이 만들어지게 되었다. 도로유적은 광대한 충적지의
다소 고지대에 조영되었고 초기의 습전에 비해 배수
가 좋고 생산성이 높았다. 이러한 개발을 가능하게 했던 것은 철제농구의 보
급에 의한 것이었다. 농업의 발달은 사회 저변에 걸쳐 커다란 변화를 초래했
다. 생산력이 높아지고 농산물의 축적이 가능하게 된 결과 집단 내부와 집단
상호간의 빈부의 차가 생기고 신분의 분화가 일어났다. 또 중기 이후에는 치
수, 관개 등을 위해 몇개의 집단 사이에는 공동의 작업과 협동이 필요하였고,
이에 따라 하나의 수계(水系)를 단위로 한 넓은 지역을 통치하는 수장이 출현
하게 되었다.

수장에게 통합된 지역집단 사이에서는 투쟁과 병합이 반복되고 몇 개의 집단을 복속한 유력집단의 수장은 지배자로서의 성격을 강화해 나갔다. 중기의 북부큐슈의 공동묘지에서는 한반도 혹은 중국제 거울 등의 부장품이 특정의 옹관묘로부터 발견되고 있다. 이것은 대륙과 교통하고 풍부한 재보를 갖은 특권적 수장이 출현했음을 말해주고 있다.

이 시기에 북부큐슈(北部九州)를 중심으로 동모(銅鉾), 동과(銅戈)가, 긴키(近畿)지방을 중심으로 동탁(銅鐸)이, 또 그 중간 지역을 중심으로 동검이 분포하고 있다. 이러한 현상은 이들 지역에서 독자적 문화와 정치권력이 일어나고 있음을 나타내고 있다. 일본제의 청동기의 대부분은 집단의 제사에 이용되고 제사를 주관하는 수장의 권위를 높이는 수단이 되었다.

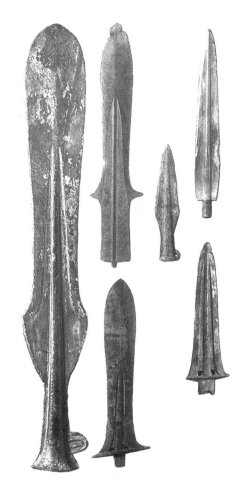

▲ 동검 · 동모 · 동과의 여러 청동제품들. 우측의 소형 제품은 사용무기 좌측의 대형제품은 제사도구로 사용되었다.

2 소국의 성립과 지역적 통합

| 소국의 성립 | 사제자(司祭者)적인 성격을 갖는 유력자의 휘하에 있던 집단은 점차 통합되어 야요이 중기가 되면, 후에 군(郡) 정도의 영역

을 갖는 소국으로 발전하게 된다. 기원 1세기를 전후하여 큐슈(九州)를 비롯한 서일본지역에 많은 소국이 출현하는데, 『한서(漢書)』지리지에 보이는 100여국이 그것이다. 중국에서는 예로부터 일본은 왜(倭)라고 불렀는데 한서지리지에

▲ 「漢委奴国王」이라 쓰여진 금인

의하면 기원전 1세기 경에 왜인은 100여 국으로 분립되어 있었고 매년 낙랑군에 조공하고 있었다고 한다.

이 시기에 중국 전한의 무제는 한반도 서북부를 정복하고 거기에 낙랑군 이하 4군을 설치하였다. 그 결과 중국왕조의 동방 제민족에의 영향력은 한층 강화되었다. 이러한 와중에서 북큐슈의 소국도 낙랑군을 통하여 중국왕조와 접촉하고 있었고 이같은 사실이 중국사서에 기록되었던 것이다.

『후한서(後漢書)』 왜전에는 왜의 노국왕(奴国王)이 기원후 57년에 후한(後漢)의 낙양(洛陽)에 조공사를 보내 광무제로부터 인수(印綬)를 받은 일을 기록하고 있다3). 노국은 지금의 후쿠오카현(福岡県) 하카타만(博多湾) 연안에 있었던 소국이었다. 107년에는 왜왕 수승(帥升)이 후한의 황제에게 생구(生口·노예)를 바쳤다고 한다. 왜왕의 중국에의 견사와 중국 황제로부터 인수와 문물을 하사받는 일은 왜국의 선진성을 높이고 왜왕의 권력을 강화하는 배경이 되었다.

북큐슈의 야요이시대 중기의 옹관묘지에 한(漢)에서 제작된 수십 개의 거울과 청동제의 무기, 유리제의 옥등 귀중한 물건이 부장되어 있는 일은 많은 재보를 소유한 유력한 수장이 출현했던 것을 의미한다4).

---

3) 노국왕이 후한의 광무제로부터 받은 인장이 에도(江戸) 시대 큐슈(九州)의 하카타만(博多湾)의 시카노시마(志賀島)에서 발견된 금인(漢委奴国王이라 새겨져 있음)이 아닌가 추정되고 있다.
4) 후쿠오카현(福岡県)의 스구(須玖) 유적과 미쿠모(三雲) 유적에서는 30여개의 거울을 부장한 옹관이 발견되었다. 전자는 노국의 후자는 이토국(伊都国)의 중심적 유적이다.

야마타이국(邪馬臺國)의 출현

3세기 초 중국에서는 한제국이 멸망하고 위(魏)·촉(蜀)·오(吳)의 3국이 대립하는 삼국시대가 되었다. 이 중에서 화북을 지배한 위는 낙랑·대방의 2군을 거점으로 한제국에 대신하여 동북아시아의 여러 민족에게 지배력을 뻗치려 했다.

이 시기에 일본열도에서는 2세기 중·후반에 소국들 간의 격렬한 항쟁이 벌어지는 대란이 발생하였다. 이 대란의 과정에서 여러 소국은 보다 큰 국으로 통합되어 30여국으로 축소되고 나아가 유력한 정치집단에 의해 광역의 정치적 통합이 진행되었다. 여기에서 30여국 수장들의 추대를 받아 야마타이국의 여왕 히미코(卑彌呼)를 맹주로 하는 연맹왕국이 탄생하였다.

여왕 히미코는 영적 능력을 지닌 사제자(司祭者)적인 수장이며 종교적인 권위에 강하게 의존했던 것으로 보인다. 『위지(魏志)』왜인전에 의하면 히미코는 남편이 없고 남동생이 정치를 보좌했다고 한다. 제국을 통치하기 위해 관리를 파견하고 특히 북큐슈 연안의 이토국(伊都國)에는 일대솔(一大率)이라는 검찰과 외교의 기능을 담당하는 관을 설치하였다. 국내에는 왕을 정점으로 해서 대인(大人), 하호(下戸), 노예 등의 신분질서가 있고 법 질서와 권력구조, 그리고 세제도 정비되어 어느 정도 국가의 형태를 갖추었다.

여왕은 239년에 중국의 위에 사자를 파견해서 위의 황제로부터 친위왜왕(親魏倭王)이라는 칭호와 금인자수와 동경100매를 하사받았다. 히미코의 사후 이요(壹女)라고 부르는 여왕이 즉위하여 위와 통교했지만, 266년 위에 이어서 건국한 서진(西晉)에의 견사를 최후로 야마타이국의 소식은 끊기고 이후 약 150년간 중국 사서에서 왜국에 관한 기록은 보이지 않는다.

야마타이국의 소재

야마타이국의 소재에 대해서는 북부큐슈(北部九州)와 기나이(畿內)의 야마토(大和)로 보는 양설로 나눠져 있다. 이를 기나이의 야마토로 볼 경우, 3세기대의 기나이 세력은 북부큐슈를 복속시켜 중국과 통교하는 정치권력이 성립하고 있었다는 것이 된다. 이것은 기나이를 중심으로 서일본을 통합하는 정치체가 야요이시대 후반에 이미 출

◂ 야마타이국 추정도. 큐슈설
과 기나이설이 있고 큐슈설
에서도 여러 지역으로 나눠
져 있다.

현하였음을 의미한다. 이에 대해 큐슈설을 취할 경우 북부큐슈를 중심으로
하는 지역정권으로의 성격을 갖는다.

   야마타이국의 소재에 대해서는 어느 것을 취하든 3-4세기의 통일 정권의
형성 과정의 이해에 커다란 영향을 미친다. 소재론에 대한 논의는 아직도 결
착을 보지 못하고 있다. 다만 3세기 당시의 국가 발전 단계라는 측면에서 볼
때 기나이를 중심으로 서일본지역에 대한 광역의 정치적 통합체를 상정하기
어렵다는 점, 야요이시대 중·후반기로부터 북부큐슈의 세력이 중국과 통교
하는 등 대외교섭의 중심적 역할을 하면서 선진성을 유지하고 있었다는 점,
근년에 조사된 큐슈 사가현(佐賀県)의 요시노가리(吉野ヶ里) 유적5)이 대규모의
취락구조를 갖고 있는 점등으로 큐슈설이 부상되고 있다.

---

5) 사가현(佐賀県)의 요시노가리(吉野ヶ里) 유적으로부터 남북1㎞, 동서400m에 달하는 야요이
   중후기의 대규모 환호취락(環濠聚落)이 발견되었다. 철기, 토기 등의 많은 유물과 2000여기
   이상의 분묘도 발굴되고 『위지(魏志)』왜인전(倭人伝)에 나오는 망루, 저택, 수십채의 창
   고군 유적도 발견되어 이곳이 야마타이국이 아닌가 추정하는 견해가 우세하다.

제**3**장 야마토(大和) 정권의 형성과 발전

┌─ **시대개관** ■─────────────────────────────────

3세기 말에서 4세기가 되면 기나이(畿內)와 세토내해(瀬戸内海) 내의 각지에 고분이 출현하고 그것은 이후 전국적인 현상으로 나타나게 된다. 초기의 대부분의 고분은 전방후원분이라고 하는 독특한 형태를 가지면서 그 규모도 점차 거대화 되어간다. 거대한 고분의 조영은 그 지배하의 민중을 동원해서 행해진 대역사이고 수장 권력의 절대성을 표시하고 있다.

특히 기나이를 중심으로 한 집중적인 거대고분의 출현은 이 지역에 정치세력의 출현을 말해주는 것으로 이 정치세력은 야마토(大和)를 중심으로 형성되었다고 생각되며 이를 야마토 정권이라 부른다. 야마토 정권은 각 지역정권과 일정한 우위성을 지키며 점차 제 지역세력을 압도해 나간다. 4세기말 이후가 되면 정치적으로 백제와 밀접한 관계를 맺고 백제로부터 우수한 선진문물을 수입하고, 또 한반도로부터 많은 기술자와 농민이 도래하여 각종 기술을 전했다. 야마토 정권은 도래인들의 활약에 의해 생산력을 높여간다. 그리고 중국의 송과의 책봉 관계를 맺어 중국 황제로부터 장군호를 받아 지역 수장과의 권력의 서열화를 꾀하여 국내 지배체제를 구축해 나갔다.
└──

1 야마토 정권의 형성

> **고분의 발생과 야마토 정권**

3세기 말에서 4세기 초에 세토내해 연안으로부터 기나이에 걸쳐서 고분이 조영되기 시작하였다. 고분은 야요이시대의 공동묘지와는 달리 특정 개인을 위한 커다란 분구(墳丘)를 갖는 분묘이기 때문에 고분의 발생은 야요이 시대의 소국간의 항쟁, 지역적 통합의 과정에서 커다란 권력을 갖는 지배자가 출현한 것을 말해주고 있다.

▲ 사카이(堺)시에 있는 다이센 고분(전장 486m)

초기의 고분의 대부분은 전방후원분(前方後円墳)이라고 불리우는 독특한 형태를 갖고, 그 규모도 거대하였다. 이 고분은 평야를 바라보는 구릉의 정상부나 산록에 조영되었고, 분구의 위에는 인물, 가옥, 동물 등 다양한 모양의 하니와(埴輪)로 장식하고 고분의 주위는 원통 하니와로 둘렀다. 분구의 내부에는 장대한 목관을 안장한 수혈식석실(竪穴式石室)이 조영되었고 동거울, 옥, 장식품, 동촉, 철제의 무구·농구·공구 등이 부장되었다1).

이들 고분은 4세기 중엽에는 큐슈북부에서 중부지방까지 확대되었는데 특히 야마토를 중심으로 한 기나이에는 거대한 고분이 집중하고 있다. 4세기 말에서 5세기에 걸쳐 고분의 분포는 도호쿠(東北) 남부까지 미치게 되었다. 이 시기의 고분은 평야에 분구를 만들고 주위에 구덩이(濠)를 판 거대한 것이 많고 특히 오사카(大阪) 평야에 있는 곤다야마 고분(誉田山古墳, 伝 応神天皇陵), 다이센 고분(大山古墳, 伝 仁德天皇陵)은 전장이 450미터가 넘는 거대한 것이었다2). 이러한 거대한 고분의 조영은 그 지배하의 민중을 동원해서 행해진 대사업이고 그 지역의 수장의 권력, 즉 야마토정권의 위세를 상징하고 있다. 한편으로는 이 시기에 게누(毛野, 関東地方), 기비(吉備, 岡山地方), 쓰쿠시(筑紫, 北部九州) 등의 지방에도 거대한 고분이 조영되고 있어 각지에 지역정권이 출현하고 있음을 말해주고 있다.

---

1) 초기의 고분의 부장품에 거울과 벽옥제의 팔지 등 종교적인 색채가 강한 물건이 주로 출토되고 있는 것은 당시의 수장이 정치적인 권력자임과 동시에 사제자적인 역할을 하고 있었음을 표시하고 있다.
2) 닌토쿠(仁德) 릉으로 전해오는 다이센 고분은 총면적 약45만㎡, 분구의 길이는 486m, 전방부의 폭305m, 높이34m, 후원부의 직경250m, 높이36m, 1일에 동원된 인력이 1000명이라고 하면 축조에 4년이나 걸렸다는 계산이 나온다.

동아시아의 변동과 야마토정권

이 시기의 동아시아제국의 동향을 살펴보면, 중국에서는 280년 위(魏)에 대신하여 진(晉, 西晉)이 전국토를 통일했는데, 이윽고 북방 민족의 침입에 의해 남으로 쫓겨나 이후 중국의 왕조는 남북으로 나뉘어 흥망성쇠를 거듭하였다. 이를 기회로 동아시아 제민족은 점차

▲ 중국 集安에 현존하는 고구려 광개토왕비. 비문의 「倭」의 해석을 둘러싸고 지금도 논쟁이 계속되고 있다.

중국의 영향력으로부터 벗어나 국가의 형성에 박차를 가하였다.

한반도에서는 북부의 고구려가 4세기 초에 낙랑군을 멸하고 남부에서는 백제·신라·가야제국이 제각기 국가 형성을 지향해 나가고 있었다. 일본에서도 동아시아제국의 이러한 정세를 배경으로 4세기 전반에 야마토(大和)와 그 주변의 호족들이 연합하여 야마토 정권을 만들고 점차 북부큐슈로부터 혼슈 중부에 이르는 지역의 수장들과도 정치적 연합을 추진해 나갔다고 보인다.

야마토 정권을 비롯한 각지의 수장층들은 한반도 제국과의 교섭을 통해서 철자원 등의 선진 문물을 수입해 갔다. 그러나 4세기 말 고구려의 남하에 의해 한반도에서의 세력 균형의 파괴는 일본열도에도 영향을 주게 되었다. 한반도남부의 제지역과의 교류를 통해 얻을 수 있었던 선진 문물의 수입이 어렵게 되었고, 이러한 정세중에서 백제의 요청을 받은 야마토 정권은 백제, 가야제국과 연합하여 고구려·신라의 동맹세력과 치열한 전쟁을 벌이게 되었다. 광개토왕비문에 보이는 왜병의 전쟁기사는 이를 말해주고 있다3).

---

3) 광개토왕비에는 「백제·신라는 예로부터 (고구려의) 속민이어서 조공해 왔다. 그런데 왜가 신묘년으로부터 바다를 건너와서 백제□□신라를 파하고 신민으로 삼았다」는 기록이 나온다. 이 부분에 대한 해석은, 일본의 전통사가들은 역사적 사실로 간주해 왔지만, 현재 이 설을 따르는 연구자는 거의 없다. 한국과 북한의 연구자 중에는 독법을 달리하여 백제·신라 등을 파한 주체는 고구려라는 해석도 있다. 근년에는 고구려의 남

▲ 5세기 왜의 5왕시대의 동아시아

5세기대가 되면 이른바 왜의 5왕이 중국의 남조에 조공하고 중국의 황제로부터 장군호를 받는 조공외교가 진행되었다[4]. 이러한 외교는 대내적으로는 야마토 정권이 중국황제의 권위를 빌어 국내 지배질서를 구축하고, 대외적으로는 한반도 남부로부터 고구려 세력을 배제하여 이들 지역으로부터 원활하게 선진문물을 수입하기 위한 의도로 보여진다.

임나일본부 문제

일본의 역사서인 『일본서기』(日本書紀)에는 임나일본부(任那日本府)란 말이 나온다. 이에 대한 일본 사학계의 고전적인 해석은 임나 즉 가야지역을 야마토 정권이 일본부라는 통치기관을 설치하여 지배했다고 한다. 임나가 성립하는 4세기 후반부터 임나(가야제국)가 모두 멸망하는 562년까지 약200여년간 야마토 정권이 임나지역을 지배했다는 설이 이른바 임나일본부설(任那日本府説)이다. 현재 임나일본부에 대한 이러한 해석을 지지하는 연구자는 거의 없다. 그 이유는 가야지역의 독자적인 발전 과정이 증명되고 있는 점, 일본의 지배를 증명할 만한 유물이 가야지역에서 발견되지 않는다는 점, 『일본서기』[5] 이외에는 이러한 용어가 보

하정책을 합리화·정당화 하기위해 고구려측의 입장에서 과장되게 기술된 비역사적 사실로 보는 신설도 제기되고 있다.

4) 중국의 『송서』 왜국전에는 찬(讚), 진(珍), 제(済), 흥(興), 무(武)의 5왕의 이름이 적혀 있다. 왜왕 제(済) 이하는 『일본서기』에 전하는 인교(允恭), 안코(安康), 유랴쿠(雄略)의 각 왕에 비정되고, 찬(讚)에는 닌토쿠(仁徳)·리츄(履中), 진(珍)에는 닌토쿠·한제이(反正)등으로 비정하는 제설이 있다.

5) 『일본서기』는 덴무(天武)조에 편수가 시작되어 도네리 친왕(舍人親王)을 편자로하여 720년에 완성한 일본 최초의 정사이다. 이 사서는 고대일본의 천황중심적 율령국가의 정치적 이념이 강하게 반영되어 있다. 특히 한반도제국에 대해서 조공국·번국으로 보

이지 않는다는 점이다. 따라서 임나일본부는 일본이라는 국호가 성립하고(7세기후반), 국가의식이 고양되는 8세기초의 천황 중심적 중앙집권국가가 성립한 시점에서 생겨난 지배층의 의식의 산물로서 나타난 것으로 추측되고 있다.

근년에는 임나일본부에 대한 다양한 새로운 학설이 제기되고 있다. 가야의 선진문물을 원활하게 수입하기 위해 야마토 정권이 설치한 기관, 야마토 정권에서 파견한 사신, 백제가 가야지역을 지배하기 위해 설치한 기관, 외교기관, 가야의 독립을 보존하기 위해 활동한 집단 등이 그것이다. 임나일본부 문제를 이해하기 위해서는 임나일본부가 사료상에 언제, 어디서, 어떠한 환경하에서 존재했고, 거기에 소속된 인물들이 어떤 일을 했는가 하는 것을 파악해야 한다. 『일본서기』에 의하면 임나일본부는 540년대 함안의 안라국(安羅国)을 무대로 해서 전개되고 있고 가야제국이 멸망해 가는 긴박한 국제환경 하에서 나타나고 있다. 이러한 전제가 충분히 검토된 후에 임나일본부 문제는 그 실상이 드러나리라 생각된다.

| 대륙문화의 전래 | 야마토 정권은 한반도제국과 중국의 선진문화, 특히 일본과 정치적으로 가까웠던 백제의 문화를 적극적으로 받아

들였다. 한반도로부터 기술자와 농민이 도래하고 무기와 농구·공구 등 철기와 토기의 생산, 양잠·견직물, 마구·장신구 등의 금속공예, 말 사육 등의 각종 기술이 전해졌다. 야마토 정권은 이러한 특수한 기술을 보유한 직능자를 가라카누치베(韓鍛冶部, 철·동제품의 단조에 종사한 집단)·니시고리베(錦織部, 면을 짜는 집단)·스에쓰쿠리베(陶作部, 토기생산에 종사한 집단)·구라쓰쿠리베(鞍作部, 마구류 제작에 종사한 집단) 등으로 불리우는 전문 직업집단으로 조직하고, 기나이(畿内)와 그 주변에 거주케 하였다. 그들은 우수한 기술을 가지고 관개와 토목공사에 종사하였고 광대한 농경지를 개척하여 농업생산력을 높이고 각종의 산업을 발달시켰다. 또 문화의 발달과 함께 지배자 사이에는 문자의 사용이 시작되었는데,

___

는, 일방적인 대한반도 우월의식이 반영되어 있기 때문에 사료 이용에 대단한 주의를 요한다.

한자를 이용한 기록, 출납, 외교문서의 작성에 도래인이 후히토(史部)로서 그 실무에 종사하였다. 도래인이 당시 사회에서 담당한 역할은 대단히 컸고 그 중에서도 하타씨(秦氏), 야마토노아야씨(東漢氏), 가와치노후미씨(西文氏) 등과 같이 기나이의 유력호족으로서 활약한 자도 나타났다6).

6세기에 들어가면 백제로부터 오경박사(五経博士)가 도래하는 등 유교의 섭취가 본격화되었다. 의(医)· 역(易)· 역(暦) 등의 학술도 전해지고, 한반도 삼국과 중국의 남북조시대에 융성했던 불교가 백제로부터 전해졌다7). 불교 전래시에 이를 수용하려는 소가씨(蘇我氏)와 배척하려는 모노노베씨(物部氏) 사이에 격한 싸움이 있었으나, 불교는 점차 일본사회에 침투하여 그 생활과 사상에 커다란 영향을 미쳐 일본문화의 토대를 이루는데 중요한 역할을 하였다8).

---

6) 하타씨(秦氏)는 신라계, 야마토노아야씨(東漢氏)는 백제계 혹은 가야계, 가와치노후미씨 (西文氏)는 백제계로 보는 것이 일반적이다.

7) 일본에 불교가 전래된 시기는 552년(日本書紀)과 538년(『上宮聖徳法王帝説』)의 양설이 있다. 현재는 538년설이 유력하다.

8) 일본에 불교가 들어올 때 그 수용이 원만하게 이루어진 것이 아니라 장기간의 대립과 갈등속에서 정착이 되어 갔다. 일본 고유의 신에 대한 숭배를 주장하는 모노노베씨(物部氏)등의 반대에 부딪혔다. 당시 일본인의 의식속에는 신이란 모습을 나타내지 않는다는 관념이 있어, 인간의 형상을 갖춘 불상에서 신으로서의 경외감이라든가 신비감을 느끼기가 어려웠다. 따라서 초기에는 소가씨(蘇我氏)가 중심이 된 일부 도래계 씨족들에 의해 신앙의 대상으로 믿어져 왔다. 초기불교는 소가씨라는 한 호족의 불교라고 해도 과언이 아닐 정도로 개인의 노력에 의해 불교가 퍼져 나갔다.
불교의 수용은 불교라는 한 종교의 전래에 그치지 않고 여기에는 부수적으로 많은 것이 따라 들어 왔다. 불교는 불(仏)· 법(法)· 승(僧)의 삼보(불상, 경전, 승려)와 이를 안치할 수 있는 절이 필요하고, 절에서 행해지는 종교의례와 학문, 그리고 절의 조영에 필요한 기술자· 제작자, 또한 회화· 조각· 음악· 무용를 담당하는 예술가 등의 집합체로 이루어 졌다. 특히 승려는 불교의 포교자로서 뿐만 아니라 당시의 학문과 정치· 외교고문으로서 커다란 활약을 하고 있었기 때문에 불교의 수용에 의한 사회전반의 변화는 대단히 컸다. 이러한 인간과 물건의 전래가 바로 불교전래의 의의라고 할 수 있다.

▲ 고분에서 출토된 집 모양의 하니와

▲ 한반도에서 기술이 전래되어 제작된 스에키의 여러 모습들

고분시대의 생활과 문화

고분시대의 농경기술은 야요이 시대에 비해 진전되었을 뿐만 아니라 여기에 철기농구의 보급과 관개시설의 정비에 의해 생산력은 급속히 향상되었다. 또 도래인에 의한 선진 문물의 전래는 전체적인 생활의 질을 높였다. 이것은 고분에서 출토된 가형(家形) 하니와, 인물 하니와, 부장품과 주거의 유적으로부터 추측할 수 있다.

주거는 일반적으로 수혈주거가 이용되었는데, 주거의 형태는 방형이 보통이고 고분시대 후기에는 아궁이를 설치하게 되었다. 지배층들은 주로 평지주거, 고상(高床)주거를 조영하였다. 의복문화에도 변화를 보여 남자는 야요이 시대의 가사(袈裟)형·관두(貫頭)형에서 상의와 승마바지를 연상시키는 하카마(袴), 여자는 상의와 긴 치마형의 모(裳)라고 하는 것이 나타났다. 재료도 식물성 섬유의 마와 동물성 섬유의 견직물이 지배자들 사이에 많이 이용되었다.

식생활의 발전에 따라 토기의 형태도 다양해 졌다. 종래의 야요이 토기의 기술을 이은 적갈색의 하지키(土師器)와 더불어, 중기 이후에 한반도남부로부터 온 기술자에 의해 단단한 회색의 스에키(須惠器) 제작이 시작되어 이후 헤이안(平安) 시대까지 양자는 병용되었다.

국내 통일이 진행되는 사이에 많은 전투가 벌어졌고, 이를 반영하는 무기의 종류도 증가하였다. 승마의 풍습이 이 시대에 일반화되고 중기 이후는 다양한 마구가 출현하고 있다.

정신생활의 면에서는 신앙의 대상이 다양해지고 많은 진전을 보였다. 농경사회의 발전에 따라 풍작을 비는 봄의 기년제(祈年祭), 수확에 감사하는 신상제(新嘗祭, 신죠사이) 등의 농경의례가 발달하였다. 수목·산천·바위 등을 제사하던 야요이 시대 이래의 자연신앙은 이 시기에는 더욱 발전하고 자연신과 우지(氏)의 조상신을 위한 신사(神社)도 만들게 되었다[9].

2 야마토정권의 발전

왕권의 발전과 한반도　5세기 말에서 6세기에 걸쳐서 기나이(畿內)를 근거지로 하는 야마토 정권은 점차로 지방지배를 강화해 나갔다. 반면 기비노오미(吉備臣), 쓰쿠시노키미(筑紫君), 게누노키미(毛野君) 등 지방의 대호족은 중앙정권에 대해 저항을 계속하였다. 그 중에서도 쓰쿠시노키미

이와이(磐井)는 큐슈(九州)의 세력을 결집해서 신라와도 연결을 꾀하여 야마토 정권과 2년이상이나 싸웠다. 야마토 정권은 이들 호족을 무력으로 제압하여 지배하에 놓고 유력한 호족에게는 구니노미야쓰코(国造) 신분을 주었다.

▲ 磐井의 묘라고 전하는 岩戸山 고분. 福岡県 야메(八女)시에 있다.

---

9) 야마토 정권에 의한 통일이 진행됨에 따라 각지의 신사는 제각기 특정의 성격과 유래를 갖는 신으로서 야마토 조정의 신화속에 흡수되어져 갔다. 황실의 조상신인 아마테라스 오미카미(天照大神)를 제사하는 이세신궁(伊勢神宮), 대국주신(大国主神)을 제사하는 이즈모 대사(出雲大社), 해신(海神)을 제사하는 스미요시 대사(住吉大社), 야마토(大和)의 미와야마(三輪山)를 예배하는 오미와 신사(大神神社) 등은 예로부터 알려져 있다.

한편 한반도에서는 고구려·백제·신라가 서로 항쟁을 계속하고 있었고, 6세기에 들어서면 신라의 대두가 현저하게 되고 역으로 백제는 수세에 몰리게 되었다. 그 때문에 백제는 중국의 남조에 적극적으로 외교활동을 펴는 한편 야마토 정권과도 친교를 맺어 신라의 공세를 견제하려고 했다. 이러한 동아시아의 정치적 긴장 속에서 야마토 정권의 대백제 관계는 깊어지고 백제문화가 유입되는 계기가 되었다.

또한 야마토 정권은 가야제국으로부터 철자원 등의 선진문물을 수입하면서 친연관계를 맺고있었다. 그러나 가야제국은 신라·백제의 압박을 받아 562년에는 최종적으로 고령의 대가야가 신라에 의해 정복되어 야마토정권의 가야제국과의 관계는 종말을 맞게 되었다. 이와 같이 야마토 정권의 국내 통일에는 한반도제국의 동향과 깊은 관계를 갖고 있다.

씨성제(氏姓制) 국내의 통일이 진행됨에 따라 야마토 정권의 정치조직도 정비되어 갔다. 야마토 정권은 복속한 소국의 수장을 그대로 새로운 정치조직에 편입시키고 그들이 갖고 있던 토지와 백성을 통치케 하였다. 이러한 정치체제는 유력호족의 연합정권적인 성격을 띠고 있었다.

호족들은 정권 내의 역할을 명확히 할 필요에서 그 근거지나 종사하는 일의 명칭을 따서 가쓰라기(葛城)·헤구리(平群)라든가 다마쓰쿠리(玉作)·인베(忌部 제사관련 씨족) 등으로 불렀다. 이러한 동일한 명칭을 갖는 동족집단을 우지(氏)라 하고, 그 통솔자를 우지가미(氏上), 그 구성원을 우지비토(氏人)라 불렀다. 우지(氏)의 지배하에는 가키베(部曲)이라 하는 농민이 있고 우지의 명을 따서 무슨 무슨 베(部)라 하였다. 우지가미와 우지비토는 그 가문과 종사하는 일에 따라 오미(臣)·무라지(連)·기미(君, 公)·아타이(直)·오비토(首) 등의 가바네(姓)를 하사받고 그 지위와 일은 세습되었다. 이와 같은 우지(氏)의 조직을 기초로 하고 가바네에 의해 서열화된 신분질서를 씨성(氏姓) 제도라 한다.

중앙의 정치는 오미(臣)·무라지(連)를 칭하는 호족이 담당했는데 그 중에서도 오오미(大臣)·오무라지(大連)라는 유력자가 정권의 중핵을 차지하였다. 정권의 경비와 제사 등 다양한 직무는 도모노미야츠코(伴造)가 담당했는데[10] 도모노미야츠코는 도모(伴)라고 하는 세습적인 직업집단과 도모베(品部)라 하는 직업 부민(部民)을 이끌고 정권에 봉사하였다. 유력한 우지(氏)일수록 많은 사유민과 사유지를 소유할 수 있었다.

한편 왕실도 직업부민인 도모베를 소유하였고 이외에도 지방호족이 지배하는 농민의 일부를 고시로(子代)·나시로(名代)라 하여 직속의 부민으로 삼고, 또 조정의 직할령 미야케(屯倉)를 전국에 설치하여 지방호족에게 관리시켰다. 5~6세기에는 오무라지(大連)의 오토모씨(大伴氏)·모노노베씨(物部氏)와 오오미(大臣)의 소가씨(蘇我氏)가 왕을 도와 국정을 주도하였다. 그러나 6세기 말에 모노노베씨가 소가씨에 의해 멸망하자 호족 중에서 소가씨가 사실상 정권을 주도하게 된다.

고분문화의 변질 | 5세기 후반에서 6세기 전반에 걸쳐 일어난 정치적 변동은 고분의 형태와 구조에도 변화를 주었다. 이 시기를 경계로 기나이(畿內) 일부를 제외하면 전방후원분의 규모는 축소되고 그 수도 전국적으로 감소하였다. 이것은 야마토(大和) 정권이 기비(吉備)와 쓰쿠시(筑紫) 등의 대호족에 대한 지배를 강화했기 때문에 나타난 현상이다. 고분의 형식도 6세기에 이르면 한반도계 묘제인 횡혈식석실(橫穴式石室)이 보급되고 부장품으로는 죽은자에게 음식물을 제공하기 위한 토기(須惠器, 스에키)와 화려한 마구와 금속제의 장신구 등이 중시되었다. 이때는 유력한 수장뿐만 아니라 그 지배하에 있던 계층 사이에서도 고분을 조영하게 되고, 많은 수의 원분과 횡혈식고분이 전국 각지에 나타나 이제까지 고분이 조영되지 않았던 산간과 섬 등에도 보급되었다. 고분의 내부에는 수명에서 십수명의 시신이 합장되고

---

10) 군사에는 오토모씨(大伴氏)·모노노베씨(物部氏), 제사에는 나카토미씨(中臣氏)·인베씨(忌部氏)가 담당했다.

한곳에 적게는 십여개에서 수십개 때로는 수백개의 고분이 군집을 이루는 경우도 있다. 이와 같은 군집분의 출현은 유력 농민층이 널리 대두하고 있음을 말해주고 있다.

이 시기가 되면 한반도로부터 U자형의 가래와 낫 등의 우수한 철제농구가 전래, 보급되어 일반농민도 가족단위로 소규모의 개간과 토목공사를 할 수 있게 되고 밭농사도 가능하였다. 수혈주거의 내부구조도 화로 대신에 점토로 아궁이를 만들고 있어 농민의 생활이 향상되었음을 보여주고 있다.

이러한 농민의 경제 생활을 배경으로 고분문화가 사회의 보다 넓은 범위로 확산되었는데, 그와 함께 호족의 권위의 상징으로서의 고분의 역할은 점차 상실되고 외형의 거대함보다도 내부의 횡혈식 석실을 견고하고 아름답게 구축하는 일이 중시되었다. 그리고 6세기가 되면 왕릉의 형식도 전방후원분에 대신하여 방분이 채용되었다.

3 스이코조(推古朝)의 정치와 아스카(飛鳥) 문화

| 스이코조의 정치 | 6세기 말 조정에서는 소가씨(蘇我氏)씨[11)가 대립하고 있던 모노노베씨(物部氏)를 타도하고 이윽고 스슌(崇峻) 천

---

11) 소가씨(蘇我氏)는 아스카시대 전반의 정치, 문화를 이해하는데 빼놓을 수 없는 씨족이다. 소가씨가 두각을 나타내기 시작한 것은 6세기 전반 소가노 이나메(蘇我稻目) 때인데, 그는 한반도로부터 건너온 도래인의 힘과 지식을 이용해서 정치적인 발판으로 삼았다. 선진지식과 기술을 지닌 도래인을 이용하여 조정에서 재정 방면에 탁월한 능력을 인정받아 지위를 높여가고 그 족장인 소가노 이나메는 오오미(大臣)의 지위에 오르는데 이후에는 소가씨만이 이 지위를 독점하였다. 특히 불교수용을 둘러싼 논쟁에서 반대파인 오무라지(大連)인 모노노베씨(物部氏)를 타도하고 나서는 조정에서 제 1인자의 자리를 구축하였다.

또한 소가씨는 자신의 정치적 입지를 이용하여 딸들을 왕비로 들여보내 왕실의 외척으로서 정치적 실권을 장악해 나갔다. 소가씨가 멸망하는 645년에 이르기까지 소가씨의 피를 잇지 않은 왕이 없을 정도로 왕실과 혈연관계를 맺어 왕권을 좌지우지하게 되었다. 이것이 소가씨가 아스카시대 전반기 4대(稻目·馬子·蝦夷·入鹿)에 걸친 120여년 동안 최대의 호족으로 등장하게 되는 이유가 되는 것이다.

▲ 쇼토쿠 태자상(궁내청 소장)

▲ 아스카에 있는 石舞台고분. 蘇我馬子의 묘로 추정되고 있다.

황마저 살해하였다. 이러한 정세하에서 즉위한 여제 스이코(推古)는 쇼토쿠(聖徳) 태자를 섭정으로하고 소가노 우마코(蘇我馬子)의 협력을 얻어 내외의 새로운 움직임에 대응해서 국정을 이끌어 갔다.

우선 불교에 의한 국내의 통일을 꾀하기 위해 불교흥륭의 조를 공포했다. 이어서 관위 12계를 제정하여 개인의 재능과 공적에 따라서 지위를 정하고 그 상징으로서 관(冠)을 수여하였다12). 이것은 씨성제도에 의한 문벌주의 폐해를 방지하고 동시에 동아시아의 우수한 문화를 몸에 익힌 도래인을 등용하기 위한 조치였다. 태자는 또 천황중심의 국가를 만들기 위해 헌법 17조를 제정했다고 전해진다. 여기에는 불교에서 말하는 화(和)와 유교의 예(禮) 등에 의한 정치의 이상이 제시되었고 호족간의 화(和), 불교에의 존숭, 천황에의 복종 등을 강조하고 있다. 더욱이 태자는 우마코(馬子)와 함께 천황기(天皇記), 국기(国記) 등의 역사서를 편수하고 왕실과 국가의 유래의 유구성을 역사적으로 뒷받침하려고 하였다13).

---

12) 유교의 덕목인 덕(德)·인(仁)·예(禮)·의(義)·지(智)를 취하여 이를 대소로 나눠 12계로 하고 관(冠)의 색과 장식에 의해 등급을 표시했다.
13) 천황의 칭호가 사용되기 시작한 것은 덴무조(天武朝, 680년전후)쯤으로 생각된다. 그전

스이코조정은 대륙의 우수한 선진문물을 수입하기 위해 수(隋)와의 국교를 열었다. 478년 왜왕 무의 견사를 끝으로 약 120년간 단절되었던 대중국외교를 재개하였다. 600년에 최초의 견수사를 파견하였는데 이 사자는 「왜왕은 天을 兄으로 삼고 日을 弟로 삼는다」 라고 주장하여 수의 황제를 놀라게 했다. 607년의 견수사인 오노노 이모코(小野妹子)가 지참한 국서에는 「해가 뜨는 동방의 천자가 해가 지는 서방의 천자에게 국서를 보낸다」 라 기록하여 왜왕의 적극적인 외교적 자세를 과시하였다. 이듬해 수에서는 사자 배세청(裵世淸)이 왜국에 파견되어 오고 그의 귀국시에는 다카무쿠노 쿠로마로(高向黒麻呂, 高向玄理), 승려인 민(旻), 미나부치노 쇼안(南淵請安) 등 많은 유학생이 중국의 문물을 직접 배우러 동행하였다. 이들은 후에 대화개신(大化改新)의 주역으로서 신정권의 국정에 커다란 역할을 하게 된다.

불교의 전래로부터 쇼토쿠 태자의 시대를 중심으로 약 1세기간은 왕도가 나라현(奈良県) 아스카 지방에 있었기 때문에 아스카 시대라 하고 그 문화를 아스카 문화라 한다. 아스카 문화는 불교문화가 중심이고 백제를 비롯한 한반도제국의 영향이 컸다.

쇼토쿠 태자는 불교에 의해 일본문화를 향상시키기 위해 노력하였다. 불교 사원으로서는 소가씨의 발원으로 일본 최초로 아스카지(飛鳥寺, 法興寺)를 세워지고 여기에 고구려승 혜자(慧慈)와 백제승 혜총(慧聡)을 주지게 하였다14). 이어 쇼토쿠 태자의 발원에 의해 시텐노지(四天王寺)·호류지(法隆寺) 등을 시작으로 호족들도 다투어 우지데라(氏寺)를 건립했다. 그 중에서도 호류지는 5층 탑과 금당을 좌우로 배치한 일본 독특의 형식으로 건립되었고 금당·탑·중문과 대부분의 회랑은 이 시대의 건축양식을 금일에 전하여 현존하는 세계 최고(最古)의 목조건축의 유구로 알려져 있다.

에는 대왕으로 불리어졌다.
14) 고구려승 혜자는 쇼토쿠태자의 스승으로서 정치, 외교상의 고문으로 활약하였다

▲ 아스카 시대의 백제관음상(法隆寺)

▲ 法隆寺 금당 석가삼존상

당시의 불사(佛師)로서 저명한 구라쓰쿠리노 토리(鞍作止利, 鞍作鳥)는 호류지 금당의 석가삼존상을 만들었다[15]. 이외에 고류지(広隆寺)와 츄구지(中宮寺)의 반가사유상[16]과 호류지 몽전(夢殿)의 구세관음상, 백제관음상 등은 이 시대의 대표적인 작품이다. 회화에서는 고구려승 담징(曇徵)에 의해 채색법 도구, 종이·묵의 제조법이 전해지는 등 한반도로부터 새로운 기법이 전래되어 비약적으로 발전하였다. 또한 백제승 관륵(観勒)은 역(曆)을 전하여 이로부터 연월의 경과를 기록할 수 있게 되어 역사서와 제기록의 발달에 커다란 기여를 하였다.

---

15) 구라쓰쿠리노 도리(鞍作止利)는 한반도 도래계씨족의 후손으로 그의 선조 시바탓토(司馬達等), 타스나(多須奈)등 3대에 걸쳐 불사로서 불상 등의 제작에 종사하며 일본불교 사상 불후의 금자탑을 세웠다.

16) 고류지는 신라계 씨족인 하타씨(秦氏)의 우지데라(氏寺)로서 여기에 소장되어 있는 일본국보1호 목조의 미륵보살반가사유상은 신라에서 전래된 도래불로서 불상조각 예술의 극치를 이루고 있다.

제**4**장   율령국가의 형성과 발전

시대개관 ■

스이코조(推古朝)의 정치는 문화적인 면에서 불교 흥륭 등 커다란 성과를 이루었지만, 정치적인 면에서는 이상적인 면에 머물렀다. 그러나 그 이상은 대화개신(大化改新)과 그 후의 개신정치의 전개에 의해 실현되었다. 수·당을 모범으로 한 국가기구의 정비가 이루어지고, 천황을 정점으로 하는 중앙집권기구, 공지공민제(公地公民制), 율령에 의한 법치주의적인 정치운용이 8세기 초의 대보율령(大宝, 다이호)의 완성에 의해 확립되었다. 이러한 정치개혁에 의해 국토의 개발도 진행되고 국력도 충실해졌다.

중국에서는 당왕조가 세계적인 대제국을 세우고 그 왕도인 장안은 세계 문화의 일대 중심을 이루고 있었다. 그 문화를 흡수하기 위해 견당사가 파견되고 그 결과 장안을 모델로 한 헤이죠쿄(平城京)가 조영되었다. 문화면에서는 신라와 당 문화의 영향을 받아 나라시대의 덴표(天平)문화를 꽃피웠다. 도다이지(東大寺)의 정창원에 소장되어 있는 유물들은 덴표문화의 세계성을 잘 말해주고 있다. 다만 이러한 문화활동은 한편으로는 국력의 소모와 사회불안 나아가 정치의 동요를 초래하였다. 이에 따라 8세기 말에 헤이안(平安) 천도가 이루어지고 율령정치의 재건이 추진되었다.

1 율령정치의 성립과 하쿠호(白鳳) 문화

대화개신(大化改新, 다이카개신)

중국대륙에서는 7세기 초에 수에 대신해서 당(唐)제국이 출현하였다. 당은 북조로부터 수에 걸쳐 발달한 균전제, 조용조제 등을 축으로 율령법을 정비하고 강대한 중앙집권국가를 이룩하였다. 한반도에서는 삼국간에 격렬한 항쟁이 일어나고 당의 공격을 받는 등 긴장이 높아가고 있었다. 동아시아의 이러

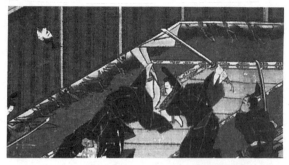
▲ 蘇我入鹿이 살해당하는 장면(「多武峰緣起絵卷」 중에서)

한 움직임은 당으로부터 귀국한 유학생, 학문승에 의해 전해졌다. 동아시아의 정세를 직접적으로 체험한 이들은 새로운 변화에 대응할 만한 국가체제를 구상하고 있었고 조정의 개혁파들을 자극하였다.

이러한 와중에서 소가노 우마코(蘇我馬子)와 그의 아들인 이루카(入鹿)가 권력을 전횡하고, 더욱이 쇼토쿠 태자의 아들로서 유력한 왕위계승자였던 야마시로노오에왕(山背大兄王)과 그 일족을 멸망시키는 사건을 일으켰다. 여기에서 나카노오에 황자, 나카토미노 카마타리(中臣鎌足)[1]는 천황중심의 강력한 중앙집권국가를 건설하기 위해 645년 소가노 에미시(蘇我蝦夷), 이루카(入鹿) 부자를 멸하였다(乙巳의 變). 이어서 고토쿠(孝德) 천황을 세우고 나카노오에 황자(中大兄皇子)가 황태자가 되어 국정의 개혁을 추진하였다.

우선 이제까지의 오오미(大臣), 오무라지(大連)제를 폐하고 우대신·좌대신·내신(內臣)을 두었으며 정치고문으로서 국박사(国博士)를 두고[2] 최초로 연호를 정하여 대화(大化, 다이카) 원년으로 하였다. 또한 정치를 일신하기 위해 도읍을 아스카로부터 나니와(難波, 오사카)의 나가라토요사키(長柄豊碕)로 옮겼다. 이후 수 년에 걸친 일련의 정치개혁을 대화개신이라고 한다.

646년 정월에는 개신의 조(詔)가 공포되어 4개조의 기본방침이 제시되었다. 그 내용은 첫째, 천황을 비롯한 호족의 사지사민(私地私民)을 폐지한다(公地公民制). 둘째, 국(国)·군(郡)·리(里) 등의 지방행정구획을 정하여 지방관을 임명한다(国郡制). 셋째, 호적·계장(計帳)[3]을 만들어 반전수수법(班田授受法)을 정하

---

1) 나카토미노 카마타리는 후에 덴지(天智)천황으로부터 후지와라(藤原) 성을 하사받았다.
2) 좌대신에 아베노 우치마로(阿倍内麻呂), 우대신에 소가노 이시카와마로(蘇我石川麻呂), 내신에 나카토미노 카마타리(中臣鎌足)가 임명되고, 국박사에는 중국유학을 경험한 다카무쿠노 쿠로마로(高向黒麻呂)·승려 민(旻)이 임명되었다.

여 전국의 토지와 인민을 지배한
다. 넷째, 국가의 통일적인 세제
를 정비한다는 것 등이다. 이로
서 새로운 중앙집권국가의 체제
가 점차로 형성되어 갔다[4].

▲ 조선식산성인 大野城跡

　개신정치는 호족의 존재를 부
정하는 것은 아니었다. 사지사민
을 폐하는 대신에 식봉(食封)[5]과
봉록을 주고 또 이전의 씨성제도에 대신하여 관인제를 정하여 관위를 주어
호족의 경제적, 정치적 지위를 보장하였다.

| 개신정치의 전개 | 개신정치는 국내적으로 모반사건등 우여곡절이 있었지
만 점차 진전되어 갔다. 사이메이(斉明) 천황 때에 아베
노 히라부(阿倍比羅夫)가 수군을 이끌고 아키타(秋田)·쓰루가(津輕) 방면의 에미
시(蝦夷)를 평정하였다.

　한편 한반도에서는 신라에 의한 통일이 진행되고 660년(斉明6)에는 당과
연합하여 백제를 멸망시켰다. 백제의 구원요청을 받은 개신정권은 663년에
백제부흥군으로서 27000명의 군대를 파병하였다. 그러나 백촌강(白村江, 금강
하구)에서 나당연합군에게 대패하여 한반도로부터 철군하였다. 신라는 당과의
동맹관계를 공고히 하여 668년에는 고구려도 멸망시키고 676년에는 당의 세
력도 한반도로부터 축출하여 삼국통일을 완성하였다.

　일본에서는 사이메이 천황의 사후 나카노오에(中大兄) 황자가 황태자로서

---

3) 율령제하에서 백성들에게 조(調)·용(庸)을 부과하기 위하여 매년 작성되는 장부.
4) 개신의 조에 대해서는 요로령(養老令)과 공통되는 점이 많다는 이유로 『일본서기』 편
　자의 작문으로서 이를 부정하는 견해도 있다. 그렇다 하더라도 이 조에 가까운 정치대
　강이 이때에 나타났을 것으로 보인다.
5) 일정의 호(戶)를 지정하여 이들 호가 바치는 세(조·용·조)의 대부분을 상급관인에게
　주는 제도

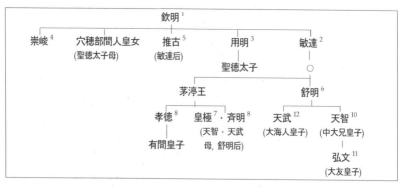

▲ 천황가계보(숫자는 계보내의 즉위순)

정치를 주도하였다. 나당연합군의 침공에 대비하여 쓰시마(対馬)·이키(壱岐)와 북큐슈의 각지에 사키모리(防人, 변경수비대)와 봉수를 설치하고, 북큐슈에 평지성인 미즈키(水城)를 축조하였다. 또 쓰시마로부터 북큐슈, 기나이의 왕도에 이르는 국방상의 요새에 조선식산성6)이라 불리우는 산성을 축조하고 북큐슈에는 군정기관으로서 다자이후(大宰府)를 설치하였다.

한편 나카노오에 황자는 왕도를 오미(近江)로 천도하여 덴지(天智) 천황으로 즉위하였다. 신라·당과의 국교를 재개하기 위해. 견신라사, 견당사를 파견하였으며 내정에도 힘써 공지공민제를 완화하고 사유민을 일부 인정하여 호족들의 불만을 해소하였다. 667년에는 일본 최초의 율령인 오미령(近江令)을 제정하고, 670년에는 경오년적(庚午年籍)이라는 최초의 호적을 전국에 걸쳐 작성하였다.

율령의 완성 덴지천황이 사망하자 왕위를 둘러싸고 덴지 천황의 동생 오아마(大海人) 황자와 황태자인 오토모 황자(大友皇子)간에 반

---

6) 산성은 이전 일본에서는 존재하지 않았던 방어시설물로서 백제 망명세력의 지도하에 축조되는데 이를 조선식산성이라 부른다. 이 산성의 특징은 장기전에 대비하여 축조된 것으로 계곡을 포괄하고 내부에는 식량창고와 무기고, 막사가 있고 유사시에는 평야지대의 백성들이 이곳으로 피난해서 장기전에 돌입한다. 이 산성은 나당연합군이 공격해 올 것으로 예상되는 쓰시마에서 북큐슈, 세토내해와 왕도에 이르는 군사적 요충지에 10여개 이상이 축조되었다.

목이 일어났다. 672년에 요시노(吉野)에서 군사를 일으킨 오아마 황자는 미노(美農)에서 동국의 군사를 모아 오미(近江)로 공격해 들어와 승리를 거두었다. 이를 진신(壬申)의 난이라고 한다. 이듬해 아스카키요미하라궁(飛鳥浄御原宮)에서 덴무(天武) 천황으로 즉위했다. 이 난에서 대화개신 이래의 고관의 대부분은 오토모 황자측에 가담했기 때문에 몰락하고 이제 천황의 권력과 권위는 크게 강화되었다.

천황은 덴지천황이 완화했던 공지공민제를 다시 강화하고 684년(天武12)에는 8색의 성(八色의 姓)[7]을 정하였으며, 황자에게 친왕(親王)의 칭호를 사용하게 하여 황족 중심의 정치체제를 만들었다(皇親政治). 또 관위제를 확대하여 관인 채용의 길을 넓히고 기요미하라령(浄御原令)[8]의 제정과 국사(国史)[9]의 편찬을 시작하는 등 개신정치는 더욱 진전되었다.

덴무천황의 사후 황후가 즉위하여 지토(持統) 천황이 되었다. 천황은 당의 장안성을 모방하여 일본 최초로 도시계획에 의한 후지와라쿄(藤原京)[10]를 조영하였다. 후지와라쿄는 지토, 몬무(文武) 2대를 중심으로 15년간 존속하였다. 그 사이 701년(大宝1년)에는 다이호(大宝) 율령이 완성되었다. 이것은 몬무천황의 명으로 오사카베 친왕(刑部親王)을 총재로 하여 후지와라노 후히토(藤原不比等) 등이 당의 율령에 일본 고래의 관습을 가미하여 제정한 것으로 완성된 이듬해부터 시행되었다. 그 후 후히토 등이 이를 수정하여 718년(養老2)에 요로(養老) 율령이 제정되었는데, 그 내용은 다이호 율령과 큰 차이가 없기 때문에 율령체제는 다이호 율령에서 완성되었다고 할 수 있다. 율령은 그후 많은 수정과 변화는 있었는데 형식적으로는 1885년(明治18)의 내각제 성립까지 계속되었다.

---

7) 종래의 가바네(姓)을 고쳐서 새롭게 제정한 가바네로서 마히토(真人)·아손(朝臣)·스쿠네(宿禰)·이미키(忌寸)·미치노시(道師)·오미(臣)·무라지(連)·이나기(稲置) 등 8성이다. 마히토는 비교적 가까운 시기에 황실로부터 갈라진 씨, 아손과 스쿠네는 이전의 오미(臣), 무라지(連) 중에서 특히 유력한 자에게, 이미키(忌寸)는 도래계의 씨에게 주어졌다.

8) 슈(행정법, 민법)은 시행되었지만 律(형법)은 완성되지 않은 것 같다.

9) 『고사기』·『일본서기』 편찬의 출발점이 되었다.

10) 694년에서 710년 헤이죠쿄(平城京)으로 천도할 때 까지 아스카시대 말기의 왕경으로 번영하였다. 넓이는 동서 2.1km, 남북 3.1km로 조방제(条坊制)에 의해 조영되었다.

율령 관제의 구조

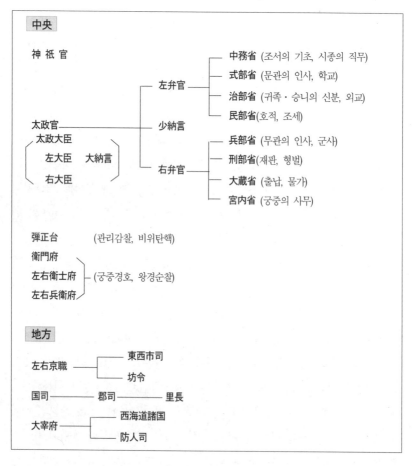

中央

神祇官

太政官
　太政大臣
　　左大臣　　大納言
　　右大臣

左弁官 ─┬─ 中務省 (조서의 기초, 시종의 직무)
　　　　├─ 式部省 (문관의 인사, 학교)
　　　　├─ 治部省 (귀족·승니의 신분, 외교)
　　　　└─ 民部省(호적, 조세)

少納言

右弁官 ─┬─ 兵部省 (무관의 인사, 군사)
　　　　├─ 刑部省(재판, 형벌)
　　　　├─ 大蔵省 (출납, 물가)
　　　　└─ 宮内省 (궁중의 사무)

弾正台　　(관리감찰, 비위탄핵)
衛門府
左右衛士府 ─ (궁중경호, 왕경순찰)
左右兵衛府

地方

左右京職 ─┬─ 東西市司
　　　　　└─ 坊令

国司 ─── 郡司 ─── 里長

大宰府 ─┬─ 西海道諸国
　　　　└─ 防人司

율령체제　　율령제라는 것은 율령법에 의해 국가를 통치하는 것을 말한다. 율은 형법이고, 영은 민법·행정법으로 행정조직과 인민의 조세·노역 등 국가통치에 필요한 다양한 조항을 규정하고 있다. 일본의 율령은 영이 국가의 기본법으로서 시행되었다는 데에 특징이 있다. 율은 형법으로서 사회전체를 규제하지만, 일본에서는 독자의 사회적 규범과 관습법이 존재해 있었기 때문에 법률로서 한계를 갖고 있었다. 중앙의 관인, 귀족층에게는 어느 정도 통용이 되었다고 해도 지방의 일반 민중의 세계에서는 오히려 고유법이 통용되고

▲ 大宰府의 정청이 있었던 유적지

있었다. 율령제의 근본 이념은 천황을 중심으로한 중앙집권적 국가체제를 구축하는 것이다. 이를 실현하기 위해서 중앙과 지방에 다양한 관료기구를 설치하고 통치조직을 정비하였다.

【관제】 율령에 의한 국정운영의 조직으로서는 중앙에 국가제사를 담당하는 신기관(神祇官)과 일반행정의 최고기관인 태정관(太政官)의 2관이 설치되었다. 국정은 태정관의 대신과 대납언(大納言)[11]이 심의하고 천황의 재가를 얻은 후, 그 실무를 태정관 밑에 놓여있는 8성(省)이 분담하였다. 이를 2

▲ 大宰府의 정청 모형도

관8성이라 한다. 이 외에 관리의 부정을 감시하는 탄정대(弾正台), 궁중의 경비를 담당하는 5위부(五衛府)가 있었다. 지방은 전국을 국(国)·군(郡)·리(里, 후에 郷으로 개칭)로 나누고, 각각 국사(国司)·군사(郡司)·이장(里長)을 두고[12], 왕경에는 경직(京職), 큐슈(九州)에는 다자이후(大宰府)를 두었다[13]. 군사·이장은 지방호족이 담당하였지만 이외의 지방관은 모두 중앙에서 임명하여 중앙의 지령이 지방 행정에 미치게 하는 중앙집권 체제였다.

각 관청은 장관·차관·판관(判官)·주전(主典)의 4등관제였고 그 밑에 사생(史生, 書記) 등의 하급관인이 있었다. 율령제하의 관인의 정원은 약 8300명이었

---

11) 후에 중납언(中納言)과 참의(参議)가 추가되었다. 참의 이상을 공경(公卿)이라 한다.
12) 모든 백성은 호적에 등재되어 50호를 1리(理)로 하고 2~20리를 군(郡), 2군 이상을 국(国)으로 하였다.
13) 다자이후는 큐슈(九州)의 9국과 쓰시마·이키 2섬(후에 3섬)을 행정관리하고 외교사무, 변방방비를 그 임무로 한다. 7세기말에 성립하여 약 400년 동안 존속한 율령국가의 최대의 지방관청이다.

다. 이들 관직에는 그에 상당하는 위계가 정해졌고 위계를 갖는 자가 임명되었다. 이를 관위상당제(官位相当制)라 한다. 위계는 관인의 서열을 표시하고 1위부터 소초위하(少初位下)까지 30계로 나눠졌다. 관인은 용(庸)·조(調) 등을 면제받고 위계에 따라서 위전(位田)·위봉(位封), 관직에 따라서 직전(職田)·직봉(職封)등이 지급되었다. 특히 상급관리에게는 커다란 경제적·신분적 특권이 있고 그들의 지위는 대화개신 이전부터의 중앙 대호족이 차지하고 있었다. 그들은 율령제하에서 더욱 안정된 생활을 영위하고 지위와 재력은 사실상 세습되었다14).

【신분제】 전국민은 양(良)과 천(賤)으로 크게 구별하였다. 양민은 황족에서부터 관인·승려 그리고 인구의 대부분을 차지하는 공민(농민)이었다15). 천민에는 국가 소속의 능호(陵戸)·관호(官戸)·공노비와 사유의 가인(家人, 사적인 천민)·사노비의 5개의 신분이 있다(5色의 賤). 이 중에서 노비는 가족생활이 인정되지 않고 소유자의 재산으로서 매매, 양도되었다.

【사법제도】 사법제도는 범죄와 형벌에 관한 것으로 율에 규정되어 있다. 고소주의를 원칙으로 하는데 재판은 형부성과 탄정대, 그리고 모든 행정 관청에서도 행하고 있어 사법권과 행정권이 독립되어 있지 않다는데 특징이 있다. 형벌의 종류는 태(笞)·장(杖)·도(徒)·류(流)·사(死)의 5형이 있다. 귀족과 관리는 특히 중죄가 아니면 실형을 가하지 않고 면직과 벌금으로 끝나는 특권이 있다. 이와 같이 동일한 범죄를 저질렀다 해도 신분에 따라 혹은 공을 세운자나 우수한 능력을 가진자는 감형조치 되는 특별 규정도 있다.

그리고 팔학(八虐)이라 해서 국가나 천황에 대한 불법행위라든가 외국과의 내통, 친족살해, 부모의 상에 불참, 남편의 상중에 재혼한다는 등의 행위는 중벌을 받는다. 국가나 황실, 친족에의 범죄가 중시되었던 것은 당시의 지배

---

14) 5위 이상의 귀족의 자(3위 이상의 손)에게는 부와 조부의 위계에 따라 일정의 위계가 주어지고, 여기에 상당하는 관직에 임명되었다. 이를 음위(陰位)의 제라고 한다.
15) 양민에게는 이외에 품부(品部)와 잡호(雑戸)가 있고, 그들은 용(庸)과 조(調) 대신에 관영의 공방에서 일하거나, 또는 특수한 수공업제품을 공상하는 의무를 지고 있었다.

체제와 사회질서의 실상을 반영하고 있다.

【토지제도】 토지는 국유를 원칙으로 하여 전지(田地)는 구분전(口分田)·위전(位田)·직전(職田) 등의 명목으로 전국의 백성과 관인에게 지급되었다[16]. 그 중에서도 구분전이 가장 중요하다. 공지공민제라는 율령국가의 기본원칙에 따라서 모든 백성에게 구분전이라는 토지를 나눠주고 사망하면 국가에 바치는 반전수수제(班田収授制)이다. 이 토지는 6년마다 작성되는 호적에 기초하여 6세 이상의 모든 남녀에게 지급되고 호적은 호를 단위로 작성되었다.

양인 남자에게는 2단(2段, 약710평), 양인 여자에게는 남자의 3분의 2, 노비에게는 양인 남녀의 각각 3분의 1이 주어졌다[17]. 사망할 때까지 경작이 가능했으나 매매는 금지되었다. 이 제도의 목적은 토지가 개인에게 집중되는 것을 막고 농민의 최저생활을 보장하면서 세원을 확보하기 위해서였다.

【조세와 병역】 조세에는 조(租)·용(庸)·조(調)·잡요(雑徭) 등이 있다. 조(租)는 구분전에 부과된 세로서 수확고의 약 3%의 저율이며 대부분은 지방재정에 충당되었다. 용은 21세에서 65세, 조(調)는 17세에서 65세의 남자가 부담하는 인두세로서, 포(麻布)·견(絹)·면(綿) 등을 바치고 중앙정부의 비용에 충당되었다. 지방에서 왕경까지의 조세의 운반도 공민의 부담이었기 때문에 원거리 지방에서는 커다란 부담이었다. 잡요는 국사(国司)의 지휘하에서 국내의 토목공사 등에 종사하는 노역으로 연간 60일(후에 30일)로 제한되었지만, 농민에 있어서는 이 역시 큰 부담이었다.

병역은 성인남자(正丁) 3인에 1인의 비율로 병사가 지정되었다. 병사들은 각지의 군단에 배속되고, 일부는 상경하여 궁중을 경비하는 위사(衛士)가 되거나 혹은 다자이후(大宰府)에 내려가 북큐슈 연안을 방비하는 사키모리(防人)가 되었다. 병사는 용·잡요 등을 면제받았는데, 무기와 의복은 자기부담이어서 후에는 병사를 내는 호는 망한다고 하여 기피하는 현상도 나타났다.

---

16) 이외에 공전(功田)과 사전(賜田), 사원과 신사에 지급되는 사전(寺田)·신전(神田)이 있다.
17) 능호(陵戸)·관호(官戸)·공노비는 양민과 같은 면적의 구분전이 지급되었다.

▲ 薬師寺의 동탑

하쿠호(白鳳) 문화

덴무(天武)·지토(持統)·몬무 (文武)의 3대는 천황중심의 국가체제가 완성되는 시기로 궁정에서는 활기가 넘치고 있었다. 여기에 견당사, 견신라사 등의 파견에 의해 선진문화가 섭취되었기 때문에 활력에 찬 문화가 번성하였다[18]. 이 시대의 문화를 하쿠호(白鳳) 문화라고 한다[19]. 이 시기의 불교는 국가로부터 적극적으로 보호를 받아 발전하였다. 즉 불력에 의해 국가를 지킨다는 호국불교로서 그 자체를 국가의 것으로 한다는 이른바 국가불교이다. 이전에는 호족 개인적인 종교라 할 정도로 씨족불교의 성격이 강했으나 이 시대에 오면 사원과 승려에 대해 국가가 통제하는 정책이 나온다. 국가의 허락없이는 승려가 될 수가 없고 사원의 건립도 마음대로 할 수가 없게 되는 것이다. 불교의 발달은 건축과 조각, 회화에도 반영되고 다양한 불교문화가 꽃피우게 되었다.

대표적인 불교문화는 사원으로서 다이칸다이지(大官大寺)·야쿠시지(薬師寺) 등이 천황의 발원에 의해 건립되었다. 최초로 일체경(一切経, 대장경)이 서사(書写)되었고, 또 생물을 산야에 풀어놓는 방생회와 호국경인 금광명경(金光明経)·인왕경(仁王経)의 강독이 행해졌다. 건축으로는 야쿠시지의 동탑(東塔), 불상으로는 야쿠시지 금당의 약사삼존상과 고후쿠지(興福寺)의 불두(仏頭) 등이 있

---

18) 견당사는 630년에 시작되었다. 덴무(天武)·지토(持統)조에는 일시 중단되었지만 몬무 (文武)조때에 아와타노 마히토(粟田真人)가 파견되었다. 견신라사는 거의 끊이지 않고 파견되었다.

19) 하쿠호(白鳳) 문화, 하쿠호 시대라는 말은 미술사적인 용어이다. 하쿠호는 나라시대에 고토쿠(孝徳) 천황대의 연호인 하쿠치(白雉)의 별호로 쓰였다. 헤이안(平安) 시대에는 덴무(天武) 천황의 때의 연호로 인식되었는데, 『일본서기』에는 보이지 않는 연호이 다. 『속일본기』에 「白鳳以来, 朱雀以前」이라는 기록이 보이는데, 아마도 하쿠치 연호에 대한 후세의 미칭으로 생각된다.

다. 회화로는 1949년 화재로 손상을 입은 호류지(法隆寺)의 금당벽화도 유명
하다. 또 1972년에 발견된 다카마쓰즈카 고분(高松塚古墳)의 벽화도 이 시대의
것으로 여기에 묘사된 인물상은 고구려 벽화고분의 그것과 유사성이 지적되
어 고분의 피장자가 고구려계가 아닌가 추정되고 있다.

한편 일본 고유의 신앙인 신기(神祇)에 관한 제도도 정비되었다. 또 일본
고유의 문학인 와카(和歌)도 5·7조의 정형으로 그 형식이 정비되고, 덴무(天
武)·지토(持統) 양 천황을 비롯한 누카타노 오키미(額田王)·가키모토노 히토마
로(柿本人麻呂) 등의 가인(歌人)이 나와 많은 명가(名歌)를 남겼다. 그 중에서도
궁중가인으로서 활약한 가키모토노 히토마로의 노래는 이 시대의 기풍을 반
영하고 웅대한 구상과 높은 격조로 후세에 와카(和歌)의 조(祖)로서 알려졌다.

2 율령정치의 추이

| 헤이죠쿄(平城京) 천도 |

율령국가는 8세기 초경까지는 거의 확립하고 나
라의 헤이죠쿄(平城京)를 조영하여 710년(和銅3년)
에 도읍을 이곳으로 옮겼다. 율령이 제정되고 율령제가 시작되면 관청과 관
인의 수도 증가하게 되었고, 여기에 이들이 거주할 수 있는 주거공간도 필요
하였다. 아스카는 구호족세력의 중심지였기 때문에 새로운 정치를 하는데 장
애가 되었다. 이러한 이유로 헤이죠쿄는 당의 장안성을 모방하여 정연한 도
시계획에 의해 조영되었다. 동서 4.3㎞ 남북4.8㎞의 장방형의 도성으로서
85m의 주작대로를 중앙으로 통하게 하고 동쪽에 좌경, 서쪽에 우경을 두었
다. 이후 794년 헤이안쿄(平安京)로 천도하기 까지 나라시대의 왕경으로서 번
영하였다[20].

---

20) 헤이죠큐(平城宮)에는 천황이 거주하는 내리(内裏)를 중심으로 의식과 정치를 행하는
조당원(朝堂院), 정무를 집행하는 중앙관청등이 들어섰다. 헤이죠쿄(平城京)내에는 귀
족과 관인, 많은 서민들이 생활하고 인구는 약 20만으로 추정된다. 유력한 귀족은 3000
평 이상의 대저택에서 호화로운 생활을 하였다. 근년에 헤이죠큐 유적에서 발굴된 수
많은 목간(木簡)에 의해 나라시대의 실상이 드러나고 있다.

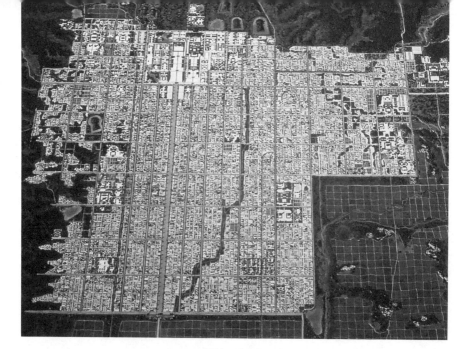
▲ 平城京 복원 모형도

▲ 多賀城의 비각과 비의 탁본

▲ 平城京 출토의 동전(和同開珎)

율령에 의한 지배체제를 지방에도 미치기 위해 왕경을 기점으로 관도(官道)를 따라 전국을 기나이(畿內)²¹⁾와 도카이(東海)·도산(東山)·호쿠리쿠(北陸)·산인(山陰)·산요(山陽)·난카이(南海)·사이카이(西海) 등 7도의 구역으로 나누고(5畿7道), 역제(驛制)를 정비하여 중앙과 지방의 연락을 긴밀히 하였다. 이에 따라 지방의 개발도 급속히 진전되어 동북지방에서는 712년에 데와국(出羽国)이 설치되

---

21) 기나이는 야마시로(山背, 平安京 천도후는 山城)·야마토(大和)·가와치(河內)·이즈미(和泉)·셋쓰(摂津)의 5국으로 구성되었다.

고, 다가성(多賀城)을 축조하여 에미시(蝦夷)[22]의 정복을 추진하였다. 서남지방
인 큐슈남단에는 713년에 오스미국(大隅国)을 두고 하야토(隼人)도 평정하였다.
대외적으로는 신라·당과의 통교를 긴밀하게 하는 한편, 727년에는 발해와도
국교를 열었다.

율령국가 번영의 배후에는 이를 지탱하는 산업의 발달이 있었다. 철제농구의
보급과 농업기술이 진보하였고, 양잠과 견직물을 산출하는 지역도 증가했다. 또
금·은·동 등의 광물이 발견되었고, 708년에는 무사시국(武蔵国)으로부터 동이
헌상되었기 때문에 이를 기념하여 화동개진(和同開珎)이라는 화폐를 주조하였
다[23]. 화폐의 유통은 상업의 발달을 가져와 헤이죠교 내에는 관영시장인 동시
(東市)와 서시(西市)가 설치되어 정부의 관리하에 경제활동을 영위하였다.

| 율령정치의 동요 | 헤이죠교(平城京)의 조영은 율령국가의 번영을 표시하는
것이었지만, 한편으로는 다수의 농민이 왕경의 조영에
동원되었기 때문에 그 부담은 무거웠고 게다가 자연재해가 발생하여 사회불
안이 일어났다. 정치적으로는 지배층 내부에 정쟁이 끊이질 않아 율령국가는
동요를 일으키기 시작하였다.

대화개신 이래 유력한 귀족으로서 율령 제정에 중심적인 역할을 하였던
후지와라씨(藤原氏)는 쇼무(聖武) 천황 때에 황족중의 유력자였던 좌대신 나가
야왕(長屋王)과 대립하였다. 결국 그에게 모반죄를 씌워 그 일족을 자살케 하
고, 후지와라노 후히토(藤原不比等)의 딸인 고묘시(光明子)를 비황족으로서는
최초로 황후로 세웠다(光明皇后). 그러나 737년(天平9년)에 전국을 휩쓴 천연두
에 의해 후지와라씨 4형제는 모두 사망하였다. 후지와라씨의 세력은 일시 쇠
퇴하고, 황족출신의 다치바나노 모로에(橘諸兄)가 당에서 돌아온 기비노 마키

---

22) 에미시(蝦夷)는 율령국가가 그 지배하에 들어있지 않은 동북지방의 토착 종족에 대해
붙인 호칭이다. 에미시에 대해서는 일본고래의 원주민인 아이누족이라는 설도 있으나
이설도 있고, 그 사회에 대해서도 명확하지 않다.
23) 화폐의 유통은 왕경과 기나이 주변에서는 잘 유통되고 조세도 화폐로 거두었지만, 지
방에서는 포와 쌀이 주요 교환수단이었고 화폐는 그다지 유통되지 않았다.

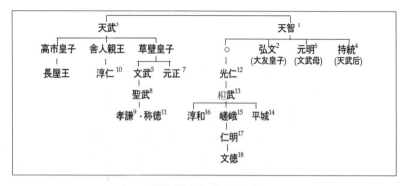

▲ 천황가 계보(숫자는 계보 내의 즉위순)

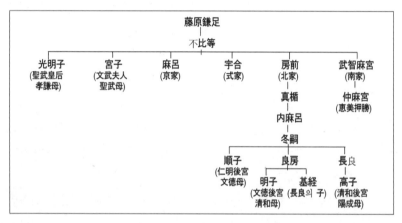

▲ 藤原氏 계보

비(吉備真備), 승려 겐보(玄昉) 등을 참여시켜 정치를 주도했다. 이에 불만을 품은 후지와라노 히로쓰구(藤原広嗣)는 740년(天平12)에 기비노 마키비를 제거한다는 명목으로 큐슈(九州)에서 군사를 일으켰지만 패사하였다(藤原広嗣의 난). 이 반란으로 중앙의 동요는 현저해지고 민심은 동요하였다. 그 위에 질병과 천재가 연이어 발생하여 사회의 불안은 일층 고조되었다. 쇼무(聖武) 천황은 불교의 공덕에 의해 재해를 막고 국가의 평안을 구한다는 생각으로 741년에 전국에 국분사(国分寺) 건립의 조를 내려, 각 국에 국분사·국분니사(国分尼寺)를 조영케 하였다. 743년에는 비로자나불 조영의 조를 내려 주조에 착수하였

다. 이것이 도다이지(東大寺)의 대불로
서 752년에 완성되어, 고켄(孝謙) 천황
·쇼무(聖武) 상황의 배석하에 성대한
대불개안식이 거행되었다[24].

이윽고 후지와라씨는 세력을 재차
회복하여 후지와라노 나카마로(藤原仲
麻呂)가 고묘 황태후(光明皇太后)의 신
임을 얻어 권세를 휘둘렀다. 다치바나
노 모로에(橘諸兄)의 아들인 다치바나
노 나라마로(橘奈良麻呂)는 이에 불만
을 품고 모반을 일으켰지만, 사전에
발각되어 살해당하였다(橘奈良麻呂의
난). 이어서 승려인 도쿄(道鏡)가 고켄
상황(孝謙上皇)의 총애를 받아 득세하
자 나카마로(仲麻呂)는 도쿄(道鏡)를 제
거하기 위해 토벌에 나섰으나 패사하
고 말았다(藤原仲麻呂의 난). 이후 도쿄
는 태정대신 선사(太政大臣禪師)·법왕이
되고 그 일족과 추종세력(승려)을 고관
으로 등용하여 권세를 떨쳤다. 나아가
황위계승을 넘보았으나 후지와라노 모

▲ 東大寺 대불의 상부모습.

▲ 東大寺 전경

---

24) 대불(大仏)의 대불사(大仏師, 불상의 설계자)에는 백제 도래인의 자손인 구니노키미마
로(国君麻呂, 国中連公麻呂)가 맡았다. 조영에 들어간 재료는 동 443.7톤, 주석 7.6톤,
수은 2.2톤을 비롯한 많은 광물이 소요되었으며 주조가 끝난후에 대불에 입힐 금을 제
공한 사람은 무쓰노쿠니(陸奧国)의 국수(国守)이며 백제 의자왕의 후손인 경복(敬福)이
었다. 752년에 높이 16.2미터, 무게 250톤의 비로자나불이 완성되었다.

모카와(藤原百川)와 와케노 키요마로(和気清麻呂) 등에게 저지당하고, 쇼토쿠 천황(称徳天皇, 孝謙天皇의 重祚)의 죽음과 동시에 실각되었다.

공지공민제의 파탄

헤이죠쿄의 번영은 율령체제에 의해 전국으로부터 모은 경제력이 밑바탕이 되었다. 그 때문에 왕경의 번영이 진행되면 될 수록 국가의 재정을 떠받들고 있는 농민의 부담은 커져만 갔다. 그 중에는 과중한 부담을 감당하지 못하고 집과 토지를 버리고 도망하는 자도 적지않았다.

농민의 도망에 의한 구분전의 황폐와 인구 증가에 의해 구분전이 부족하게 되었다. 이에 정부는 722년(養老6)에 백만정보개간계획을 세우고, 723년에는 삼세일신법(三世一身法)을 시행하여 사유를 인정하고 개간을 장려했다. 그러나 이 토지제도는 개간한 농민에게 3대밖에 사유를 인정하지 않았기 때문에 경지확장의 성과는 이루지 못하고, 743년(天平15)에는 간전영년사재법(墾田永年私財法)25)을 내려 일정 한도의 개간지를 영구히 사유하는 것을 허가하였다.

간전영년사재법이 내려지면 재력이 있는 귀족과 사원은 광대한 산야를 점유하고 노비와 도망한 농민을 사역시켜 개간을 진행하였으며 농민의 전지를 매수하는 방법으로 광대한 사유지를 소유하게 되었다. 이들 사유지를 경영하기 위해 현지에 사무실과 창고를 설치하여 장(莊)이라고 불렀는데, 이윽고 사유지 전체를 지칭하는 말이 되고 장원(莊園)의 기원이 되었다. 이러한 사유지가 각지에 나타나면 과중한 부담을 견디지 못한 농민들 중에는 장원으로 도망하는 자도 속출하여 율령국가의 공지공민제는 근본적으로 동요를 일으키게 되었다.

---

25) 간전영년사재법은 위계에 따라 사유면적이 제한되고, 국사의 허가와 허가후 3년내에 개간을 완료해야 한는 규정이 있었다. 따라서 일반농민 보다는 권력과 재력이 있는 자에게 유리하였다.

3 나라(奈良) 시대의 문화

덴표(天平) 문화

8세기 나라시대에는 예전에는 볼 수 없었던 화려한 문화가 헤이죠쿄(平城京)을 중심으로 꽃을 피웠는데 이 시대의 문화를 덴표(天平) 문화라고 한다[26]. 이 시대에는 견당사·견신라사가 자주 파견되어 국제적 색채가 짙은 문화가 발달하였다.

▲ 平安 중기에 필사한 岩崎本 『일본서기』

국가체제의 정비에 따라서 천황이 일본이라는 국가를 지배하는 유래와 국가의 형성·발전을 기록할 목적으로 국사(国史)의 편찬에 착수하였다. 덴무(天武) 천황때에 시작한 국사편찬 사업은 나라시대에 들어가 712년에 『고사기(古事記)』, 720년에 『일본서기』를 편찬하였다. 『고사기』는 덴무(天武) 천황이 히에다노 아레(稗田阿礼)에게 음송시킨 『제기(帝紀)』·『구사(旧辞)』를 오노 야스마로(太安万侶)에게 필록시킨 것이다. 『일본서기』는 도네리 친왕(舎人親王)이 중심이 되어 편찬한 것으로 중국사서의 체제를 모방하여 편년체로 기술하였다. 이 『일본서기』가 선례가 되어 이후 10세기 초까지 국가사업으로서 역사서의 편찬이 이어져 이른바 6국사(六国史)[27]가 완성되었다. 713년에는 조정은 제국에 각지의 지리·산물·전설 등을 기록할 것을 명하여 각 국은 이를 기초로 하여 풍토기(風土記)를 만들어 헌상하였다.

한시문(漢詩文)을 짓는 것은 귀족의 교양으로서 이전보다 더욱 중시되었다. 오우미노 미후네(淡海三船)·이소노카미노 야카쓰구(石上宅嗣) 등은 문인으로서 유명하다. 가이후소(懐風藻)는 덴지(天智) 천황 이래의 황족·귀족·승려 등의

---

26) 쇼무(聖武)천황 때 덴표(天平) 연간(729~749)을 중심으로 한 문화를 말한다.

27) 『일본서기』 『속일본기(続日本紀)』 『일본후기(日本後紀)』 『속일본후기(続日本後紀)』 『일본문덕천황실록(日本文徳天皇実録)』 『일본삼대실록(日本三代実録)』의 6개 사서를 말한다.

▲正倉院 소장의 숟가락과 사발(신라제)
아직도 풀지 않은 숟가락에 신라 종이
(문서)가 부착되어 있다.

▲正倉院 소장의 新羅琴(앞면과 뒷면)

작품을 모은 일본에 현존하는 최고의 한시집이다.

　와카(和歌)의 세계에서는 야마노우에노 오쿠라(山上憶良)·야마베노 아카히토(山部赤人)·오토모노 야카모치(大伴家持) 등의 가인(歌人)이 나타나서 제각기 개성있는 노래를 남겼다. 8세기 말에는 『만엽집(万葉集)』20권이 정리되었다. 이 시대까지의 작품 약 4500수를 모은 노래집으로 천황, 귀족에서부터 변경수비대인 사키모리(防人), 지방의 농민의 노래에 이르기까지 다양하게 수록되었다.

정창원(正倉院, 쇼소인)의 세계

정창원이란 도다이지(東大寺)의 부속창고로서 쇼무(聖武) 천황의 사후 부인인 고묘황후(光明皇后)가 이 절에 헌납한 쇼무천황의 유품을 중심으로 한 나라시대의 보물이 소장되어 있다. 정창원의 보물은 동서문화의 보고라고 일컬어질 정도로 국제성이 풍부함을 보여주고 있다. 물건의 종류를 보면 신라·발해·당의 것 뿐아니라 동로마·이슬람·인도·동남아시아계의 물건도 소장되어 있다. 서방세계의 물건은 중국의 당을 통해 들어 온 것으로 신라상인에 의해서 수입되었다.

특히 신라와 일본의 교류가 활발해 신라의 물건이 많이 남아 있다. 신라의 예를 들면 공방에서 만든 생활용품·공예품·문방사구 등 다양하다. 구체적인 물품의 종류는 매신라물해(買新羅物解)라는 문서에 보이고 있는데, 이 문서는 일본에 들어 온 신라물건을 사기 위해 일본의 관인·귀족들이 물품의 종류와 가격을 적어 관청에 올린 문서

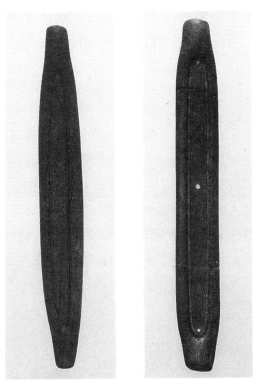

▲ 신라로부터 전래된 正倉院의 묵.「新羅武家上墨」이라는 글자가 새겨져 있다.

▲ 남빛 옥이 부착된 혁대. 옥은 아프가니스탄산으로서 동서 문화의 교류를 말해주고 있다.

이다. 여기에 나타난 물건의 종류를 보면 각종 금속공예·기물·모직가죽제품·불교관계의 물건·약물·향료·염료등 다양하다. 신라에서 생산되지 않는 약물

이나 향료·염료와 같은 것은 신라상인의 중계무역에 의해 들어온 것이다. 당시 신라의 수공업 기술이라던가 일본의 귀족들의 기호품이 무엇이었던가를 보여주는 예라고 할 수 있다.

| 국가불교의 발전 | 불교는 국가의 보호를 받아 한층 발전했다. 당시의 승려는 진호국가(鎭護国家)를 위해 법회와 기도를 행하면 |

서 대륙불교의 교리를 연구하여 나라에는 남도(南都, 奈良) 6종이라는 제종파가 형성되었다. 불교의 발전에는 견당사와 함께 중국에 건너간 다수의 학문승과 당으로부터 건너와 계율을 전한 간진(鑑真)의 역할이 컸다. 승려의 활동은 국가의 강한 통제를 받았으나 교키(行基)[28]와 같이 민간에의 포교를 행하고 농민을 위해 용수시설과 교통시설을 만드는 등 사회사업을 하는 승려도 나타났다.

4 율령체제의 쇠퇴

| 헤이안(平安) 천도 | 쇼토쿠(称徳) 천황의 뒤를 이어 덴지(天智) 천황의 후손인 고닌(光仁) 천황이 즉위하였다. 천황은 승려 |

의 정치개입에 의한 폐단을 쇄신하고, 대불조영 후 급속히 악화된 국가재정을 다시 세우기 위해 긴축재정을 취하고 율령제의 재건에 착수했다. 이어서 즉위한 간무(桓武) 천황도 율령제를 재확립하기 위해 사원세력이 강한 헤이죠쿄(平城京)을 떠나 정치의 쇄신을 꾀했다. 처음에는 야마시로(山背, 山城)의 나가오카쿄(長岡京)로 정했으나 불온한 사건으로 인하여 포기하고[29], 794년(延暦

---

28) 백제계 도래인의 자손으로 국가에서 금지한 민간포교를 행하여 민중들 사이에 인망을 모았기 때문에 탄압을 받았다. 도다이지(東大寺) 대불조영시에는 민중을 이끌고 협력하기도 했다.

29) 784년(延暦3)에 왕경을 나가오카쿄(長岡京, 京都府 長岡京市)로 이전하였으나, 공사책임자인 후지와라노 타네쓰구(藤原種継)가 불의에 피살당하는 사건이 일어나, 와케노 키요마로(和気清麻呂)의 건의에 의해 헤이안쿄로 천도하였다.

14)에 헤이안쿄(平安京)로 옮겼다.[30] 헤이안쿄는 1869
년 도쿄(東京)로 천도할 때까지 왕도였고, 특히 12세
기 말에 가마쿠라 막부(鎌倉幕府)가 열릴때 까지 약
400년간 정치·문화의 중심지로서 번영하였다. 이 시
대를 헤이안 시대(平安時代)라고 한다.

▲ 간무천황의 화상

| 율령정치의 수정 | 간무(桓武)천황은 율령정치의 수
정·보강등 정치개혁에 착수하였

다. 우선 국사(国司)의 부정을 방지하기 위해 가게유
시(勘解由使)를 두고 6년마다 시행하던 반전수수제를 12년으로 수정하였다.
공지공민제가 붕괴되어 국가재정이 어렵게 되자 관청이 직접 전지를 관리·
경영하여 재원을 확보하는 정책을 취했다. 또 사원과 귀족의 토지점유에도
제한을 가했다. 농민이 피폐해져 징병제도의 실시가 곤란해지자 변경지 이외
에는 징병제와 군단을 중지하고 군사(郡司)의 자제들을 병사로 하는 곤데이
(健児)제를 채택하였다.

사가(嵯峨) 천황때에도 율령제에 수정을 가하여 실정에 맞지않는 관청을
정리·통합하고, 현실의 필요에 따라 구로도도코로(蔵人所)[31]와 게비이시(検非
違使)[32] 등을 두었다. 이들 관직은 율령의 규정에 없는 관제이므로 영외관(令
外官)이라 불렀다.

오랫동안 계속된 에미시(蝦夷) 진압도 이 시기에 완료되었다. 에미시는 8세

---

30) 헤이안쿄(平安京)의 이름은 천황이 새로운 왕경의 영원한 평안(平安)을 기원하는 마음
에서 붙인 것이다. 헤이안쿄는 당의 장안성을 모방해서 조영하였다. 남북 5.2㎞, 동서
4.5㎞의 장방형으로 주위는 높이 3미터의 토담으로 쌓았다. 이 공사에는 현지의 호족
인 하타씨(秦氏 ; 신라계 도래인)의 재력이 뒷받침되어 조영되었다.

31) 정무의 신속화와 기밀유지를 위해 신설된 관직. 천황의 옆에서 기밀서류 등을 취급했
기 때문에 중요한 직이 되었다. 구로도도코로(蔵人所)가 관청이고 구로도노토(蔵人頭)
는 그 중직이었다.

32) 왕경의 치안유지와 죄인을 체포하는 관직

▲ 坂上田村麻呂의 화상

기 말 이후 다시 세력이 커져서 각지에서 반란을 일으켜 간무천황 때에 수차에 걸쳐 대군을 파견하였다. 특히 정이대장군(征夷大将軍) 사카노우에노 다무라마로(坂上田村麻呂)가 크게 활약하여 진수부(鎮守府)를 다가성(多賀城)으로부터 훨씬 북쪽의 이자와성(胆沢城)으로 옮겼다. 이윽고 사가 천황때에는 훈야노 와타마로(文室綿麻呂)의 활약으로 에미시의 반란은 거의 평정이 되었다.

이러한 율령정치의 수정·강화의 노력은 그 후도 무릇 100여년간이나 지속되었다. 시대의 변화와 함께 율령의 수정법(格)과 시행세칙(式)이 행해지고 이것이 집성되어 고닌격식(弘仁格式)·죠간격식(貞観格式)·엔기격식(延喜格式)이 차례로 만들어졌다(三代格式). 요로령(養老令)의 해석을 통일하기 위해 료노기게(令義解)가 만들어진 것도 이때였다.

헤이안(平安) 초기의 문화(弘仁·貞觀文化)

헤이안 초기의 100년간은 율령체제를 유지하기 위한 노력이 계속되었다. 귀족과 관인들에게는 위정자로서 풍부한 식견과 교양이 요구되었다. 이에 귀족들은 정계에 유능한 자를 들여보내기 위해 유력한 각 씨마다 대학별조(大学別曹)를 설치하여 일족 자제의 면학의 편의를 꾀했다.

당시는 견당사가 계속 파견되어 전대와 같이 당의 학문과 교양이 중시되고 있었다. 전대에는 정치의 이념과 도덕을 배우는 명경도(明経道)가 중심이었지만 이 시대에는 중국의 사서(史書)와 시문(詩文)을 배우는 문장도(文章道)가 융성하였고 한시문에 우수한 작자가 배출되었다.

9세기 초에는 사이쵸(最澄, 伝教大師)·구카이(空海, 弘法大師)가 당에서 귀국하여 나라불교의 교의를 비판하고 불교의 쇄신을 위해 힘썼다. 사이쵸는 히에이산(比叡山)의 엔랴쿠지 (延曆寺)에서 천태종을 열고 왕경을 떠나 산중에서 제자 의 양성에 힘썼다. 구카이 는 밀교(密教)33)의 입장에서 처음에는 고야산(高野山)의 곤고부지(金岡峰寺), 후에는 교토(京都)의 도지(東寺)를 중심으로 진언종(真言宗)을 일으켰다. 이윽고 밀교는 사회각층에도 퍼져 천태종

▲ 最澄이 천태종을 열었다는 比叡의 延曆寺

에서도 중시되고34) 나라의 제사원에서도 널리 수용되었다.

　이미 나라시대에는 신불습합(神仏習合)이 나타났는데 이 시대에 이르러 그 움직임은 더욱 진행되어 신(神)에게 보살의 호칭을 붙이게 되었다. 일본의 신 은 불(仏)이 모습을 바꾸어 나타난 것으로, 불(仏)이 본체(本体, 本地)이고 신(神) 은 현상(現象, 垂迹)이라는 본지수적설(本地垂迹説)도 나타나게 되었다. 또 질병 과 악령의 엄습을 두려워하여 이를 제사지내는 고료신앙(御霊信仰)이 유행하 기 시작하여 밀교가 사회에서 받아들여지는 기반이 되었다.

---

33) 밀교는 인도에 기원을 갖는데 비밀의 주문을 통해서 부처의 세계를 접하고 깨달음을 연다는 것으로 장엄한 신비적인 의식을 중시했다. 이에 대해 경전의 이론적인 연구와 수행을 통해 깨달음을 여는 것을 현교(顯教)라고 한다.
34) 사이쵸(最澄) 사후 제자인 엔닌(円仁)·엔친(円珍)은 연이어 唐에 들어가 새로운 밀교의 교의와 경전을 전하고 천태종의 밀교화를 추진하였다.

제5장 귀족정치와 국풍문화(國風文化)

시대개관 ■

9세기에서 10세기에 걸쳐 후지와라씨는 천황과 외척관계를 맺고 천황에 대신하여 권력을 행사하게 된다. 그것은 곧 섭관(攝關)정치로서 나타나게 되고 후지와라씨의 독점적 권력집중이 이루어진다. 그러나 후지와라씨의 섭관정치에 의해 정치는 사적인 성격으로 변질되고 무기력화 되어간다.

사회적으로는 공지공민제에 기초한 반전제가 무너져 각지에 장원이 발달하였다. 장원의 증가는 율령제의 붕괴를 가속화했으며 부가 일부의 권문세가에 집중되어 정치, 사회적 문란과 부패가 만연하게 된다. 이러한 와중에서 장원에 대한 권리를 유지하고 영내의 농민을 지배하기 위해 무장하게 되고, 또 무사의 정치·사회적 진출이 진행되어 간다.

그러나 후지와라씨를 외척으로 두지 않은 고산죠 천황은 즉위하자 장원정리령을 내리는 등 후지와라씨의 권력을 견제하기 시작하였다. 다음의 시라카와 천황은 어린 황태자에게 양위하고 자신은 상황의 지위에서 원정(院政)을 시작하였다. 원정은 후지와라씨의 섭관정치를 억압하기 위한 수단으로서 고대말기의 전제정치였다.

문화적으로는 일본적인 국풍문화가 새롭게 나타난다. 특히 가나라는 일본문자의 발명에 의해 사상과 감정을 자유로이 표현할 수 있게 되어 많은 문학작품이 쓰여지게 되고 건축·예술등 여러 방면에 걸쳐 문화의 일본화가 전개되었다.

1 섭관정치(攝關政治)와 국풍문화의 형성의 전개

섭관정치(攝關政治) 간무(桓武) 천황 이후 천황권은 강화되었지만 그 사이에 후지와라씨(藤原氏) 북가(北家)의 세력이 점차 강해지기 시작하였다. 우선 북가의 후지와라노 후유쓰구(藤原冬嗣)는 사가(嵯峨) 천황의 두터운 신임을 얻어 구로도노토(蔵人頭)로부터 좌대신에까지 승진하고 천황과 인척관계를 맺었다. 그의 아들 후지와라노 요시후사(藤原良房)는 858년에 세이와(清和) 천황이 어린 나이에 즉위하자 천황의 외조부로서 황족이 아닌 신분으로는 최초로 섭정(摂政, 셋쇼)이 되었다. 또 고코(光孝) 천황은 884년에 요시후사의 양자인 후지와라노 모토쓰네(藤原基経)를 우대하기 위해 그를 관백(関白, 간파쿠)에 임명하였다. 섭정과 관백은 영제(令制)에는 없는 관직이지만 정치적으로 최고의 집정관이었다[1]. 후지와라씨 북가는 죠와(承和)의 변(変)[2], 오텐몬(応天門)의 변[3], 스가와라노 미치자네(菅政友)의 좌천[4], 안나(安和)의 변[5] 등의 사건을 계기로 다른 유력한 씨족과 대립자를

▲ 清和천황과 藤原良房(「伴大納言絵巻」 중에서)

---

1) 섭정은 어린 천황에 대신하여 정무를 보는 직무이고, 관백은 성인이 된 천황을 보좌하여 정무를 행하는 직무이다. 양자 모두 후에 관직명이 되었다.

2) 842년(承和9), 도모노 코와미네(伴健岑)등이 당시 황태자였던 쓰네사다 친왕(恒貞親王)을 즉위시키기 위해 음모를 꾸몄다는 이유로 후지와라노 요시후사(藤原良房)의 책모에 의해 유배된 사건.

3) 866년(貞観8)에 도모노 요시오(伴善男)가 좌대신 미나모토노 마코토(源信)를 실각시키기 위해 오텐몬(応天門)에 방화했다는 이유로 기씨(紀氏)등과 함께 유배된 사건.

4) 901년(延喜1년)에 좌대신 후지와라노 토키히라(藤原時平, 藤原基経의 아들)의 음모에 의해 우대신 스가와라노 미치자네(菅原道真)는 큐슈의 다자이곤노소치(大宰権帥)로 좌천되었다.

5) 969년(安和2)에 미나모토노 타카아키라(源高明)가 다메히라 친왕(為平親王)의 옹립을 기도했다고 하여 좌천된 사건.

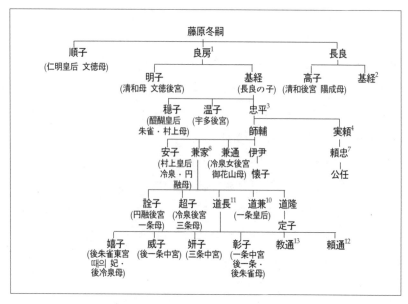

▲ 藤原氏 北家의 계보(번호는 섭정·관백의 순서)

정계로부터 배제하고 정부의 고위직을 독점해 나갔다. 10세기 전반 다이고(醍醐)·무라카미(村上) 양 천황은 섭정·관백을 두지 않고 천황친정(天皇親政)을 행하였다. 장원정리령을 내리는 등 율령정치의 재건을 꾀하여 후세 양 천황의 시대를 엔기(延喜)·덴랴쿠(天曆)의 치(治)로서 칭송되었다. 그러나 이 시기를 제외하면 섭정과 관백은 상치되었고 그 지위도 반드시 후지와라노 모토쓰네(藤原基経)의 자손이 계승하였다.

특히 969년(安和2)의 안나(安和)의 변 이후의 천황은 모두 후지와라씨 북가의 딸이 낳은 황자가 즉위하여 그 외조부가 섭정과 관백이 되어 정치의 실권을 장악하였다[6]. 명목적으로는 천황의 정치였다고 해도 실제는 섭정·관백이 행하

---

6) 당시의 귀족의 혼인형태는 남편이 처가에 들어가 사는 초서혼(招婿婚)으로 아이들도 처가에서 양육되었다. 황실의 경우는 후비는 궁중에 살지만 임신하면 궁중에서 나와 친정에서 출산·양육하기 때문에 자연 처가식구와 밀접한 관계를 갖게 된다. 후에 천황이 되어도 처가의 가부장인 외조부의 영향력은 크지 않을 수 없었다.

였다고 할 수 있다. 이를 섭관(摂関, 셋칸) 정치라 하고 섭관과 관백을 배출한 가문을 섭관가(摂関家)라고 불렀다. 이 후지와라 정권은 11세기 말 원정(院政, 인세이)이 시작되기까지 계속되었기 때문에 이 시대를 후지와라 시대(藤原時代)라고도 한다.

▲43세가 되었을 때 藤原道長의 모습
(「紫式部日記絵詞」로부터)

섭관정치의 전성 후지와라씨의 권력이 확립된 후 한때 후지와라씨 내부에서 대립이 일어났지만, 이윽고 수습되어 11세기 전반의 후지와라노 미치나가(藤原道長)와 그 아들 후지와라노 요리미치(藤原頼通) 시대에 후지와라씨는 전성기를 맞이하였다. 미치나가는 네명의 딸을 황후와 황태자비로 들여보내 권세는 타의 추종을 불허했다. 그의 아들 요리미치는 고이치죠(後一条)에서 고스자쿠(後朱雀)·고레이제이(後冷泉)에 이르는 3대 천황의 외척으로서 약 50년에 걸쳐 섭정·관백의 지위를 독점하였다. 섭관가는 관리의 임면권(任免権)을 장악하고 정부의 요직을 그 일가에서 독점하여 막대한 봉록과 지방으로부터의 헌상품, 그리고 다수의 장원을 기진받아 최고의 권문으로서 경제적 기반을 다졌다. 후지와라씨의 최고권력자의 가정관리기관인 섭정(관백)과 정소(政所)는 국가기관에 버금가는 권위를 갖고 있었다.

율령정치는 천황이 중앙과 지방의 관료를 지휘하여 강력하게 전국을 통치하는 정치체제였다. 그런데 그 정점에 선 천황의 권력을 섭정·관백이 대부분 장악하게 되어 율령정치는 중앙에서도 붕괴하기 시작하였다. 또 지방에서도 그 지배가 국사(国司)에게 위임되어 치안도 무사단의 힘에 의존하지 않을 수 없는 상황이 되어 갔다. 11세기 초 북큐슈에 도이(刀伊)가 습격했을 때 귀족들은 아무런 대응책도 마련하지 못하여 정치가 얼마나 무기력한가를 보여주고 있다7).

▲ 菅原道真의 화상.

견당사의 폐지 | 율령체제가 붕괴되어 갈 무렵, 그
모범이 되었던 당에서는 내란이 일
어나 쇠퇴의 길로 들어서기 시작했다. 이 때문에 대륙
문화의 수입과 일본문화의 발전에 커다란 역할을 했던
견당사도 폐지되었다. 894년(寬平6)에 견당사절로 임명
된 스가와라노 미치자네(菅原道真)는 당의 쇠퇴와 도항
의 위험을 이유로 그 중지를 건의 하였다8). 이리하여
7세기이래 사절임명 19회, 도항 16회에 달하는 견당사는 폐지되었다.

이윽고 당은 907년(延喜7)에 멸망하고 송(宋)이 일어났으며 이어서 발해도
926년(延長4) 요(遼, 거란)에 멸망하고 신라도 935년(承平5)에 고려에게 투항하
였다. 이러한 동아시아 정세변화에 일본은 신흥국과의 국교를 맺지않고 승려
이외의 일본인의 해외도항을 금지하였다. 이 때문에 외국과의 통교는 해외상
인과의 사무역으로 변하고 다자이후(大宰府)는 내항해 오는 외국상선을 관리
하는 임무를 부여받게 되었다.

국풍문화의 형성 | 대륙문화를 일본의 풍토와 사상에 조화시키려는 문화의
국풍화는 이미 9세기 중엽부터 나타나지만 견당사의 폐
지 후에는 더욱 가속화되었다.

우선 문예 분야에서는 9세기 말에 한자를 변형시켜 만든 가나문자(仮名文
字)가 출현하여 일본어의 표현과 일본인의 사고와 감정의 표현을 자유롭게
하였다. 이 때문에 가나문자에 의한 문예가 한시문에 대신해 발달하고 궁정
에서는 사교에 빼놓을 수 없는 것이 되었다. 10세기 초에는 최초의 『칙찬
화가집(勅撰和歌集)』이 기노 쓰라유키(紀貫之) 등에 의해 편집되었다. 『만엽

---

7) 연해주 부근에 있던 여진족이 1019년(寬仁3)에 북큐슈에 습격했을 때, 큐슈의 무사단이
다자이후 장관(大宰権帥)인 후지와라노 타카이에(藤原隆家)와 협력하여 싸워 격퇴했다
(刀伊의 入寇).
8) 많은 비용이 드는 사절단의 파견이 재정상 곤란해졌던 것도 주요한 원인이다.

집(万葉集)』에 비하여 기교적이고 우아한 그 가풍(歌風)은 와카(和歌)의 전통이 되어 후세에 커다란 영향을 미쳤다.

▲『源氏物語』를 쓴 무라사키 시키부 구상에 열중하고 있다. 에도시대의 그림

와카가 일어나자 개인의 창작에 의한 산문 문학인 모노가타리(物語)와 일기(日記) 등도 발달하게 되었다. 우선 전설을 소재로 하여 모노가타리(物語)의 시조라고 불리우는 『다케토리 모노가타리(竹取物語)』와 일기풍으로 쓰여진 기노 쓰라유키(紀貫之)의 『도사일기(土佐日記)』가 나왔다. 이어서 후지와라노 미치나가(藤原道長) 시대에 귀족의 생활감정을 묘사한 무라사키 시키부(紫式部)의 『겐지모노가타리(源氏物語)』와 역시 궁정생활의 체험을 기술한 세이쇼나곤(淸少納言)의 수필인 『마쿠라노소시(枕草子)』 등이 나타나 일본문학사상 황금시대를 맞이하였다. 더구나 그 작자의 대부분이 여성이었던 것은 유례가 없는 일이었다. 이것은 당시의 중류귀족들이 처한 상황과 밀접한 관계가 있다. 그들은 경쟁적으로 딸을 교양인으로 만들어 후지와라씨의 딸이 궁중에 들어갈 때 시녀로 들여보내 후지와라씨와 연을 맺고 일족의 지위를 높이려고 하였던 것이다.

건축에서도 국풍화가 현저하였다. 귀족의 저택인 신덴즈쿠리(寢殿造)라고 불리우는 양식이 나타나 자연의 경관을 재현한 정원과 조화를 이루어 일본 고유의 건축으로 발전하였다. 실내에는 생활용품·병풍·후스마(襖, 양면에 종이를 바른 미닫이문) 등에는 종래의 당 회화에 대신하여 일본의 4계절과 명소를 주제로 한 야마토에(大和繪)가 은은한 곡선과 색채로 그려졌다.

정토교(淨土敎)의 발전

이 시대의 불교는 천태·진언 2종이 압도적인 우세를 보였는데 모두가 기도에 의해 진호국가(鎭護国家)와 개인의 현세 이익을 추구하였다.

▲ 평등원 봉황당. 경전에 묘사되어 있는 극락정토의 누각을 모방하여 조영되었다.

한편 내세에서의 행복을 설교하고 현세의 불안으로부터 벗어나려고 하는 정토교가 새로이 유행하였다. 정토교는 아미타불을 신앙의 대상으로 삼고 내세에 극락정토에 왕생하는 것을 가르친다. 10세기 중엽에 구야(空也)가 교토(京都)에서 이를 설교하고, 10세기 말에 겐신(源信, 恵心僧都)이 『오죠요슈(往生要集)』을 저술하여 정토교를 체계화 한 이후 정토교는 귀족들을 비롯하여 많은 사람들 사이에 퍼져나갔다. 이것은 당시 유행하던 말법사상(末法思想)9)에 의해 한층 확산되었다. 불교에서 말하는 말법사상은 정치의 문란에 의해 도적이 횡행하고 재액이 빈번이 일어난 당시의 사정과 잘 부합한다고 믿어졌다. 그 때문에 사람들은 내세에서의 구원을 바라는 마음에서 점차 정토교에 빠지게 되었다.

정토교의 발전은 예술에도 반영되어 극락정토를 현세에 나타내려고 하는 염원에서 아미타당(阿弥陀堂)을 세웠다. 후지와라노 요리미치(藤原頼通)가 세운 평등원봉황당(平等院鳳凰堂)은 이 시대의 대표적인 건축이다. 당의 내부에는 아미타여래도를 그려 극락세계에의 동경을 표현하였고 금색으로 빛나는 아미타여래상을 안치하였다.

---

9) 말법사상이란 불교에서 말하는 일종의 시대관이다. 석가 입멸 후를 정법(正法, 불법의 기르침이 행해지는 시기), 상법(像法, 불법이 쇠퇴해 가지만 생명력은 보존하고 있는 시기), 말법(末法, 불법이 완전히 쇠멸해 가는 시기)의 3시기로 나눈다. 말법이 되면 불법이 행해지지 않아 세상은 전란과 천재가 발생하고 혼란에 빠진다고 한다. 당시 일본에서는 1052년(永承7)이 말법의 1년으로서 생각되고 있었다.

2 장원의 발달과 무사의 성장

장원의 발달 율령체제는 정치제도 면에서는 영외관(令外官)인 섭관·관백이 정치의 실권을 장악함에 따라 변질되어 갔다. 토지제도면에서도 공지공민제의 기초를 이루는 반전제(班田制)가 붕괴하고 각지에 장원이 발달하였다. 초기 장원의 대부분은 장원영주가 주변의 농민(公民)을 고용하거나 혹은 노비와 부랑인을 사역시켜 개간한 전지가 중심이었기 때문에 이를 간전지계장원(墾田地系莊園)이라 한다.

이렇게 해서 생긴 장원은 사전(寺田)·신전(神田)·직전(職田) 등 특별한 전지 이외에는 국가에 세금(田租)를 바치는 의무가 있었다(輸租田). 그런데 10세기경부터 유력한 귀족들과 사원은 정치 권력을 이용하여 자신들의 장원에서는 조세를 내지 않아도 좋은 불수조권(不輸租権)을 인정받고, 게다가 국아(国衙, 国司의 관청)의 검전사(検田使)[10], 수납사(収納使)[11]가 장원에 들어가는 것을 거부하는 불입권(不入権)까지 얻는 일이 많았다. 공민으로서 과중한 조세 부담을 견딜 수 없어 부랑인이 된 농민들의 대다수는 이러한 장원의 장민(莊民)으로 흡수되었다.

한편 유력한 재지호족 중에는 주변의 산야와 황무지를 개발하여 대토지소유자가 된 자도 많았다. 이를 개발영주(開発領主)라고 한다. 개발영주는 국사의 간섭을 배제하기 위해 명목상 토지를 중앙의 유력한 귀족과 사원에 기진(寄進)하게 되고, 이 때문에 많은 토지가 유력한 귀족과 사원으로 집중하였다(寄進地系莊園). 이 경우 기진을 받아 영주가 된 자를 영가(領家), 그 위에 영가로부터 기진을 받은 상급영주를 본가(本家)[12]라 부르고, 기진한 자는 대체로 현지에서 장원을 관리하는 장관(莊官)에 임명되었다. 장관은 장원영주에게 매년 일정량의 연공(年貢)[13]을 바치고 그 지위를 보장받았다. 명목

---

10) 검전사는 전조(田租)확보를 위해 경지를 조사하는 관리.
11) 수납사는 전조의 징수를 담당하는 관리.
12) 본가(本家)의 대부분은 섭관가 혹은 황실이었다.

의 장원영주는 당시 최고 권력자들이었고 특히 섭관가에 장원의 기진이 집중되었다.

불수조(不輸租)의 장원이 증가함에 따라 국가가 거둬들이는 조세(田租)는 크게 감소하였다. 이에 정부는 장원정리령을 내리는 등 장원 억제책을 취했으나 성과는 거두지 못하였다.

10세기 초가 되면 반전수수제는 사실상 시행되지 않게 되었다. 이에 국사(国司)는 조세를 확보하기 위해 공전(公田)을 유력 농민에게 할당시켜 1년마다 계약경작(請作)시켰다. 이와같이 청작(請作)하는 유력 농민을 전도(田堵)라고 한다. 전도는 청작뿐만 아니라 농민과 부랑민을 부려서 주변의 산야를 개간하여 전지를 소유하게 되었다. 전도 중에서 광대한 전지를 청작하는 자를 대명전도(大名田堵)라고 한다. 전도가 청작하는 전지의 이름(名)을 따서 '~名'이라 불렀기 때문에 그 전지를 명전(名田)이라 하였다. 전도는 명전의 경작권을 고수하고 지주화하여 헤이안(平安) 말기에는 명주(名主)라고 불리우게 되었다.

지방정치의 문란

율령국가 체제의 이완은 지방정치에도 나타났다. 중앙정치에서 소외된 하급귀족은 직접 징세할 수 있는 지방의 국사(国司)에 임명되기를 바랐다. 그들은 재임중 갖가지 명목으로 징세를 강요하였다. 국사 중에는 재력에 의해 조정의 의식의 비용과 사원과 신사, 궁전 등의 공사비를 조달하는 방법으로 관직과 관위를 받았는데 이를 죠고(成功)라 한다. 죠고에 의해 임관(任官)하기도 하고 중임하는 국사도 늘었다. 이들 중에는 현지에 내려가지 않고 중앙에 머물면서 대관(代官)을 파견하는 경우도 많았다. 또 처음부터 임국(任国)에 부임할 의사가 없이 봉록만을 취하기 위해 임명되는 국사도 나타났는데 이를 요임국사(遙任国司)라고 한다. 반면 실

---

13) 일반적으로 장원영주가 농민들에게 매년 부과하는 조세를 말한다. 기원은 고대 율령제하의 조·용·조·잡요의 수취체계에서 구해진다. 헤이안(平安) 말기 장원에서 시작되었는데, 미납(米納)이 보통이었지만 후에는 금납화하고, 메이지(明治) 이후에는 소작료를 가리키게 되었다.

제로 임지에 가서 행정을 행하는 국사를 수령(受領)이라고 한다.

임국에 부임하지 않는 국사는 임지의 관아(国衙)에 유수소(留守所)를 설치하여 국사의 대관(代官)인 모쿠다이(目代)를 파견하고 실무는 지방호족으로부터 임명된 재청관인(在庁官人)에게 맡겼다. 더구나 농민에 대한 과중한 세금 때문에 국사의 비리를 조정에 호소하기도 하고, 국사에 반항하는 자도 나타나 지방의 치안은 문란해져 갔다.

| 무사의 성장 | 헤이안(平安) 시대 중기이후 율령국가 체제가 이완되어 치안이 악화하였기 때문에 국사나 장원영주는 자신의 영지와 재산을 지키기 위해 스스로의 무장화를 추진하였다. 무력의 사용이 사회적으로 용인되면서 이를 직업으로 하는 자가 나타났다. 이들을 무사라고 한다. 무사가 된 자는 재지의 유력 토호나 유력 농민의 자제로서 농업에 종사하지 않는 자, 수렵·어로 등의 비농민층으로, 그들은 무예 훈련을 통하여 점차 전업무사가 되어 갔다. 이들 무사들은 전투를 위해 집단을 형성하는 일이 많았고, 나아가 일족과 낭당(郎党, 従者)을 이끌고 무사단으로 성장해 갔다.

이 무사단의 우두머리(頭, 가시라)에는 국사로서 지방에 내려가 그대로 토착한 황족이나 귀족의 자손이 적지 않았다. 그들은 고귀한 신분 출신이기 때문에 무사들의 신망을 모았는데, 몇 개의 무사단을 통솔하는 우두머리를 무사의 동량(棟梁)이라 하였다. 이들 무사들은 때로는 조정으로부터 공적지위를 부여받아 추포사(追捕使, 도적의 체포)나 압령사(押領使, 반란자의 색출)에 임명되거나 지방의 치안을 담당하기도 하였다. 무사의 동량으로서는 특히 간무 헤이시(桓武平氏)[14]와 세이와 겐지(清和源氏)[15]가 유력하였다.

---

14) 간무 헤이시(桓武平氏)는 간무 천황의 증손인 다카모치왕(高望王)이 다이라(平) 성(姓)을 하사받아 가즈사노스케(上総介, 上総国의 장관직)가 된 것으로부터 유래한다.
15) 세이와 겐지(清和源氏)는 세이와 천황의 손이라 전하는 쓰네모토왕(経基王)이 미나모토(源) 성을 하사받아 무사시노스케(武蔵介, 武蔵国의 차관직)가 된 것에서 유래한다.

10세기 초에 간토(関東)에 뿌리를 내린 헤이시(平氏) 일족 사이에는 싸움이 일어나 다이라노 마사카도(平将門)의 난으로 발전하였다. 마사카도(将門)는 935년(承平5)에 일족의 사투를 계기로 거병하여 939년(天慶2)에는 히타치(常陸)·시모쓰케(下野)·고즈케(上野) 등의 국사들을 쫓아내고 스스로를 신황(新皇)이라 칭하면서 한때는 간토지방의 대부분을 세력하에 넣었지만, 일족인 다히라노 사다모리(平貞盛) 등의 무사단에 의해 진압되었다. 같은 시기에 이요(伊予)에서는 후지와라노 스미토모(藤原純友)가 세토내해의 해적을 조직하여 세토내해를 지나는 관물·사재 등을 약탈하고 있었다. 또 셋쓰(摂津)·하리마(播磨)의 국아(国衙)를 습격하고 다자이후(大宰府)를 불태우는 등 기세를 올렸으나 941년 조정이 파견한 추포사 오노노 요시후루(小野好古)·미나모토노 쓰네모토(源経基) 등에 의해 진압되었다. 이 2개의 난을 합쳐 죠헤이(承平)·덴쿄(天慶)의 난이라고 한다. 지방무사단의 실력은 이 난을 통하여 명백하게 되었고 조정과 중앙의 귀족들의 무사에 대한 인식도 새로워졌다.

| 겐지(源氏)의 대두 | 치안의 문란은 왕경에도 미치어 살인·방화가 빈번히 일어났다. 이 때문에 귀족들은 신변 경호를 위해 무사들을 고용하였다. 처음에는 필요있을 때만 귀족들의 호위를 담당했지만 점차 특정의 귀족을 호위하게 되었다. 이리하여 지방의 무사가 중앙의 귀족과 연결을 갖게 되었다. 그 중에서도 세이와 겐지(清和源氏)의 미나모토노 미쓰나카(源満仲)는 969년(安和2)의 안나(安和)의 변에서 음모사건에 가담하여 후지와라씨(藤原氏)와 관계를 맺고, 미쓰나카의 아들 요리미쓰(頼光)·요리노부(頼信) 형제도 섭관가의 사무라이(侍)가 되어 신임을 얻고 제국의 수령(受領)을 역임하여 그 지위를 높여갔다. 1028년(長元1년) 요리노부는 다이라노 타다쓰네(平忠常)의 난이 가즈사(上総)에서 일어나자 간토(関東)에 내려가 무력대결없이 타다쓰네를 제압했기 때문에 이후 토고쿠(東国)에서 세력을 뻗칠 수가 있었다. 더욱이 1051년(永承6)에 무쓰(陸奥)에서 아베노 요리토키(安倍頼時)가 난을 일으켰을 때

▲ 11세기 중엽 陸奧国에서 일어난 전후 12년에 걸친 반란(「前九年合戦絵巻」으로부터)

에도 요리노부의 아들 요리요시(賴義)와 손자 요시이에(義家)가 파견되어 동국의 무사를 이끌고 멸망시켰다(前9年의 役). 그 후 아베씨(安倍氏)에 대신하여 세력을 떨친 기요하라씨(淸原氏) 일족 사이에 쟁란이 일어나자 무쓰국의 장관이었던 요시이에(義家)는 1088년(永保3) 여기에 개입하여 평정하였다(後三年의 役). 겐지(源氏)는 이 2번의 전란을 통하여 동국의 무사들과 주종관계를 맺어 무가의 동량(棟梁)으로서 겐지(源氏)의 지반을 굳건히 다지게 되었다[16].

3 원정기(院政期)의 정치와 문화

원정(院政)의 시작

후지와라씨(藤原氏)는 약 150년간 11대에 걸쳐 천황의 외척으로서 섭정과 관백을 독점하고 주요 관직은 그 일족이 차지하는 등 권세를 누렸다. 그러나 후지와라노 요리미치(藤原賴通)에 이르러 외손을 갖지 못하여, 후지와라씨의 외척이 아닌 고산죠(後三条) 천황이 즉위하였다. 천황은 섭관정치의 그늘에서 벗어나 천황가의 권위를 회복하기 위하여 정치의 쇄신을 꾀했다. 특히 장원 정리를 강력히 추진하기 위해 1069년(延久1년) 기록장원권계소(記録莊園券契所)를 설치하여 장원영주에게 제출시킨 문서를 심사하여 부정한 방법으로 불수(不輸)·불입(不入)권을 획득한

---

16) 미나모토노 요시이에(源義家)의 인망과 권세가 높았던 것은 농민들이 전지를 요시이에에게 기진하는 것을 조정이 금지시킨 일로부터도 알 수 있다.

▲ 鳥羽법황의 화상. 무로마치 시대의 작

장원을 정지시키고 공령(公領)의 증대를 꾀했다(延久의 장원정리령).

이어 즉위한 시라카와(白河) 천황은 1086년(応徳3)에 어린 호리카와(堀河) 천황에게 양위하고 상황(上皇)으로서 원정(院政)[17]를 시행하게 되었다. 이것이 원정의 시작이다. 원이 정치상의 주도권을 갖는 약 150년간을 원정기(院政期)라고 부른다. 원정은 상황이 천황을 후견하는 입장에서 정무를 집행하기 때문에 실무는 상황의 가정기관(家政機関)인 원청(院庁)에서 별당(別当) 이하의 원사(院司)에 의해 행해졌다. 원으로부터 내려지는 명령·문서를 원선(院宣)·원청하문(院庁下文)이라 하는데, 이들 기능은 본래 원의 가정(家政)에 한정되었으나 이윽고 국정 전반으로 확대되었다. 또 원을 경비하기 위해 북면(北面)의 무사[18]를 배치하고 무사단을 조직하는 등 원의 권력을 강화하였다.

시라카와(白河) 상황 이후에 도바(鳥羽) 천황·고시라카와(後白河) 천황·고토바(後鳥羽) 천황도 연이어 상황이 되어 원정을 행하였다. 이리하여 정치의 실권은 섭관가로부터 상황으로 옮겨졌다. 섭관가의 전횡에 반감을 갖고 있던 수령과 중하급귀족들은 원에 접근하여 근신(近臣)이 되어 권세를 휘두르는 자도 나타났다. 또 원이 권세를 갖게되자 이제까지 섭관가에게 기진하던 토지도 원에 기진하게 되고 그 경제적 기반은 섭관가를 훨씬 능가하게 되었다.

| 원정과 무사 | 시라카와·도바·고시라카와 3상황은 모두가 전제적인 성격의 소유자였으며 그를 둘러싼 근신들의 사리사욕의 추구는 율 |

---

17) 원(院)은 본래 담을 두른 구획에 있는 건물을 말하는데, 이 경우에는 특히 상황의 거처를 말하고 나아가 상황 그 자체를 가리키는 말이 되었다.
18) 원(院)의 북면에 대기해 있었기 때문에 붙여진 이름이다. 그리고 궁중의 경비를 담당하는 무사를 다키구치노 무사(滝口武士)라고 한다.

령체제의 붕괴를 더욱 가속화하였다. 또 이 3상황은 불교에 대한 깊은 신앙심으로 출가하여 법황(法皇)이 되었으며 사원과 불상을 조영하였다. 그리고 이러한 대조영사업에 필요한 재원을 확보하기 위해 매관매직과 지행국제(知行国制)[19]도 빈번히 행해져 율령제의 관직의 권위는 크게 실추하고 지방의 정치는 더욱 문란해졌다.

한편 원(院)의 비호하에 성장해 온 중앙의 엔랴쿠지(延暦寺)·고후쿠지(興福寺) 등의 대사원도 많은 장원을 집적하여 커다란 사회적 세력으로 성장하였다. 장원과 사원세력의 확대를 위해 종종 국사나 재지영주 혹은 다른 사원세력과 항쟁을 벌이기도 하였다. 그리고 스스로도 무장하여 무장집단을 이끌고 직접 상대를 공격하거나 조정과 원에 가서 종교적 권위를 이용하여 무리한 요구를 하기도 하였다. 조정과 사원에서는 사원세력의 대책에 고심하였는데 이를 저지하기 위해 무사를 등용하게 되면서 무사가 본격적으로 중앙에 진출하는 계기가 되었다.

호겐(保元)·헤이지(平治)의 난

시라카와(白河) 상황은 처음에 겐지(源氏)를 이용했지만 미나모토노 요시이에(源義家)의 사후는 이가(伊賀)·이세(伊勢)지방에 기반을 구축하고 있던 간무 헤이시(桓武平氏)인 다이라노 마사모리(平正盛)를 등용하였다. 그는 미나모토노 요시치카(源義親, 源義家의 아들)의 난을 평정하였고, 그의 아들인 다이라노 타다모리(平忠盛)는 세토내해의 해적토벌에 공을 세워 원(院)의 근신으로 중용되었다.

헤이시(平氏) 세력이 비약적으로 발전한 것은 다이라노 키요모리(平清盛, 平忠盛의 아들) 때였다. 원정이 시작되면 천황의 발언력은 약화되고 상황과 천황의 대립도 생겨났는데, 이러한 과정에서 황위를 둘러싸고 도바(鳥羽) 법황·고시라카와(後白河) 천황과 스토쿠(崇徳) 상황간에 대립하였다. 1156년(保元1년)

---

19) 특정의 황족과 귀족·사원·신사 등에 특정 국의 정무를 위임하여 국으로부터 올라오는 수익의 대부분을 주는 제도 지행국주(知行国主)는 자제나 근친자·부하를 국수(国守)로 추천하였다.

도바(鳥羽) 법황이 사망하자 천황측에는 후지와라노 타다미치(藤原忠通)와 미나모토노 요시토모(源義朝)·다이라노 키요모리(平淸盛) 등이 가담하고, 상황측에는 후지와라노 요리나가(藤原賴長)와 미나모토노 타메요시(源為義)·다이라노 타다마사(平忠正) 등이 가세하여 싸웠으나 천황측의 승리로 끝났다. 이를 호겐(保元)의 난이라고 한다.

그러나 은상에 불만을 품은 미나모토노 요시토모(源義朝)는 1159년(平治1년)에 병을 일으켜 다이라노 키요모리와 가까운 후지와라노 미치노리(藤原通憲)를 살해했지만, 키요모리의 반격을 받아 살해당하였고 난은 평정되었다. 이를 헤이지(平治)의 난이라고 한다. 이 두번의 난에서 중앙귀족의 권력투쟁은 무사의 무력에 의해서만 해결할 수 있음이 명백해졌다. 이 사건 이후 무가의 동량으로서의 다이라노 키요모리(平淸盛)의 지위와 권력은 급속히 증대하였다.

헤이시(平氏) 정권의 탄생

▲ 平淸盛의 화상. 권력을 장악한 공경의 모습을 잘 묘사하고 있다.
가마쿠라 말기작

헤이지(平治)의 난 이후 다이라노 키요모리(平淸盛)는 태정대신(太政大臣)이 되고 헤이시(平氏) 일족은 모두 고관에 올라 권세는 하늘로 치솟았다. 헤이시(平氏) 권력의 배경이 되었던 것은 각지에 퍼져있던 무사단의 호응이었다. 키요모리는 이들 무사단의 일부를 장원과 공령의 현지 지배자로 임명하고 기나이(畿内)로부터 서일본 일대의 무사를 게닌(家人)으로 조직하였다. 나아가 키요모리는 천황과 외척관계를 맺어 안토쿠(安德) 천황의 외조부의 지위를 얻어 정권을 장악하였다. 또 경제적 기반으로서는 많은 지행국(地行国)과 500여곳의 장원을 소유하여 섭관가의 전성기를 방불케했다. 요컨대 헤이시(平氏)정권은 무사이면서 귀족적인 성격이 강했다고 할 수 있다.

헤이시(平氏)는 다이라노 타다모리(平忠盛) 이래 중국의 송(宋)과의 무역에도 힘을 기울였다. 세토내해의 항로를 정비하여 송의 상선이 직접 기나이(畿内) 지역으로 입항하게 하였다. 이것은 견당사 폐지 이후의 무역정책의 커다란 변화였다. 송의 상선이 갖고 온 고급직물과 향로·동전·서적 등은 이후 일본 문화와 경제에 다대한 영향을 미치고 동시에 그 이윤은 헤이시(平氏) 정권의 중요한 수입원이 되었다.

한편 헤이시(平氏)는 종래의 귀족정권의 조직을 그대로 이용하면서 관직을 독점했기 때문에 배제된 구세력으로부터 강한 불만을 샀다. 특히 고시라카와 (後白河) 법황, 원(院)의 근신과의 대립이 깊어졌는데, 이에 다이라노 키요모리 는 1179년(治承3)에 법황을 유폐시키는 등 강압적인 수단으로 많은 귀족을 탄 압하였다. 그러나 이것은 도리어 반대파의 결집을 불러일으켜 헤이시(平氏)의 몰락을 재촉하는 결과가 되었다.

| 원정기(院政期)의 문화 |

원정기에서 헤이시(平氏) 정권에 걸친 12세기의 문화의 특징을 보면 국풍문화를 바탕에 두면서 새로운 모습도 나타난다. 귀족문화 최후의 꽃을 피우고 무사계급의 대두로 다음의 시대에 전개되는 무가문화(武家文化)의 맹아가 나타났다. 또 무사계급의 발흥과 지방의 경제력의 향상으로 문화가 지방에도 보급되어 지방문화가 나타나기도 하였다.

우선 문학의 면에서는 섭관가의 전성기를 회상하는 역사문학인 『에이가모노가타리(栄花<華>物語)』와 『오카가미(大鏡)』 등이 나타났다. 전자는 후지와라 씨의 입장에 서서 그 영화를 찬미한 것이며 후자는 예리한 비판적 정신으로 묘사하고 있다. 이제까지의 역사서에는 없는 참신함이 엿보이고 원정기의 기풍을 보이고 있다. 또 불교의 융성, 말법사상의 보급을 반영하여 『후소략키

▲ 토끼, 개구리, 원숭이 등을 의인화해 그린 鳥獸人物戱画. 12세기작

(扶桑略記)』와 같이 불교관계의 내용을 담은 한 역사서가 쓰여졌다. 『쇼몬키(将門記)』·『무쓰와키(陸奧話記)』 등 군기물(軍記物)의 선구적 작품도 나타났다. 그리고 불교의 설화, 궁정·세속의 일화를 모은 설화문학도 나왔다. 그 중 『곤쟈쿠모노가타리슈(今昔物語集)』는 인도·중국·일본의 설화를 편집한 것이다. 모노가타리(物語)와 설화의 다양한 장면은 회화에도 반영되어 에마키모노(絵巻物)도 제작되었다. 겐지모노가타리에마키(源氏物語絵巻)는 귀족의 궁정생활을 묘사한 걸작으로 유명하고, 반다이나곤에코토바(伴大納言絵詞)와 시기상엔기에마키(信貴山縁起絵巻)는 서민의 모습을 생생하게 표현하였다. 동물을 의인화하여 상류귀족과 승려를 풍자한 쵸쥬기가(鳥獸戱画)도 유명하다.

이 시대에는 중앙의 문화가 유력한 지방호족과 무사에 의해 지방에도 도입되어 독자의 문화를 개화시켰다. 이와테현(岩手県)의 히라이즈미(平泉)의 츄손지(中尊寺)와 분고(豊後)의 후키지 대당(富貴寺大堂)과 같이 미려하고 정교한 건축물이 다수 조영되었다. 또 히로시마현(広島県)의 이쓰쿠시마 신사(厳島神社)에는 다이라노 키요모리(平清盛)를 비롯한 헤이시(平氏) 일가가 봉납한 헤이케노쿄(平家納経)가 소장되어 있는데 헤이시(平氏) 문화의 진수를 모은 일품이다. 서민의 예능이 귀족의 주목을 끌기 시작한 것도 이때이다. 예능에서는 구구쓰(傀儡)·덴가쿠(田楽)·산가쿠(散楽, 猿楽) 등의 잡예(雑芸)가 유행하였다.

제2부 중세

▲ 가마쿠라막부를 개창한 源賴朝의 화상(神護寺 소장)

時代	年代	天皇	將軍/執權	事件
중	1192 建久3	〃	賴朝	源賴朝, 征夷大将軍이 됨
	1199 正治1	土御門	賴家	源賴朝 사망. 賴家 장군계승. 13인 합의제
	1203 建仁3	〃	執權	源賴家, 장군직에서 폐해짐. 弟 実朝가 장군이 됨
	1204 元久1	〃	時政	源賴家, 수선사에서 北条時政에 의해 살해당함
	1221 〃 3	仲恭	〃	承久의 난. 3上皇 유배
	1224 元仁1	後堀河	泰時	北条泰時, 執權이 됨
	1226 〃 2	〃	〃	藤原賴経, 장군이 됨(최초의 藤原氏 장군)
	1232 貞永1	〃	〃	貞永式目(御成敗式目) 제정
	1252 延長4	後深草	時賴	宗尊親王, 장군이 됨(최초의 황족장군)
	1268 文永5	亀山	政村	몽고의 사자, 국서를 갖고 옴
	1274 〃 11	後宇多	時宗	文永의 전쟁(元·高麗연합군 九州에 내침)
	1281 弘安4	〃	〃	弘安의 전쟁(元·高麗·南宋 연합군 재침)
	1297 永仁5	伏見	貞時	徳政令 발포(永仁의 덕정령)
	1317 文保1	花園	高時	文保의 화담. 兩統迭立을 결정
	1321 元亨1	後醍醐	〃	원정을 폐지. 後醍醐천황 친정
	1332 〃 2	〃	〃	後醍醐천황 隠岐로 유배. 護良親王 거병
	1333 〃 3	〃	〃	鎌倉막부 멸망. 後醍醐천황 京都로 귀환
	1334 建武1	〃	〃	建武의 新政
	1335 〃 2	〃	将軍	足利尊氏 반란
	1336 延元1	〃		建武式目 제정. 後醍醐천황 吉野로 이동
	(建武3)	光明		
세	1338 延元3 (曆応1)	〃 〃	尊氏	足利尊氏, 정이대장군이 됨
	1378 天援4 (永和4)	〃 〃	〃	足利義満, 室町에 花의 御所를 조영
	1392 明徳3	後小松	〃	南北朝 合一
	1394 応永1	〃	義持	足利義満, 태정대신이 됨
	1401 〃 8	〃	〃	足利義満, 제1회 견명선 파견
	1404 〃 11	〃	〃	勘合무역 시작
	1419 〃 26	称光	〃	応永의 外寇(조선의 対馬 정벌)
	1429 永享1	後花園	義教	尚巴志, 琉球王国을 세움
	1432 〃 4	〃	〃	足利義教, 명에 견사, 국교재개
	1467 応仁1	後土御門	義政	応仁의 난 시작
	1543 天文12	後奈良	義晴	포르투칼인 種子島에 표착, 철포전래
	1551 〃 20	〃	義輝	大内氏 멸망. 감합무역 단절
	1560 永禄3	正親町	〃	桶狭間의 전투
	1568 〃 11	〃	義昭	織田信長 京都에 입성
	1573 天正1	〃	〃	室町幕府 멸망

제**6**장 무가(武家) 정권의 성립과 가마쿠라(鎌倉) 문화

시대개관 ■

율령국가의 여러 모순은 중세라는 새로운 시대를 태동시켰고 드디어 무사 정권이 수립되는 계기가 되었다. 가마쿠라 막부(鎌倉幕府)의 성립은 명실공히 무가 정권(武家政權)의 성립을 표시하는 것이고, 이후 메이지 유신(明治維新)에 의해 에도 막부(江戶幕府)가 종말을 맞이할 때까지 약 680년간 무가는 정치의 실권을 장악하게 되었다. 막부성립 직후에는 공무(公武, 公家와 武家) 정권이 병립하는 현상을 보였으나 죠큐(承久)의 난을 경계로 막부가 우위에 섰고 13세기 말에 몽고의 침공(蒙古襲来)을 계기로 해서 호죠씨(北条氏)의 도쿠소(得宗) 정치가 중앙에서 뿐만 아니라 지방기구에도 미치게 되었다.

한편 막부에 의해 설치된 지토(地頭)는 모든 수단을 이용해서 지토영주제(地頭領主制)를 확립하려고 장원영주와 심한 대립항쟁을 계속했다. 그리고 가마쿠라 막부는 이윽고 고케닌(御家人) 제도의 속에 잠재되어 있던 내부모순의 진행과 고다이고(後醍醐) 천황을 중심으로 한 막부타도운동(倒幕運動)에 의해 멸망하였다.

문화의 면에서는 교토(京都)를 중심으로 한 공가(公家) 문화에 대하여 가마쿠라(鎌倉)를 중심으로 한 독자의 무가(武家) 문화가 생겨나 점차 전통적인 공가문화를 앞지르게 되었다. 또 무사와 농민의 요망에 부응해서 새로운 불교가 연이어 일어나 일반서민 사이에 퍼지게 되었다.

---

1 가마쿠라 막부(鎌倉幕府)와 무가사회

겐지(源氏)·헤이시(平氏)의 쟁란

헤이시(平氏) 일가에 의한 정치적 독점은 원(院)과 귀족들의 반감을 사게 되고, 원의 근신들에 의한 헤이시(平氏) 타도 계획이 진행되었다[1]. 이후 다이라노 키요

---

1) 1177년(治承원년)에 고시라카와(後白河) 법황의 근신인 후지와라노 나리치카(藤原成親)

▲ 以仁王의 지령(『吾妻鏡』)

모리(平清盛)는 고시라카와(後白河) 법황을 유폐시키고 무력에 의한 강압정치를 시작하였다.

1180년(承治4) 미나모토노 요리마사(源頼政)는 유폐된 법황의 황자인 모치히토왕(以仁王)을 받들어 거병하였으나, 거병은 실패하고 요리마사는 패사하였다. 그러나 모치히토왕이 내린 헤이시(平氏) 토벌의 지령은 각지에 있던 겐지(源氏)에게 전해지고 이즈(伊豆)에 유배되어 있던 미나모토노 요리토모(源頼朝)2)와 시나노(信濃)의 키소(木曾)에 숨어 지내던 미나모토노 요시나카(源義仲)등 각지의 겐지(源氏)가 연이어 거병하고 남도(南都, 奈良)의 사원세력도 반헤이시(反平氏) 측에 가담하였다. 요리토모는 그의 장인 호죠 토키마사(北条時政)의 원조를 받아 거병하여 헤이시(平氏)의 군대를 격파하였다. 그 후 요리토모는 가마쿠라에 머물면서 동국의 지반을 공고히 하였다. 다이라노 키요모리(平清盛)는 재기를 위해 노력했으나 1181년(治承5)에 병사하였다.

한편 미나모토노 요시나카(源義仲)는 1183년(寿永2) 호쿠리쿠(北陸) 지방으로부터 병력을 동원하여 헤이시(平氏) 일문을 교토(京都)로부터 쫓아내었다. 그러나 요시나카는 고시라카와 법황과 대립했기 때문에 법황은 미나모토노 요리토모(源頼朝)에게 도카이(東海)·도산(東山) 지역의 지배권을 인정하고 요시나카의 토벌을 명했다. 요리토모는 동생인 노리요리(範頼)·요시쓰네(義経)을 상경시켜 요시나카를 토벌시켰다. 나아가 이들은 헤이시(平氏)를 토벌하여 1185년 나가토(長門)의 단노우라(壇の浦)에서 헤이시(平氏) 일문을 공격해 멸망시켰다.

등은 교토(京都)에서 비밀리에 헤이시(平氏) 타도 계획을 세웠으나 미연에 발각되어 실패로 끝났다.

2) 미나모토노 요리토모(源頼朝)는 헤이지(平治)의 난때 이즈(伊豆)에 유배되었다.

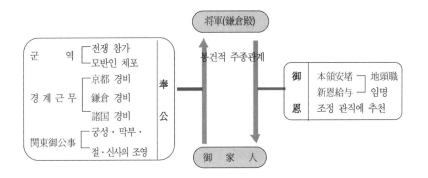

┃御家人体制┃

将軍(鎌倉殿)

군　　　역 ─┬─ 전쟁 참가
　　　　　　└─ 모반인 체포

경 계 근 무 ─┬─ 京都 경비
　　　　　　├─ 鎌倉 경비
　　　　　　└─ 諸国 경비

関東御公事 ─┬─ 궁성·막부·
　　　　　　└─ 절·신사의 조영

奉公

봉건적 주종관계

御恩

本領安堵 ─── 地頭職
新恩給与　　　임명
조정 관직에 추천

御　家　人

가마쿠라 막부의 성립

미나모토노 요리토모(源頼朝)는 거병이후 자신의 휘하에 모인 무사들과 주종관계를 맺어 이들을 고케닌(御家人)으로 삼았다. 그리고 고케닌의 통제를 위해 1180년(治承4)에 사무라이도코로(侍所)를 설치하고 와다 요시모리(和田義盛)를 장관으로 삼았다. 이어서 일반정무를 수행하기 위해 1184년(元暦1)에 구몬죠(公文所, 후에 政所로 개칭)와 고케닌의 소송을 처리하기 위한 기관으로서 몬츄죠(問注所)를 설치하였다. 또한 조정에 기소(議奏)3)를 두어 막부의 의향이 조정내부에 반영되도록 하였다.

요리토모는 1185년(文治1)에 그와 불화하여 행방을 감춘 미나모토노 요시쓰네(源義経)를 찾아내고 동시에 치안을 유지한다는 구실로 국마다 슈고(守護), 각국의 장원과 국아령(国衙領)에 지토(地頭)를 둘 것을 조정에 요구하여 승락을 받았다. 슈고에는 도고쿠(東国) 고케닌중의 유력자가 임명되었는데, 평소에는 관내의 고케닌을 통솔하여 오반야쿠(大番役, 교토의 천황궁을 경비하는 일), 모반·살인자 체포(大犯三箇条) 등 치안 유지를 임무로 하고 전쟁시에 고케닌을 이끌고 전투에 참가하였다. 지토(地頭)도 고케닌이 임명되어 토지의 관리, 연공(年貢)의 징수, 치안 유지 등의 역할을 하였다. 지토는 일정의 토지를 하사받는 외에 관리하는 토지의 수확의 일부를 병량미로서 취할 수 있는 권리를 부여받았다. 그 때문에

---

3) 1185년(文治원년) 미나모토노 요리토모(源頼朝)의 요청에 의해 놓여지고, 친막부파인 구죠 가네자네(九条兼実)등 10인의 공경이 지명되었다. 중요 정무를 합의·상주하였다.

▲ 현재의 가마쿠라의 시가 전경

장원영주인 귀족·사원·신사는 지토의 설치에 강하게 반발하여 처음에는 헤이시(平氏)로부터 몰수한 토지와 모반인의 토지에만 설치할 수밖에 없었다.

지방조직으로서는 교토에 교토슈고(京都守護), 큐슈(九州)에 친제이부교(鎭西奉行)를 두었다. 미나모토노 요리토모(源賴朝)는 1190년(建久1)에 우근위대장(右近衛大將)에 임명되고, 1192년(建久3)에는 정이대장군(征夷大将軍)[4]이 되어 명실공히 무가정권으로서의 가마쿠라 막부는 성립하였다.

공무(公武) 2중정권

가마쿠라 막부가 성립되었지만 교토(京都)에는 공가(公家) 정권인 조정이 존재하였으며 국사(国司)를 파견하여 전국의 일반행정을 통할하는 율령체제에 의한 전통적인 통치권를 유지하고 있었다. 이에 비해서 막부의 지배력이 미치는 지역은 관동어령(関東御領)[5]·관동어분국(関東御分国)[6] 등 막부직할지와 고케닌의 영지에 한정되었지만, 슈고(守護)와 지토(地頭)의 설치에 의해 전국의 군사·경찰권을 장악하여 여기에서 전국은 조정과 막부의 2원적으로 지배하는 형태가 되었다.

한편 막부는 공가와 유력한 사원·신사의 경제적 기반인 장원의 존재를 인정하고 여기에 개입하지 않는 방침을 취했다. 막부도 경제적으로는 장원에 의지하지 않을 수 없었기 때문에 정치적·군사적인 기반으로서 고케닌을 보호하면서도 장원에 대한 지토(地頭)의 불법행위에 대해서는 강력히 대처하였

---

4) 가마쿠라(鎌倉) 막부 이래 에도(江戸) 막부에 이르기까지 조정으로부터 무가정권의 수장에게 부여된 칭호
5) 공가(公家) 정권이 미나모토노 요리토모(源賴朝)에게 하사한 영지. 구 헤이시(平氏)의 영지가 많다.
6) 미나모토노 요리토모(源賴朝)에게 하사된 지행국(知行国). 1186년에 9개국, 그후 감소하여 4〜6개국 정도였다.

다. 그러나 시간이 지날 수록 국사(国司)와 슈고(守護), 장원영주와 지토(地頭) 사이에는 지배권을 둘러싼 분쟁이 잦아져서, 이로 인하여 조정과 막부의 갈등은 심화되어 갔다.

막부와 고케닌

가마쿠라 막부의 정치적·군사적 기반이 되었던 것은 고케닌(御家人) 제도였다. 장군(将軍)에게 충절을 맹서하여 게닌(家人, 家臣)이 된 무사를 고케닌(御家人)이라 한다. 미나모토노 요리토모(源頼朝)는 고케닌이 종래 갖고 있던 영지의 소유를 승인하고(本領安堵) 새로이 은상으로서 영지를 하사하는(新恩給与) 등 은혜(御恩)를 베풀었다. 이에 대해서 고케닌은 평시에는 교토의 경비(京都大番役)와 가마쿠라의 경비(鎌倉番役)를 담당하였고 전시에는 군역의 의무를 다하였다(奉公).

이와같이 토지의 급여를 기초로 한 장군과 고케닌의 주종관계를 봉건관계라고 하고 그것은 신분적인 예속관계였고 이윽고 사회 각계층에도 미치는 사회관계로 발전하여 봉건사회가 형성되어 갔다. 이를 봉건제도라고 한다[7].

무사의 사회

당시의 무사는 모두 고케닌이 된 것은 아니고 고케닌이 되지 않은 무사는 비(非)고케닌이라고 불렀다. 가마쿠라 고케닌이 되면 고케닌의 의무를 해야 하지만, 막부의 보호를 받기 때문에 고케닌이 되는 무사가 많았다. 무사는 그 영지중에 부케즈쿠리(武家造)라고 불리우는 소박한 관을 짓고 낭당(郎党)·하인(下人)·소종(所従)을 시켜 영지의 경영과 지토(地頭)·장관(莊官)의 직무에 종사하였다.

고케닌 소유의 영지는 자손에게 분할상속되었다. 여성도 영지를 양도받을

---

7) 봉건제도라는 말은 서양중세의 Feudalism의 번역어로서 2개의 개념이 있다. ①주군과 종자가 어은(御恩)과 봉공(奉公)의 쌍무적 관계로 결합하고, 거기에서 영지 등의 하사와 지행(知行)이 성립했다. ②봉건제도라는 것은 고대노예제 사회 이어서 근대자본주의 사회에 선행하는 사회체제로서 영주가 토지소유권을 독점하고 직접생산자인 농노에게 토지보유권을 주어 지대를 취하는 관계를 말한다. 가마쿠라시대의 고케닌제는 ①의 봉건제의 개념으로 일본에서는 처음으로 나타난 형태이다.

惣領制의 구조

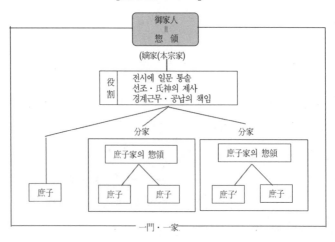

수 있고 때로는 지토(地頭)직에도 나아갈 수 있어 사회적 지위는 비교적 높았다. 일족은 소료(惣領)라고 불리우는 본가(本家) 수장의 휘하에 결집하여 영지를 분할받은 쇼시(庶子, 惣領이 되는 嫡子 이외의 자제들)가 영지의 크기에 따라서 역할을 분담하였다. 전시에도 소료의 통솔하에 일족이 모두 출진하는데 이러한 구조를 소료제(惣領制)라고 한다. 그 때문에 무사들 사이에는 가(家)를 중시하는 풍습이 나타나고 소료는 일족을 보호하고 일족에게 복종을 요구하였다.

이러한 무사의 생활중에서 궁마의 도(弓馬의 道)라고 하는 무사 독자의 관습과 도덕이 생겨났다. 그 근본은 주종도덕(主從道德)이고 특히 전장에서는 공을 세워 가문을 빛내고 일족의 번영을 추구하도록 요구되었다. 그 때문에 무사는 어려서부터 무예를 장려하고 전투에 대비한 훈련을 쌓았다. 주인에의 헌신과 가문의 명예를 중시하는 정신은 후에 무사도의 기원이 되었다.

2 싯켄(執權) 정치와 장원의 변모

호죠씨(北條氏)의 대두

1199년(建久10)에 미나모토노 요리토모(源賴朝)가 사망하자 장자인 미나모토노 요리이에(源賴家)가 장

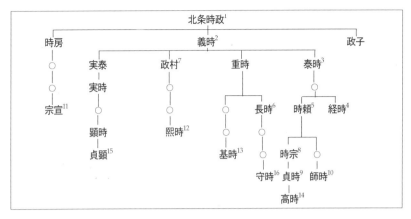

▲ 北条氏 계보(숫자는 싯켄 취임 순서)

군의 지위를 계승하지만, 그는 고케닌들을 통솔할만한 능력이 부족하였다. 요리이에는 장인인 히키 요시카즈(比企能員)와 측근자를 중용하고 요리토모 이래의 고케닌 세력을 억압하려고 했다. 이에 호죠 마사코(北条政子,

▲ 源頼家의 화상(建仁寺소장)　　▲ 北条政子의 목상

頼家의 母)는 그의 부(父) 호죠 토키마사(北条時政)와 함께 계획을 꾸며 장군 요리이에의 독재를 중지시키고 토키마사(時政)와 그의 아들 요시토키(義時)를 비롯한 유력 고케닌 13인의 합의제에 의해 정치를 행하도록 하였다. 호죠씨(北条氏)는 권력을 독점할 계획으로 1203년(建仁2)에 히키 요시카즈를 멸망시키고 요리이에(頼家)를 이즈(伊豆)의 슈젠지(修禅寺)로 유폐시켰다. 그리고 장군의 동생인 미나모토노 사네토모(源実朝)를 3대 장군으로 추대한 후 요리이에를 모살시켰다.

　호죠 요시토키(北条義時)는 그의 누이인 마사코와 협력하여 호죠씨의 권력확립에 박차를 가하여 1213년(建暦3)에 사무라이도코로(侍所)의 장관(別当)이었

▲ 後鳥羽상황이 유배된 오키섬

던 와다 요시모리(和田義盛)를 멸망시키고 그 직을 겸하였다. 또 1219년(承久1)에는 요리이에의 아들 구교(公曉)를 부추켜서 장군 사네토모를 살해하였다. 여기에서 겐지(源氏)의 정통은 겨우 3대 27년으로 끝나고 막부의 실권은 호죠씨(北条氏)가 싯켄(執権)으로서 장악하게 되었다[8]. 그리고 미나모토노 요리토모(源頼朝)와 혈연관계가 있는 구죠 요리쓰네(九条頼経)[9]를 교토로부터 맞이하여 명목적인 장군으로 삼았다. 이후 장군의 존폐는 호죠씨의 의사에 따라 결정되었다.

조큐(承久)의 난 막부 내부의 항쟁이 계속되는 중에 교토(京都)의 조정에서는 권력을 회복하기 위해 막부타도를 계획하고 있었다. 그 중심이 된 고토바(後鳥羽) 상황은 북면의 무사 외에 새로이 서면(西面)의 무사를 두는 등 무력을 증강하고 있었다. 3대 장군인 미나모토노 사네토모(源実朝)가 살해되어 겐지(源氏)가 단절된 것을 호기로 고토바 상황은 1221년(承久3) 호죠 요시토키(北条義時) 토벌을 제국의 무사들에게 명했다. 그러나 이에 응한 자는 적고, 반면 고케닌(御家人)의 결속은 견고하였다. 요시토키는 아들 야스토키(泰時)와 동생 토키후사(時房) 등을 대장으로 하는 19만의 대군을 보내어 1개월도 채 안되는 기간에 상황(上皇)군을 격파하고 교토를 점령하였다. 이를 조큐(承久)의 난이라고 한다.

이 난 후에 막부는 조정측에 그 책임을 추궁하였다. 고토바(後鳥羽)·쓰치미

---

8) 싯켄(執権)은 원래 막부의 정식 관직명이 아니고 막부의 실권자로서의 호죠씨(北条氏)의 지위를 가리키는 호칭이다.

9) 구죠씨(九条氏)는 원래 후지와라씨(藤原氏)이다. 후지와라씨 북가(北家)의 본류로서 관백 후지와라노 타다미치(藤原忠通)의 3남인 카네자네(兼実)가 그의 부로부터 구죠(九条)의 땅을 물려받아 그곳의 저택을 구죠라고 칭한데서 유래한다. 가네자네는 가마쿠라 막부의 창시자인 미나모토노 요리토모(源頼朝)의 후원으로 관백이 된 인물로서 카마쿠라 막부의 4대 장군이 된 구죠 요리쓰네는 그의 증손이다.

카도(土御門)·쥰토쿠(順德) 상황을 유배하고 쥬쿄(仲恭) 천황을 폐하여 고호리카와(後堀河) 천황을 세웠다. 교토에는 새로이 로쿠하라탄다이(六波羅探題)를 두어 조정의 감시와 교토내외의 경비 등을 담당케 하고, 또 서국 고케닌의 통제와 소송의 처리 등을 분담시켰다.

▲ 무가사회 최초의 성문법인 御成敗式目

이어 상황측에 속해 있던 공가(公家)·무사의 영지 3000여곳을 몰수하고 공적이 있는 고케닌을 지토(地頭)로서 배치시켰다. 이 결과 조정의 권위는 급속히 약화되고 막부의 지배력은 한층 증대되어 조정과 막부의 2원적 지배는 크게 변하여 막부가 압도적 우위를 점하게 되었다.

| 싯켄(執權) 정치 |

요시토키의 뒤를 이어 싯켄이 된 호죠 야스토키(北条泰時)는 고케닌의 신망을 얻어 무사정권으로서 발전기를 맞이하였다. 싯켄(執權)의 지위를 강화하기 위해 싯켄을 보좌하는 렌쇼(連署)를 두어 호죠씨(北条氏) 일족중의 유력자를 임명하였으며, 정치의 공정성을 유지하기 위해 중요 정무와 재판에 관여하는 합의기관으로서 효죠슈(評定衆)도 설치하였다[10].

막부의 권력이 전국에 미치게 되고 특히 장원영주과 고케닌 사이에 영지를 둘러싼 분쟁이 많아지자 재판의 기준을 표시하는 법전이 필요하게 되었다. 그래서 싯켄인 야스토키는 1232년(貞永1) 고세이바이시키모쿠(御成敗式目, 貞永式目) 51개조를 제정하였다. 이 법전은 미나모토노 요리토모(源頼朝) 이래 막부의 선례와 도리(道理)라고 불리우는 무가사회의 관습·도덕에 기초하여 성문화된 것이었다. 그 주요 내용은 슈고(守護), 지토(地頭)의 권한과 의무, 고케닌의 규율과 소령(所領)의 규정 등이 있다. 적용 범위는 고케닌 사회에 한정되었는데 율령에 비해 조목이 적고 내용도 무사에게 이해하기 쉬운 실제적인 것으로서

---

10) 효죠슈(評定衆)는 싯켄(執權)·렌쇼(連署)에 이은 요직으로 처음에는 11인이 선발되었으나, 정원은 일정치 않으며 후에 호죠씨 일족이 많이 임명되었다.

후에 무가법(武家法)의 기준이 되었다.

야스토키의 정책은 손자 호죠 토키요리(北条時頼)에 의해 계승되었다. 그는 1249년(建長1)에 재판의 공정과 신속화를 꾀하기 위해 히키쓰케슈(引付衆)를 설치하였다. 그리고 고케닌의 보호에도 주력하여 이들의 지지를 얻어 호죠씨(北条氏)의 권력기반을 공고히 했다. 호죠씨의 종가의 수장을 도쿠소(得宗)라 했는데, 이때부터 막부의 요직은 도쿠소가(得宗家) 출신자와 호죠씨 일가의 진출이 현저해졌다. 또 막부의 장군은 후지와라씨(藤原氏) 장군으로부터 황족 장군으로 바꾸어 조정과의 관계도 원활히 하였다[11]. 이리하여 싯켄정치는 도키요리의 치하에서 더욱 강화되어 나갔다.

지토(地頭)직에 임명된 고케닌은 무력을 배경으로 장원영주에게 바치는 연공을 체납·횡령하기도 하고 농민을 부당하게 지배하기도 했기 때문에 장원영주와의 분쟁이 끊이지 않았다. 막부는 지토의 불법행위를 엄중히 금지했지만 교토(京都)와 나라(奈良) 등지에 사는 장원영주는 현지에 사는 지토와 그 대관(代官, 대리인)의 불법을 막을 수가 없었다. 그래서 장원영주는 할 수 없이 장원의 관리 일체를 지토에게 맡기고 정액의 연공을 납입시키는 방법을 취했다. 이를 지토우케(地頭請)라고 하는데 지토는 이 약속도 어기는 일이 많았다. 이 때문에 장원영주는 장원의 토지를 반으로 나눠 장원영주와 지토의 소유로 하고 서로 영주권을 침해하지 않기로 계약하는 시타지츄분(下地中分)의 방법을 취하기도 했다. 이렇게 해서 장원은 지토에 의해 침식되어 지토의 영주화가 진행되어 갔다.

지토가 영주화 할 수 있었던 것은 연공의 수취만을 목적으로 하는 장원영주와는 달리 그들 자신이 농촌에 관사를 짓고 영지를 경영할 수 있었기 때문이다. 지토는 일반 명주(名主)와 같이 자신의 땅의 일부를 쇼사쿠(正作)라 칭하여 하인(下人)·소종(所從)등 예속민을 이용하여 자작하고, 그밖의 대부분

---

11) 고사가(後嵯峨) 천황의 황자 무네타카 친왕(宗尊親王)이 장군이 되었다. 황족 장군은 이후 4대를 이어 갔지만 실권이 없는 명목적인 장군에 불과하였다.

은 사쿠닌(作人)이라 불리우는 하층농민에게 청작(請作)시켰다. 이리하여 지토와 사쿠닌(作人) 사이에는 점차 지배관계로까지 발전하였다.

농업 · 상공업의 발달

농촌에서는 장원이 더욱 증가하고 남은 국아령(国衙領)의 대부분은 재청관인과 유력 무사의 사적 소유로 되어 갔다. 그러나 이러한 와중에서도 농민은 끊임없이 새로운 토지의 개간과 농업기술의 개량을 통해 생산력을 향상시켰다. 우마(牛馬)를 경작에 이용하였고 초목으로 퇴비를 만들어 토질을 높였다. 또 기나이(畿内) 주변과 서일본 각지에서는 보리의 2모작도 행해졌다.

기술의 진보에 의해 농업경영에 세심한 주의를 기울이게 되자, 농민과 예속민을 부역시켜 경작하는 직접경영으로는 충분한 효과를 거두기 어려웠다. 그래서 명주(名主)와 지토는 직접 그들에게 경영을 맡기기도 하고 장원영주의 직영지 등을 경작하던 소농민도 경작지에 대한 권리를 강화해 갔다. 농민은 자신이 직접 경영하게 되자 새로운 농법의 습득을 통해서 생산력을 증대시켰다.

농업생산력의 증대는 수공업과 상업의 발달을 가져왔다. 수공업자는 처음에 장원영주의 주문에 따라 주물·도기 등의 생산에 종사했으나 농업생산의 향상에 의해 농민의 수요가 증대하여 철제농구와 솥·남비 등 생활용품도 생산하였다. 농업·수공업의 발달에 따라서 상업도 활발해져 농산물과 수공업제품의 교환을 위해 장원내 교통의 요지와 사원·신사의 문전에 시장이 열리고 점차 정기시의 형태로 발전해 갔다.

교환경제의 발달은 화폐의 필요성을 자극하여 중국에서 수입한 송전(宋錢)이 유통하게 되었다. 장원의 공납도 시(市)에서 전화(錢貨)로 바꾸어 납입하는 일이 많아졌다. 또 돈을 빌려주고 고리를 챙기는 가시아게(借上)라고 하는 금융업자도 나타나 무사나 농민의 토지가 이들에게 넘어가는 일도 있었다. 이밖에 연공과 상품의 운송·보관 그리고 위탁판매를 하는 도이마루(問丸)도 각지에서 활약하였다.

▲ 중국 宋으로부터 수입된 동전

일송(日宋) 무역　　가마쿠라 시대가 되면 송에 대한 적 극적인 외교정책을 취하게 된다. 그러 나 정식 국교는 성립하지 않고 민간 무역이 성행하였다. 무역의 중심이 되 었던 항구는 북부큐슈의 하카타(博多) 였으며 송에서는 예전에 견당사가 기 항했던 명주(明州, 寧波)였다. 일본에서 송으로 건너 간 선박은 민간무역의 형태를 취했지만, 호죠씨(北条氏)는 1254년(建長6)에 무역의 이익을 독점하 려고 민간무역의 통제령을 내리기도 하였는데 양국간의 민간무역은 그 후 도 계속되었다.

　무역품의 내용을 보면 일본에서는 금·수은·유황·미술공예품·도검·약품 등이 수출되고, 송으로부터는 대량의 동전과 견직물·목면·향료·도자기·서 적등이 수입되었다. 동전 이외의 수입품은 귀족과 승려·무사들의 기호품이었 고 동전의 수입은 일본의 화폐경제에 커다란 영향을 끼쳤다[12].

---

12) 1242년(仁治3) 태정대신이었던 사이온지 킨쓰네(西園寺公経)는 무역선을 송에 파견하 여 송전 10만관을 갖고 와 세인을 놀라게 했다고 한다. 10만관이라고 하는 동전은 1억 개, 쌀 1석을 동전 1관이라고 하면 쌀 10만석, 그 반이라고 하면 20만석이 된다. 중국 기록에 의하면 일본선은 승선 인원이 100여인, 매년 40척에서 50척이 내항했다고 한다. 얼마나 대량의 동전이 송에서 일본으로 수입되었던가를 말해준다.

3 가마쿠라(鎌倉) 시대의 문화

가마쿠라 시대는 정치적·군사적으로는 무가정권이 성립하

가마쿠라 문화

여 공가정권을 압도한 시기였다. 그러나 문화면에서는 오

랜 전통을 갖는 귀족문화에는 미치지 못하였다. 그 때문에 처음에는 무가정
권의 지배층들은 교토(京都) 귀족들의 문화를 흡수·계승해 나갔지만, 무사독
자의 새로운 경향의 문화도 나타나 전통문화를 앞지르기 시작하였다.

새로운 경향의 문화가 나타난 배경은 지금까지 농촌에 있어서 소박하면서
도 실질적인 생활을 구축하고 있었던 무사가 사회의 중심이 되었고 송과의
무역을 통해서 상인과 승려 등이 상호 왕래하고 중국문화의 새로운 요소가
도입되었던 것에서 구할 수 있다. 또 무사와 농민의 사회생활에 부응하는 불
교가 새롭게 일어나 그들의 정신적인 지주가 되었다. 이리하여 문화의 면에
서도 무가문화가 이 시대의 커다란 풍조로 되어 갔다.

가마쿠라 초기의 귀족사회에서는 특히 와카(和歌)가 융성하

문학의 신경향

였다. 가인으로서는 후지와라노 테이카(藤原定家)가 유명하

며 유려하면서 정취있는 언어로 표현하여 새로운 와카의 세계를 열어 와카
문단의 중심이 되었다. 1205년(元久2)에 테이카는 고토바(後鳥羽) 상황의 명을
받아 후지와라노 카류(藤原家隆)와 함께 『신코킨와카슈(新古今和歌集)』를 편
찬하였다. 이 칙찬집에는 당시 가인의 노래를 중심으로 약 2000수가 수록되
어 있는데 우미하고 기교적인 가풍(歌風)은 신고금조(新古今調)라고 불리었다.
그러나 테이카 이후에는 그의 가풍을 모방하는 정도여서 와카는 정체되어
갔다. 이에 비해 무가에서는 미나모토노 사네토모(源実朝)가 『긴카이와카슈
(金槐和歌集)』를 남기고, 무사 신분을 버리고 가인으로서 동란의 시대를 살은
사이교(西行)는 자연을 사랑하는 순수한 와카를 남겼다.

또 헤이안 말기의 설화문학의 흐름을 받아서 많은 설화집이 나왔다. 문예

성이 풍부한 『우지슈이모노가타리(宇治拾遺物語)』, 연소자의 교훈서인 『짓킨쇼(十訓抄)』, 불교설화를 모은 『샤세키슈(沙石集)』 등이 그것이다. 산문에서는 가모노 쵸메이(鴨長明)의 『호죠키(方丈記)』와 요시다 켄코(吉田兼好)의 『쓰레즈레구사(徒然草)』 등 세속의 변화를 냉철한 눈으로 기록한 수필, 그리고 아부쓰 니(阿仏尼)의 『이자요이닛키(十六夜日記)』 등의 기행문이 있다.

이 시대의 문학으로 특히 주목되는 것은 실제의 무사를 주인공으로 묘사한 군기물(軍記物)이다. 대표적인 것은 『호겐모노가타리(保元物語)』, 『헤이지모노가타리(平治物語)』, 『헤이케모노가타리(平家物語)』로서 한어와 불교어를 혼합하여 간결하면서도 힘있는 문장으로 새로운 시대를 여는 무사의 모습을 잘 묘사하고 있다.

| 학문의 동향 |

헤이안 말기 이후 귀족의 전통적인 학문은 특정의 가문에서 세습되는 경향이 강해 폐쇄적이 되어 활력을 잃어버렸다. 그 한편으로는 귀족들은 예전의 영화를 회상하는 심정으로부터 고전의 연구와 조정의 의식·선례의 연구에 힘을 기울였다.

가마쿠라 초기의 무사는 일반적으로 교양이 낮고 학문에의 관심이 희박했지만 상층무사의 사이에서는 공가(公家)의 학문을 받아들였다. 그 중에서도 호죠 사네토키(北条実時)는 학문을 애호하여 일본·중국서적을 모아 가네자와 분코(金沢文庫, 현 橫浜市)를 만들었다. 그 후도 그의 자손과 학문을 애호하는 사람들이 모여 공부하는 등 도서관의 기능을 하였다.

역사서로서는 죠큐(承久)의 난의 전년에 지엔(慈円)이 쓴 『구칸쇼(愚管抄)』가 있다. 이 책은 공가의 몰락과 무가의 대두를 도리(道理)의 이념과 불교사상으로 이론화시켜 서술하였다. 또 막부의 관계자가 작성한 사서로서는 가마쿠라 막부의 공적 일기인 『아즈마카가미(吾妻鏡)』가 있다. 미나모토노 요리토모(源頼朝)의 거병으로부터 제6대 장군인 무네타카 친왕(宗尊親王)이 귀경한 1266년(文永3)까지를 기술한 것으로 가마쿠라 시대의 무가정치의 근본 사료이다.

중국으로부터 남송의 주회(朱熹)가 대성한 송학(宋学, 주자학)이 전해져 가마쿠라 말기에는 고다이고(後醍醐) 천황과 그 근신들에게 영향을 주어 주자학이 갖는 대의명분론은 막부타도와 천황친정의 이론적 근거를 제공하였다. 같은 시기에 이세외궁(伊勢外宮)의 신관인 와타라이 이에유키(度会家行)는 불(仏)이 신(神)의 본체라고 하는 본지수적설(本地垂迹説)과는 반대로 신이 본(本)이고 불은 종(従)이라는 반본지수적설을 주장하여 이세신궁(伊勢神宮)을 신앙의 중심으로 하는 이세신도(伊勢神道)를 제창하였다. 또 고칸시렌(虎関師錬)은 일본 최초의 불교통사인 『겐코샤쿠쇼(元亨釈書)』를 저술되었다.

| 가마쿠라 불교의 탄생 | 헤이안 말기부터 가마쿠라 시대에 걸쳐서 전란이 이어져 귀족의 몰락과 헤이시(平氏)의 성쇠를 직접 체험한 사람들은 점점 말법도래(末法到来)의 사상이 깊어지고 무상감에 젖어 들어 종교에 의해 구원을 받으려는 생각이 강해져 갔다. 이러한 시대적 요망과 분위기 속에서 등장했던 인물이 호넨(法然)이었다. 그는 처음에 천태종에 심취했지만, 후에 정토종을 열어 어려운 수행과 학문을 하지 않아도 정성으로 염불(南無阿弥陀仏)을 외면 누구든지 극락정토에 왕생할 수 있다고 설교하였다. 이러한 가르침은 귀족 뿐만아니라 무사·서민에게도 환영받았다. 이윽고 그는 정토종의 개조가 되고 가마쿠라 신불교 홍륭의 선구가 되었다.

그러나 호넨의 가르침이 널리 수용됨에 따라 구불교측으로부터 비난이 거세져 호넨과 그 제자들은 박해를 받아 유배를 당하였다. 귀족의 자제였던 신란(親鸞)도 제자의 한 사람으로 유배되었는데, 후에 간토(関東) 지방으로 옮겨 오랜동안 지방의 농촌에서 포교활동을 하였다. 그는 스승인 호넨의 가르침을

더욱 발전시켜 아미타불의 구원을 믿는 마음이 있는 자라면 누구든지 극락왕생할 수 있다고 설교하고, 또 자기의 죄를 자각하고 구원을 바라는 마음이 강한 악인(惡人)이야말로 아미타불이 구원을 바라는 대상이라고 하는 악인정기설(惡人正機説)을 제창하였다. 또 출가하지 않고 엄격한 계율을 지키지 않아도 왕생할 수 있다고 강설했던 것이다. 신란의 가르침은 지방의 무사와 농민들 사이에서 널리 받아들여져 이윽고 정토진종(浄土真宗, 一向宗)이라 불리우는 교단을 형성하게 되었다.

무사의 집안에서 출생하여 같은 정토교를 배운 잇펜(一遍)은 선인과 악인, 믿음의 유무를 묻지 않고 모든 사람은 구원받을 수 있다는 염불의 가르침을, 무리를 지어 춤을 추며 설교하는 오도리 넨부츠(踊念仏)로 많은 민중에게 포교하였다. 이러한 가르침은 시종(時宗)이라 불려져 당시 지방의 무사와 농민에게 널리 퍼지게 되었다.

한편 당시 간토(関東)에서 무사를 중심으로 커다란 세력을 펴고 있던 것은 선종(禅宗)이었다. 좌선에 의해 스스로를 단련하고 석가의 경지에 도달한다고 주장하는 선종은 당시 중국에서 성행했는데 일본에는 12세기말 송에 건너간 천태승 에이사이(栄西)가 전했다. 그는 밀교의 기도에도 뛰어나 귀족과 막부의 지배층을 귀의시켜 후에 임제종(臨済宗)의 개조로서 추앙되었다. 선종의 엄격한 수행은 무사의 기풍과 합치하는 면도 있었기 때문에 막부와의 강한 결합을 유지할 수 있었다.

13세기 중엽에는 니치렌(日蓮)이 나와 법화경을 믿고 제목(題目, 南無妙法蓮華経)을 외면 사람도 국가도 구원받을 수 있다고 설교하고 니치렌종(日蓮宗, 法華宗)을 열었다. 국난의 도래를 예언하기도 하고 다른 종파와 막부의 정치를 심하게 공격했기 때문에 점차 탄압을 받았지만 그 가르침은 지방무사들 사이에 널리 퍼져 나갔다.

이러한 가마쿠라 신불교의 흐름에 공통적인 것은 천태·진언종을 비롯한 구불교에서처럼 종교적·윤리적인 생활태도를 요구하지 않고 단지 구원의 방법으로서 염불·제목·선 등을 선택해 실천하면 누구든지 구원을 받을 수 있다고 하는 것이다. 그 때문에 이들 신불교는 세속적인 생활를 하는 무사나 민중들에게 널리 받아들여질 수 있었던 것이다.

신불교에 자극을 받아 구불교측에서도 새로운 움직임을 보였다. 가마

▲ 민중불교의 상징인 鎌倉대불. 완성 당시는 전신에 금박이 입혀졌다.

쿠라시대 초기에 법상종의 죠케이(貞慶)와 화엄종의 고벤(高弁)은 계율을 존중하고 남도불교의 부흥에 힘을 쏟았다. 율종의 에이손(叡尊)·닌쇼(忍性) 등은 계율을 중시하고 빈민과 병자의 구제, 치료등 사회사업에도 헌신하였다.

예술의 신경향

예술의 분야에서도 신경향이 일어났다. 송과의 인적 교류는 미술계에도 영향을 주어 우선 건축에서는 대불양(大仏樣, 天竺樣)·선종양(禪宗樣, 唐樣)이라는 새로운 양식이 전해졌다. 대불양은 헤이시(平氏)에 의해 파괴된 도다이지(東大寺)의 재건을 주도한 쵸겐(重源)이 송의 진화경(陳和卿)을 초빙하여 그 기술을 가미시킨 웅대하고 힘있는 건축양식으로 도다이지 남대문(東大寺 南大門)이 대표적인 유구이다. 선종양은 송으로부터 전래된 선종사원의 건축양식으로 간소하면서도 다양한 곡선적인 수법으로 대표적인 유구는 엔카쿠지(円覚寺)의 사리전(舍利殿)이다. 대불양의 양식이 그 후 발전을 보지 못했지만 선종양은 선종 이외의 사원에서도 이용되었다. 또 일본 재래의 양식인 화양(和樣)도 많이 만들어져 교토의 연화왕원(蓮花王院, 三

十三間堂)이 그 대표이다.

조각에서는 운케이(運慶)·단케이(湛慶) 부자와 가이케이(快慶) 등 뛰어난 불사(仏師)가 나와 불상과 조각을 제작하였다. 도다이지(東大寺)의 금강역사상(金剛力士像)은 사실적이고 역동적이다. 사실을 중시하는 기풍은 초상조각에도 반영되어 인간미가 넘치는 많은 작품이 만들어 졌던 것도 이 시대의 특색이다.

회화에서는 전대에 이어서 에마키모노(絵巻物)가 유행하여 사원·신사의 연기(縁起), 전쟁물, 고승의 전기, 불교설화 등 다양한 주제가 묘사되었다. 또 야마토에(大和絵)의 수법으로 사실적으로 묘사한 니세에(似絵, 모조그림)라고 불리우는 초상화가 새롭게 나타났는데, 후지와라노 다카노부(藤原隆信)·노부자네(信実) 부자는 그 대표적인 인물로 알려져 있다. 교토(京都) 교외의 진고지(神護寺)에 전하는 미나모토노 요리토모상(源頼朝像)과 다이라노 시게모리상(平重盛像)은 니세에의 걸작이다.

서도에서는 이 시대에 송·원의 서체가 전해졌는데 헤이안시대의 일본적인 것을 기초로 쇼렌인류(青蓮院流, 青蓮院은 천태종의 門跡寺院)를 열었다. 공예에서는 무사의 성장과 함께 무구(武具)의 제작이 발달하여 도검(刀剣)에 오사후네 나가미쓰(長船長光)·오카자키 마사무네(岡崎正宗)·다구치 요시미쓰(田口吉光) 등이 나와 명작을 남겼다. 이 외에 도기(陶器)에서는 가토 카게마사(加藤景正)가 송의 도기 제작법을 배워 오와리(尾張)에서 세토야키(瀬戸焼)를 시작했다고 전해진다.

4 원의 침공과 가마쿠라 막부의 멸망

몽고의 사절 13세기 초 몽고 고원의 유목민족은 징기스칸(成吉思汗)이 출현하여 몽고와 그 주변의 여러 부족을 정복하고 서아시아·남러시아를 원정하는 등 급속히 세력을 확대해 나갔다. 나아가 그 후계자들

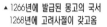

▲ 1266년에 발급된 몽고의 국서
1268년에 고려사절이 갖고옴

▲ 北条時宗의 화상
(満願寺 소장)

은 금(金)을 멸망시키고 송을 남방으로 압박하며 아시아의 대부분을 정복하고 유럽에 까지 원정하여 세계사상 유례없는 대제국을 건설하였다. 징기스칸의 손자 쿠빌라이(忽必烈)는 중국을 지배하기 위해 수도를 대도(大都, 北京)로 옮기고 1271년(文永8)에 국호를 원(元)으로 고쳤다. 1268년에 쿠빌라이는 고려를 통하여 사절을 보내 통호의 뜻을 전하고 입공을 촉구하였다. 이에 대해 조정측에서는 답신을 보낼 것을 주장하였으나 싯켄(執權)이었던 호죠 토키무네(北条時宗)는 이를 거부하고 답신도 보내지 않았다. 몽고의 사절은 그 후에도 사절을 보내 왔으나 막부는 몽고의 요구를 듣지 않았다. 1271년에는 몽고의 침공에 대비하여 국내의 고케닌(御家人)들에게 북큐슈의 하카타만(博多湾)을 중심으로 한 해안방위를 명하였다. 당시 일본은 죠큐(承久)의 난 이후 50년이 지나 많은 고케닌들은 전쟁의 경험을 갖지 않았고 경제적으로도 어려운 상황에 있었다.

원군(元軍)의 침공

1274년(文永11) 음력 10월, 원은 고려군 5600명을 포함한 3만여의 병력과 900여척의 병선으로 쓰시마(対馬)·이키(壱岐)를 침공하고 하카타만(博多湾)에 상륙하였다. 일본측은 이를 맞아 싸

◀ 원·고려 연합군의
침공에 대비해 축조
된 방벽과 하카타
만의 전경

▲ 고케닌 竹崎季長이 元軍을 향하여 돌진하는 모습.
「蒙古襲来絵詞」

웠지만 이들의 집단전법과 화기에 고전하여 일시 다자이후(大宰府)의 미즈키(水城)까지 후퇴하였다. 그런데 날이 밝은 이튿날 하카타만에 정박해 있던 원군의 병선은 흔적도 없이 사라졌다. 밤사이에 몰아친 폭풍우 때문에 많은 병선은 바다에 침몰하고 원정군은 고려로 퇴각하였던 것이다. 당시 사람들은 이것을 신의 가호에 의한 기적이라고 생각하였다.13) 이를 분에이의 역(文永의 役)이라고 한다.

일본측에서는 다시 원군이 공격해 올 것에 대비해서 큐슈(九州)의 고케닌(御家人)들에게 할당하여 하카타만 연안에 해안선을 따라 석축의 방벽(石壘)를 쌓았다. 그리고 교대로 큐슈북부의 요지를 경비하도록 하는 이국경고번역(異国警固番役)을 정비하고, 비고케닌(非御家人)들도 동원하여 북큐슈의 요지와 나가토(長

---

13) 이 원인에 대해서는 종래 폭풍(神風)에 의한 것으로 보아 왔는데, 폭풍 때문이 아니라 원나라측의 예정된 철수였다고 보는 견해도 있다.

門) 연안을 방비시켰다. 1279년(弘安2)에 송을 멸망시킨 원은 재차 일본원정을 계획하여 1281년(弘安4) 동로군(東路軍)과 강남군(江南軍)으로 나눠14), 14만의 대병력과 4400여척의 병선으로 북큐슈에 침공하였다. 그러나 강남군의 출발이 늦어졌기 때문에 우선 동로군만으로 하카타(博多)를 공격했지만 일본측의 강한 저항과 석축의 방벽에 가로막혀 상륙하지 못했다. 이에 강남군의 도착을 기다려 히라도(平戶)에서 합류한 양군은 14만명의 대군으로 하카타로 향했다. 그러나 본토상륙을 눈앞에 둔 상황에서 대폭풍우를 만나 괴멸적인 타격을 입고 퇴각하고 말았다15). 이를 고안의 역(弘安의 役)이라 부른다16). 이 두번의 여원군의 침공을 원구(元寇)라고 한다.

| 고케닌 사회의 동요 | 막부는 몽고의 침입이라는 비상사태에 대비하기 위해서 본래 막부의 지배밖에 있었던 공령(公領)·장원으로부터도 병사와 군용물자를 징발할 수 있는 권한을 조정으로부터 획득하는 등 막부의 지배력이 미치는 권한은 확대되었다.

그러나 그 반면에 막부권력의 기초를 이루는 고케닌 제도는 크게 동요하였다. 이미 분할상속으로 고케닌들의 영지는 세분화 되었고 화폐경제의 발전에 따라 성장한 상인과 금융업자에게 저당 잡히거나 영지를 처분하는 자도 나타났다. 게다가 방어전쟁에 들어간 전비는 자가부담이었기 때문에 고케닌

---

14) 동로군은 원·고려군의 4만명으로 구성되고 고려의 합포(合浦, 현 마산)에서 출항하였고, 강남군은 남송군 10만명으로 구성되어 경원(慶元, 현 寧波)에서 출항하여 이키(壹岐)에서 합류할 예정이었다.

15) 2차에 걸친 여원군의 침공을 막아낸 일본 지배층 사이에서는 원의 내침에 즈음해서 적국항복을 기원하는 기도가 제국의 사원과 신사에서 행해졌기 때문에 그 기원의 정성이 신을 움직여서 폭풍우라는 신풍으로 나타났다고 믿었다. 이후 일본은 신들이 수호해주는 신국(神国)이라는 이른바 신국사상(神国思想)이 퍼지게 되었다.

16) 몽고는 3번째 원정을 계획했지만 내란으로 실행되지 못했다. 막부는 이후 경비를 더욱 강화하여 이에 대비하였다.

▲永仁의 德政令 문서

들은 더욱 궁핍해졌다. 군공이 있었던 고케닌들은 은상을 기대했지만 이 방위전쟁에서 막부가 새로운 영지를 획득한 것도 아니어서 고케닌들에게 베풀 은상은 기대에 미치지 못하였다. 이것은 고케닌들에 대한 배반이었고 그들의 불만은 커져만 갔다.

이즈음 소료제(惣領制)의 해체도 진행되어 갔다. 영지를 분배받은 쇼시(庶子)가 소료(惣領)의 지배로부터 자립하고자 하는 움직임이 생겨났던 것이다. 이러한 때에 막부는 몽고의 재침에 대비하기 위해 비고케닌·쇼시에게도 연안경비를 명했기 때문에 쇼시도 독립고케닌이되었다. 게다가 이국경고번역은 소료와 쇼시가 별도로 근무해도 문제가 되지 않아 양자의 이해관계는 대립하고 소료제는 점차 붕괴되어 갔다.

막부정치의 쇠퇴 막부의 권력기반은 고케닌의 군사력과 경제력이었다. 고케닌의 궁핍과 몰락은 막부정치의 동요를 초래하였다. 이에 막부는 고케닌을 구제하기 위해 1297년(永仁5) 에이닌의 덕정령(永仁의 德政令)을 공포하였다. 막부는 고케닌의 토지매매·저당을 금지하고 고케닌이 매각·저당잡힌 토지는 무상으로 원주인에게 주게 하였으며 고케닌이 빌린 금전관계의 소송은 받아들이지 않기로 했다. 이것에 의해 고케닌은 일시적으로 구제를 받았으나 이후 고케닌에게 융자하는 자가 없어져 도리어 고케닌의 생활은 어려워져 갔다. 이제 고케닌의 몰락은 막을 수가 없었다.

지방에서는 점차 실력을 갖춘 무사들이 도당을 조직하여 장원에 침입하고 연공을 약탈하는등 치안을 문란케 하였다. 이들은 악당(惡党)이라 불리어졌으며 막부는 그 소탕을 명했지만 슈고(守護)와 고케닌들 중에는 도리어 악당을 그들의 영내에 숨겨 자가세력의 확대에 이용하는 자도 나타났다. 악당은 각지에 출몰하여 사회불안은 가중되었다.

이러한 정치·사회적 동요를 타개하기 위해 호죠씨(北条氏)는 도쿠소(得宗) 전제정치를 강화하여 중앙에서 뿐만아니라 지방의 요직도 도쿠소가(得宗家)와 호죠씨 일문이 독점하였다[17]. 호죠씨의 전제정치가 강화함에 따라 도쿠소가의 가신(御內人)들이 정치의 실권을 잡게 되었다. 유력 고케닌과 막부내부에도 이에 대한 반감이 높아지고 호죠씨는 점차 고립되어 갔다.

| 막부의 멸망 | 호죠씨의 전제정치에 의해 반막부의 분위기는 확산되었고 이러한 정세하에서 무력했던 조정의 세력은 상대적으로 강화되는 결과가 되었다. 당시 조정은 고사가(後嵯峨) 법황이 사망한 후, 고부카쿠사(後深草) 천황의 자손인 지명원통(持明院統)과 가메야마(亀山) 천황의 자손인 대각사통(大覚寺統)으로 나뉘어 서로 황위를 둘러싸고 대립하고 있었다. 막부는 양통의 대립을 이용하면서 황위계승에 간섭하여 막부의 발언력을 강화하고 양통이 교대로 황위에 오르도록 조정하였다(両統迭立). 그러나 그 후에도 황실령을 둘러싼 분쟁이 끊이질 않았다.

대각사통에서 즉위한 고다이고(後醍醐) 천황은 조정의 정치쇄신을 꾀하였다. 우선 원정을 폐지하고 천황친정을 부활하고 그 위에 기록소(記録所)를 재흥시켜 인재를 등용하는 등 의욕적으로 정책을 추진하였다.

이즈음 막부에서는 싯켄인 호죠 타카토키(北条高時) 밑에서 실권을 장악한 우치칸레이(內管領)[18] 나가사키 타카스케(長崎高資)가 전권을 휘둘러 막부정치는 문란해져 갔다. 천황은 이 기회를 틈타 막부타도를 계획하였는데 1324

---

17) 전국의 과반수에 해당하는 30여국의 슈고직은 호죠씨의 일문이 독점했다.
18) 도쿠소가(得宗家)의 직속가신인 미우치비토(御內人)의 우두머리.

년(正元1) 그 계획은 누설되어 계획에 가담했던 공경들은 막부에 의해 체포당하였다(正弘의 變). 이러한 좌절에도 불구하고 천황은 더욱 대규모의 막부타도 계획을 세웠다. 그러나 1331년(元弘1)에 또 발각되어 천황은 체포되어 오키(隱岐)섬으로 유배되고(元弘의 變), 막부는 지명원통의 고곤(光嚴) 천황을 즉위시켰다.

이 사건이 일어난 이듬해 반막부세력의 결집에 주력하고 있던 고다이고(後醍醐) 천황의 황자 모리요시 친왕(護良親王)과 가와치(河内)의 구스노키 마사시게(楠木正成)를 비롯한 막부에 불만을 갖는 무사세력들이 각지에서 거병하였다. 이 사이에 유력 고케닌이었던 아시카가 타카우지(足利高氏)[19]는 막부군으로 종군했지만 대세가 불리하다고 판단하고 막부를 배반하여 막부의 주요 조직인 교토의 로쿠하라(六波羅)를 점령했다. 고즈케(上野)의 호족 닛타 요시사다(新田義貞)도 가마쿠라에 공격해 들어가 호죠씨(北条氏) 일족을 멸하였다. 여기에서 1333년(元弘3) 가마쿠라 막부는 미나모토노 요리토모의 개창이래 140여년만에 멸망하였다.

---

19) 그 공에 의해 고다이고 천황으로부터 천황의 이름인 타카하루(尊治)의 1자를 하사받아 타카우지(尊氏)로 고쳤다.

제7장 무가사회의 동향과 무로마치(室町)문화

시대개관 ■

14세기 중엽에서 16세기 후반에 이르는 약 250여년간은 겐무(建武)의 신정, 남북조의 내란, 무로마치(室町) 막부의 성립, 오닌(応仁)의 난 등을 거쳐 군웅할거의 전국시대가 전개되는 격동의 시대였다.

동아시아에서는 원에 대신하여 명왕조(明王朝)가 일어나고 고려에 대신하여 조선왕조가 건국되었으며 류큐왕조(琉球王朝)도 국내통일을 이루어 활발한 무역활동을 전개하였다. 무로마치(室町) 막부는 명과 정식 외교관계를 맺고 중국문화의 도입에 적극적인 자세를 표시하고 특히 선종을 보호했다. 선종 승려는 중국 귀족사회의 생활문화의 전달자이기도 했기 때문에 그들의 교양은 신흥 무가사회에 커다란 영향을 주었다. 교토(京都)에서 귀족화된 무사는 전통적인 공가문화(公家文化)를 흡수하면서, 이 중국문화를 받아들여 새로운 독자의 무가문화를 형성해 갔다. 게다가 오닌(応仁)의 난 후에는 격변하는 사회의 흐름속에서 문화는 지방으로 전해지고 또 상공업자와 농민등 서민들 사이에도 널리 침투해 갔다. 이리하여 도시 뿐아니라 농촌에서도 새로운 문화의 태동이 시작되었다.

1 남북조의 내란과 무로마치(室町) 막부

| 겐무의 신정(建武의 新政) |

1333년에 가마쿠라 막부가 멸망하자 고다이고(後醍醐) 천황은 교토(京都)로 돌아와 막부가 세운 지명원통의 고곤(光嚴) 천황을 폐하고 천황친정의 신정치를 시작하였다. 이듬해 연호를 겐무(建武)로 고쳤기 때문에 이를 겐무의 신정이라고 한다[1].

---

1) 1333년(元弘3)부터 1336년(南朝의 延元원년, 北朝의 建武3년)까지를 겐무의 신정기, 1336년에서 1392년(南朝의 元中9년, 北朝의 明德3년)까지의 약60년까지를 남북조시대, 그로부터 1467년(応仁1)까지를 무로마치(室町) 시대, 이후 1573년(天正1)까지의 100여년 간을 센고쿠(戰国) 시대라고 한다. 또 1336년부터 1573년까지를 일괄해서 무로마치 시

▲ 무로마치 막부를 개창한 足利尊氏의 화상

신정부는 정치기구로서 중앙에 기록소(記録所)·잡소결단소(雜訴決斷所)·무자소(武者所)·은상방(恩賞方)을 두고 공가와 무가의 쌍방으로부터 그 관인을 임명하였다. 제국에 국사(国司)와 슈고(守護)를 동시에 설치하여 공적이 있는 공가와 무사를 등용하였다. 그러나 신정부는 공가 중심으로 기울어지고 더구나 막부타도에 가담한 무사들이 기대하고 있었던 토지문제의 처리도 순조롭지 않았다. 은상은 귀족과 사원·신사에게 후했고 무사들에게는 상대적으로 박하였다. 게다가 모든 영지의 안도(安堵, 본래부터 소유하고 있던 토지 지배권을 보증)에는 천황의 허가가 필요하다는 명령이 내려져 대혼란을 초래하였다. 또 천황의 거처인 대내리(大內裏) 조영계획을 세워 그 비용을 각국의 지토(地頭)에게 할당시켰다. 이러한 신정부의 조치에 무사들의 불만은 높아갔다. 또 장원영주가 신정부의 권위를 배경으로 가마쿠라 시대보다도 연공을 늘리기도 하고 여러가지 과역을 부과하였기 때문에 농민들의 불만도 커져갔다.

이러한 정세를 간파하고 무가정권의 재흥을 꾀했던 인물이 아시카가 타카우지(足利尊氏)였다. 그는 1335년(建武2)에 호죠 토키유키(北条時行)의 난[2]을 진압하기 위해 가마쿠라에 내려가 그곳에 체재하면서 신정부에 불만을 품은 무사를 모아, 대항관계에 있던 닛타 요시사다(新田義貞)[3]를 토벌한다는 명목

대라고도 부른다.
2) 막부의 재흥을 위해 호죠 토키유키(北条高時의 아들)가 거병하여 가마쿠라를 공격한 사건
3) 닛타 요시사다(新田義貞)는 아시카가씨(足利氏)와 같은 세이와 겐지(清和源氏)의 일족으로서 가마쿠라 막부의 호죠씨(北条氏) 타도에 가담했다. 겐무의 신정부에서 출세하여 천황의 친위대적 역할을 하였다.

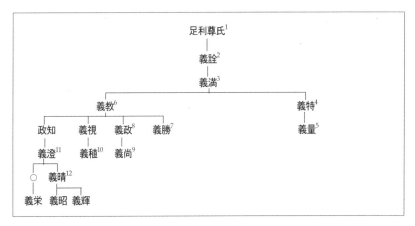

足利尊氏[1]
義詮[2]
義満[3]

義教[6]　　　　　　　　　　義特[4]

政知　義視　義政[8]　義勝[7]　　　義量[5]

義澄[11]　義稙[10]　義尚[9]

○　義晴[12]

義栄　義昭　義輝

▲ 足利氏 계보(숫자는 장군 취임의 순서)

으로 반기를 들었다. 1336년(延元1) 아시카가씨(足利氏)는 교토로 진격했으나 일단 패하여 큐슈(九州)로 퇴각했다가, 다시 세력을 규합하여 미나토가와(湊川)의 전투에서 천황측 군대를 격파하고 교토를 완전히 제압하였다. 이리하여 신정부는 겨우 3년만에 끝나고 무가정권이 부활하게 되었다.

남북조(南北朝)의 내란

교토에 입성한 아시카가 타카우지(足利尊氏)는 고다이고(後醍醐) 천황을 유폐하고 지명원통의 고묘(光明) 천황을 세웠다. 고다이고 천황은 요시노(吉野)로 도망쳐 정권의 유지를 꾀하고 황위의 정통을 주장하였다. 이후 약 60여년간 조정은 교토(京都)의 북조와 요시노(吉野)의 남조가 대립·병존하는 이른바 남북조시대가 되었다. 아시카가타카우지는 1336년 무가정치의 대강을 표시한 겐무시키모쿠(建武式目)를 제정하고 1338년에는 북조의 고묘(光明) 천황으로부터 정식으로 정이대장군(征夷大将軍)에 임명되어 교토에 무로마치 막부(室町幕府)를 개창하였다.

남조는 세력을 펴지 못하였으며 고다이고 천황도 얼마 후 사망하였다. 남조는 고무라카미(後村上) 천황이 뒤를 이었지만 요시노(吉野)에 군사력을 결집할 수가 없어, 도호쿠(東北)·간토(関東)·시코쿠(四国)·큐슈(九州) 등지의 지방무사의 세력를 결집하여 재기하려고 했다. 한편 북조의 내부에서는 아시카가씨(足利氏)

▲ 足利義滿의 화상

일족과 주종간에 연이어 싸움이 일어났다. 막부의 내부에서는 아시카가 타카우지(足利尊氏)의 동생 다다요시(直義)와 집사(執事, 후에 管領으로 이어짐)인 고노 모로나오(高師直)가 대립하고 각국의 슈고와 중앙관료도 여기에 휘말려 막부는 분열하고 싸움은 장기화되었다. 다다요시는 자신의 입장을 유리하게 하기 위해 남조측에 투항하였고 남조도 이틈을 노려 한때 교토를 회복하기도 했으나 다다요시는 형 타카우지에게 독살당하여 쟁란은 누그러졌다.

각국의 무사는 동란을 틈타서 영지의 확대를 꾀하고 또 일족 중에서 소료(惣領)와 쇼시(庶子)가 대립하는 등 이합집산을 되풀이 했는데, 점차 북조측 슈고(守護)의 지배하에 들어가게 되었다. 슈고세력의 증대에 의해 막부의 우위가 확립되자 남조는 쇠퇴의 길로 빠지게 되었다. 제3대 장군인 아시카가 요시미쓰(足利義滿)는 큐슈를 평정하고 유력 슈고인 야마나 우지키요(山名氏清)를 그 일족의 내분을 이용해서 토벌하여(明德의 난, 1391) 막부의 권력을 확립하였다. 그리고 1392년에는 요시미쓰는 남조와 교섭하여 남조의 고카메야마(後亀山) 천황이 북조의 고코마쓰(後小松) 천황에게 양위하는 형식으로 남북조의 합체를 실현하였다. 이리하여 무로마치 막부는 전국지배를 완성하고 이후 황위는 북조의 자손이 계승하게 되었다.

슈고다이묘(守護大名)의 성장

약 60여년간의 내란의 결과 조정의 정치권력은 무력해지고 장원체제도 크게 후퇴했다. 이에 반하여 지방무사의 세력은 증대하고 이들 무사세력을 가신화하여 내란을 이겨냈던 슈고는 무로마치 막부의 지배체제 하에서 중요한 역할을 차지하게 되었다.

　막부는 지방무사세력을 조직화할 필요에서 아시카가씨(足利氏) 일족을 정치적·군사적 요지에 배치하고 내란을 극복하기 위해 슈고의 권한을 강화하였다. 내란이 격렬했던 1352년(文和1)에 전비를 확보하기 위해 슈고가 장원과 국아령의 연공의 반을 병량미로서 징수하여 이를 무사들에게 나눠주게 하는 한제이령(半濟令)을 공포하였다. 이것은 전시의 임시 조처였고 지역도 한정되고 기간도 1년으로 되어 있었으나, 이윽고 영속적인 것이 되고 범위도 전국적으로 확대되었다. 또 슈고우케(守護請)라고 해서 슈고가 장원연공의 징수를 장원영주로부터 청부받는 것도 널리 행해지게 되었다. 그 위에 슈고는 영국 내의 토지를 점차 지배하에 넣고 심지어는 장원에 들어가는 권한도 획득하였다. 이리하여 슈고는 국아의 기능도 흡수하며 1국 전체에 미치는 지배권을 확립해 나갔다. 이러한 슈고를 가마쿠라 시대의 본래의 슈고와 구별하여 슈고다이묘(守護大名)라 부른다. 이들은 지방무사와 주종관계를 맺고 영주화되어 갔다. 슈고다이묘의 영국(領国)은 세습되고 막부도 용이하게 슈고를 해임할 수 없었다. 이러한 슈고다이묘가 만들어 낸 지배체제를 슈고영국제(守護領国制)라고 한다.

　한편으로 슈고다이묘는 재지영주의 저항을 받는 일도 있어(国人一揆, 고쿠진잇키) 그 존립을 위해서는 장군의 권위와 막부라고 하는 정치조직을 필요로 하였고 그 주위에 결집하지 않으면 안되었다. 장군도 직할 군사력이 약하고 직할령도 적어 내란의 혼란기를 극복하고 전국적 지배력을 확보하기 위해서는 슈고다이묘의 힘을 빌리지 않을 수 없었다. 장군과 슈고다이묘는 때로는 대립하는 일도 있었지만 결정적으로는 분리하기가 어려웠다. 즉 무로마치 막부는 장군과 슈고다이묘의 타협과 균형위에 성립한 연합정권이라고 할 수 있다.

| 무로마치 막부의 조직 | 무로마치 막부는 유력 슈고다이묘(守護大名)의 연합 정권적인 성격이 상하지만 그 조직은 가마쿠라 막 |

부를 모방하여 제3대 장군인 아시카가 요시미쓰(足利義滿) 때에 정비되었다. 요시미쓰의 시대가 되면 남북조도 합체가 되어 국내도 안정기에 들어가고 장군의 권위도 높아져 점차 전제정치를 강화하면서 정치조직과 기구도 정비되었다.

장군의 밑에 가마쿠라 막부의 싯켄(執權)에 해당하는 간레이(管領)가 놓여지고 정무를 총괄했는데 싯켄만큼의 힘은 없었다. 간레이는 아시카가씨(足利氏) 일족의 유력한 슈고인 호소카와씨(細川氏)·시바씨(斯波氏)·하타케야마씨(畠山氏)의 3씨(三管領)가 교대로 임명되었다. 중앙기구로서는 간레이 밑에 사무라이도코로(侍所)[4]·만도코로(政所)·몬츄조(問注所)·효조슈(評定衆)를 두고, 사무라이도코로의 장관인 쇼시(所司)는 야마나(山名)·아카마쓰(赤松)·잇시키(一色)·교고쿠(京極)의 4씨(四職)로부터 임명되었다. 장군직속의 군사력으로는 호코슈(奉公衆)[5]가 있었다.

지방에는 슈고를 배치하고 막부에게 특히 중요한 지역인 간토(関東)에는 가마쿠라후(鎌倉府)를 두고, 아시카가 타카우지(足利尊氏)의 아들인 모토우지(基氏)와 그 자손을 장관(鎌倉公方)으로 임명하여 동국(東国)을 통치케 하였다. 또 큐슈(九州)에는 큐슈탄다이(九州探題)를 두어 큐슈지역 무사의 통제와 외교관계 사무를 담당하게 하였다.

막부의 재정의 기초는 고료쇼(御料所)라고 불리우는 직할령으로부터의 수입이 주였다. 이밖에 교토 내외의 도소(土倉, 전당포)·사카야(酒屋, 주류생산·판매업자)에게 과세하고, 또 단센(段錢)·무네베치센(棟別錢)이라하여 전지(田畑)와 가옥에 대한 과세와 교통의 요소에 세키쇼(関所)를 설치하여 세키센(関錢)을 거둬들였다. 그리고 대명무역의 수입도 막부의 주요한 수입원이었다.

---

4) 교토(京都)의 경비와 재판을 담당하는 요직으로 야마시로 슈고직(山城守護職)을 겸임하는 일이 많았다.
5) 아시카가씨(足利氏) 일족의 자제와 그 밖의 슈고의 자제, 지방의 유력무사로 구성되어 전시는 쇼군직속의 군사력이 되고 평시에는 장군의 호위와 고료쇼(御料所, 막부 직할령)의 관리, 슈고다이묘의 감시 등의 임무를 맡았다.

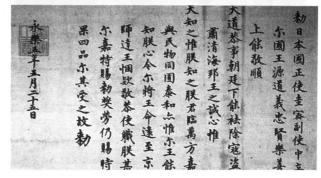

▲ 1407년 明의 영락제가 일본의 견명사에게 하사한 칙서와 日本国王印

왜구와 동아시아 관계

가마쿠라 시대말부터 무로마치 시대에 걸쳐서 일본의 사무역선 중에는 한반도와 중국대륙의 연안을 습격하는 일이 있었다. 이를 당시 한반도와 중국에서는 왜구라고 불렀다. 왜구의 근거지는 큐슈의 마쓰우라(松浦)·쓰시마(対馬)·이키(壱岐)·세토내해(瀬戸内海)의 여러 섬등 식량사정이 어려운 지역이었다.

14세기 중엽부터 왜구는 고려에 침입하여 쌀과 인민을 약탈하고 중국대륙에까지 행동범위를 넓혔다. 조선을 건국한 이성계도 명을 세운 주원장(朱元璋)도 왜구의 대책에 고심하여 무력으로 대항하기도 하고 일본에 사절을 보내 왜구의 통제을 요구하였다.

1401년(応永8)에 아시카가 요시미쓰(足利義満)는 명에 사자를 보내서 통교를 시작하였다. 이에 대해서 명의 황제는 「日本国王源道義(源은 足利의 본성, 道義는 義満의 法名)」 앞으로 답신과 역(曆)을 보내왔다. 당시 동아시아제국에서는 중국왕조로부터 역(曆)을 받는 것은 중국에 복속하는 것을 의미했다. 이에 따라 요시미쓰는 1403년 「日本国王臣源」이라는 신하의 예로서 국서를 명의 황제에게 보냈다.

이렇게 하여 개시된 명과의 무역은 조공무역의 형식으로 관세는 없고 체재비와 그외의 경비까지 명의 부담이었기 때문에 그만큼 이익은 컸다[6]. 명과의 무역은 왜구와 사무역선을 구별하기 위하여 명으로부터 교부받은 감합부(勘合府)[7]라 불리우는 도항증명서를 지참하였다. 대명무역의 실권은 처음에

---

6) 양국의 교역물은 일본으로부터는 유황·동·도검·부채 등이었고, 명으로부터는 동전을 비롯한 생사·견직물·서적·서화 등이 주요 품목이었다.

▲ 무로마치 시대의 遣明船(「真如堂緣起」)

▲ 大内義弘의 화상(左)과 足利義満의 자필 願文(右)

는 막부가 장악했으나 이윽고 호소카와(細川)·오우치(大内) 양씨의 손으로 넘어 갔다. 호소카와씨는 사카이(堺, 현 大阪) 상인과 오우치씨는 하카타(博多) 상인과 맺어 그 경영권을 둘러싸고 싸움이 벌어져 1523년(大永3)에는 쌍방의 파견선이 중국의 영파(寧波)에서 충돌하였다. 그 결과 명은 무역을 일시 금지시켰으나 이후 오우치씨가 독점하게 되었다.

조선에서는 왜구의 근거지를 쓰시마라고 생각했기 때문에 1419년(応永26, 조선의 세종1)에 대군을 이끌고 쓰시마를 공격하였다(応永의 外寇). 그러나 조선에서는 왜구의 근거지를 소탕하는 것이 목적이었기 때문에 무역은 계속되었다. 조선과의 무역은 대명무역과는 달리 일본측에서 많은 사람들이 참가하였다. 장군가와 유력 다이묘, 서국 큐슈의 실력자인 오우치(大内)·오토모(大友)·무나카타(宗像)씨, 쓰시마의 소씨(宗氏) 외에도 중소영주층 농어민까지 참가하였다.

---

7) 명의 정부에서 발행한 종이로 만든 증명서. 일본의 2자를 나눠 일자감합(日字勘合)·본자감합(本字勘合)으로 하고 일본선은 본자감합(本字勘合)을 갖고 도항해서 명의 것과 대조·일치시켜 확인한다.

다만 대조선무
역은 제한을 받아
조선측은 통교상
대를 장군 이외에
는 쓰시마의 소씨
(宗氏)로 일원화하
였다. 조선국왕은
통교자에게 도서
(図書)라고 하는
동인(銅印)을 주어

▲ 조선국왕이 왜인에게 준 図書

▲ 쓰시마의 아소만의 전경. 산림이 대부분으로 경지가
극히 적다.

이를 갖는 자를 정식의 통교자로서 인정했다. 무역품은 일본으로부터는 동·
유황과 남해산의 염료·향료(胡椒) 등이고 조선으로부터는 목면과 대장경 등
이었다.

교역이 행해진 3포에는 많은 일본인이 거주하
였고 또 밀무역의 온상이 되었다. 그 때문에 조
선에서는 이것의 통제를 강화했는데 이에 불만을
품은 거류민이 1510년(永正7)에 소씨(宗氏)의 지원
을 받아 폭동을 일으켰다(3浦의 난). 그 후 조선과
소씨(宗氏)는 화의를 맺었지만 이 난을 계기로 무
역은 쇠퇴해갔다.

류큐(琉球)에서는 명이 건국했을 즈음에 오키나
와(沖繩) 섬내에서 북산(北山)·중산(中山)·남산(南山)
의 3개의 세력이 대립하고 있었다. 1429년 중산
왕인 상파지(尙巴志)에 의해 통일되어 류큐왕국이
성립하였다. 류큐의 무역선은 명을 비롯하여 조
선·일본·남방제국에도 왕래하여 활발한 무역활동

▲ 琉球 尙真의 화상.
尙氏 왕조의 3대왕

을 하였고, 나하(那覇)는 동아시아 해상교통의 요지로서 번영하고 중계무역의
중심지가 되었다.

2 서민의 대두와 오닌(應仁)의 난

소(惣)의 발전   14·15세기의 농촌에서는 전란으로부터 스스로를 지키기 위
해 혹은 영주와 무사에 대항하기 위해 소(惣)라든가 소손(惣
村)이라고 부르는 자치적 집단이 발달하였다. 그 구성원은 소뱌쿠쇼(惣百姓)라
하고 그들은 반토(番頭)·사타닌(沙汰人)·오토나(長)라고 하는 지도자를 뽑았는
데, 이러한 소(惣)의 지도자는 무사적 성격을 띤 지사무라이(地侍)라고 부르는
상층농민이었다.

이들은 소(惣)의 규약(惣掟·村掟)을 정하고 공유지(入会地)의 관리와 관개용
수의 정비를 행하고 이 규약을 어기면 경찰권과 재판권을 행사하였다[8]. 또
중요한 일은 촌민의 집회에서 결정하고 영주에 바치는 연공은 촌이 책임을
지고 청부하는 햐쿠쇼우케(百姓請, 地下請)의 방법이 행해졌다. 이러한 촌의 자
치조직을 소(惣)라 하며 몇 개의 소(惣)가 결합하여 고(鄕)로서 연합하는 일도
있었는데 이를 향촌제라고도 한다.

도잇키(土一揆)   소(惣)로서 결합한 농민은 장원영주와 슈고(守護) 등의 지
배에 저항하기 시작하였다. 처음에는 타촌으로 도망가거나
탄원을 하였지만 이윽고 도잇키(土一揆)라고 부르는 무장봉기의 형태로 나타
났다. 그 요구는 장원영주에 대해 연공의 감면과 가혹한 지배를 하는 대관
(代官)의 파면, 슈고다이묘(守護大名)에 대해서는 조세와 사역의 감면이 중심이
었다.

도잇키는 교토(京都)·나라(奈良)를 중심으로 나타났다. 슈고다이묘의 영국지

---

8) 소(惣) 결합의 중심은 촌내의 신사였다. 집단행동 때에는 신사에 모여 결속을 다짐하
고, 또 소(惣)의 규약문서는 이 신사에 보관하였다.

배가 진행되고 무사의 장원침략이 진행되어 막부와 장원영주의 지배범위가 좁아지자 세금 부과는 기나이(畿內) 지방에 집중되고 장원연공의 징수도 과중하게 되어 이들 지역의 농민들은 큰 부담이었다. 그들 중에는 금융업자로부터 금전을 차입해도 변제할 능력이 없었고 토지를 잃어버리는 자도 적지 않았다. 이에 대해서 농민들은 주변의 농민과 연대하고 도시의 주민등과도 결합하여 대규모의 도잇키를 행하였다. 이들은 막부에 덕정(德政)9)을 요구하며 교토·나라의 요소를 점거하기도 하고 또 직접 돈을 빌린 도소(土倉)·사카야(酒屋)를 습격하여 차용증서를 태우거나 저당물을 빼앗기도 하였다.

막부는 그 대책에 고심하였고 덕정령의 발포를 하지않을 수 없었다. 그러나 막부는 덕정령에 의해 부채를 파기하는 경우 채무자에게 일정의 수수료(分一錢)를 취하고 이를 허락해 주거나 혹은 채권자로부터 수수료를 받고 덕정령을 면제하는 등 덕정을 이용해서 막부의 수입을 챙기는 행위도 서슴치 않았다. 이리하여 사회는 더욱 문란해지고 재정도 혼란에 빠져 막부의 권위는 점차 실추되어 갔다.

| 오닌(應仁)의 난 | 이러한 정세하에서 아시카가 요시마사(足利義政)가 장군이 되었다. 그는 정치에 의욕이 없었고 대기근으로 백성들의

생활이 곤궁하고 막부의 재정도 어려운 상태에서 호화로운 풍류 생활을 즐기고 있었다. 이 시기에 막부 내부에서는 유력 슈고다이묘(守護大名)들이 세력항쟁을 하고 있었다. 15세기 중엽 이래 호소카와 카쓰모토(細川勝元)를 중심으로 하는 세력이 장기간에 걸쳐 간레이(管領)의 직을 독점하면서 막부의

▲ 細川勝元의 화상

---

9) 덕정(德政)은 매매·저당·대차에 의한 채무계약을 파기하는 일, 또는 그 대상물건을 무상으로 되찾는 일, 혹은 연공의 미납분의 면제를 인정하는 것인데 명령을 덕정령(德政令)이라고 한다.

▲ 1467년 9月 応仁의 乱에서 동서 양군이 격돌하는 모습(「真如堂緑起絵巻」 중에서)

실권을 장악하고 야마나 모치토요(山名持豊) 세력과 대립하고 있었다.

같은 시기에 하타케야마(畠山)·시바(斯波)를 비롯한 많은 유력 슈고다이묘(守護大名)가에서도 상속문제를 둘러싸고 내분이 일어났다. 하타케야마(畠山)가에서는 요시나리(義就)와 마사나가(政長)가 대립하고, 시바(斯波)가에서는 요시카도(義廉)와 요시토시(義敏)가 가독(家督)의 지위를 둘러싸고 대립하고 있었다. 이들의 대립에 막부의 실력자인 호소카와(細川)씨는 마사나가(政長)와 요시토시(義敏)를 지원하고, 야마나(山名)씨는 요시나리(義就)와 요시카도(義廉)를 밀어 양가의 대립은 점점 깊어 갔다.

한편 장군가(将軍家)에서도 후계자를 놓고 아시카가 요시마사(足利義政)의 아들 요시히사(義尚)측과 동생 요시미(義視)측이 대립하였다[10]. 요시히사는 호소카와(細川)측에 의지하였고, 요시미는 야마나(山名)측과 결합하여 양씨의 대립은 드디어 무력충돌로 발전하였다.

1467년(応仁1) 양 진영은 교토에서 전단(戦端)을 발하였다. 전국의 슈고다이묘들은 호소카와(동군)·야마나(서군)의 어느 한편에 가담하여 동군은 24개국의 16만명, 서군은 20개국의 11만명이 싸움을 시작하였다. 이것이 오닌(応仁)의 난이다. 이 전란은 전국전인 내란으로 발전하였다. 11년에 걸친 장기전이었다. 그러나 1477년 양군 사이에 화의가 맺어져 내란은 겨우 수습되었다. 이 내란으로 교토는 초토화하여 많은 귀족과 승려는 유랑하게 되었고 막부는 실권을 점차 상실하고 세력은 교토의 주변에 미치는데 불과하였다.

---

10) 쇼군인 아시카가 요시마사(足利義政)는 아들이 없어 동생인 요시미(義視)를 후계자로 삼았다. 그러나 후에 부인 히노 토미코(日野富子)가 요시히사(義尚)를 낳았기 때문에 후계자 문제로 요시미(義視)측과 대립하게 되었다.

내란의 결과 막부의 권위는 완전히 땅에 떨어지고 하위자가 상위자를 압도하고 지위를 역전시키는 하극상의 풍조가 만연하였다. 막부의 실권은 간레이(管領)인 호소카와(細川)씨에게 돌아갔고, 그 실권은 곧 가신인 미요시 나가요시(三好長慶)에게, 또 미요시씨의 실권은 그 가신인 마쓰나가 히사히데(松永久秀)에게로 넘어갔다. 지방에서도 슈고다이(守護代)가 슈고에 대신하여 실권을 잡고 재지의 무사와 농민은 폭동을 일으키는 등 하극상의 풍조는 사회 각층에 미치어 이후 센고쿠(戦国) 시대라고 하는 1세기간의 쟁란의 시대를 맞이하게 되었다.

| 산업과 상업의 발달 | 농업에서는 소경영에 의해 경영의 집약화와 다각화가 진행되었다. 기술면에서도 우마의 사용과 비료의 이용이 널리 퍼지고 이모작이 보급되었다. 벼의 품종이 개량되고 또 차마시는 풍습도 유행되어 우지(宇治) 등에서 차가 재배되었다.

수공업의 분화와 주문생산과 상품생산도 시작되어 각지에서 특산물이 나오기 시작하였다. 단야와 주물에서는 남비·솥 등의 일용품과 농구·도검이 많이 제작되고 특히 도검은 중국에 대량으로 수출되었다.

농업과 수공업의 발달에 따라 상업도 발달하였다. 교토와 나라에서는 새로운 자(座, 동업조합)가 각 부문에 결성되고, 각지에 정기시(定期市)가 많아졌으며 도시에는 특정의 상품만을 파는 시장도 생겼다. 점포를 갖는 미세다나(店棚) 상인뿐만 아니라 행상도 널리 활동하고 또 상품의 운송을 전문으로 하는 바샤쿠(馬借)·샤샤쿠(車借)등 운송업자도 나타났다.

상업의 발달에 따라서 연공을 비롯한 각종의 세금도 전납화(銭納化)되고 토지의 매매도 화폐로 이루어지게 되었다. 그러나 막부는 화폐를 주조하지 않았기 때문에 중국으로부터 송전(宋銭)·원전(元銭)을 비롯한 명의 홍무전(洪武銭)·영락전(永楽銭) 등의 동전이 대량으로 수입되어 유통되었다.

3 무로마치(室町) 시대의 문화

문화의 특색   무로마치 시대의 문화는 무가세력의 신장과 서민의 대두를 기축으로 전개되었다. 무가는 공가의 전통적인 문화를 흡수하면서 독자의 문화를 발전시켜 나갔다. 이른바 남북조문화에서 기타야마 문화(北山文化)로, 기타야마 문화에서 히가시야마(東山文化)로 발전해 가는 것이 이 시대의 문화의 흐름이다. 그리고 또 하나의 흐름은 서민의 두드러진 대두이다. 도시에서의 활동 혹은 지방에서의 자치활동과 도잇키(土一揆)는 문화의 면에도 반영되어 집단으로 즐기는 서민적인 예능과 문예가 발달하였다. 노(能)·교겐(狂言)·렌가(連歌)·오토기조시(御伽草子)가 중앙과 지방을 불문하고 모든 사람들에게 사랑받았던 것도 이 시대 문화의 서민성과 지역적 확산을 말해주고 있다. 이 시대의 문화 중에서 현재 일본의 생활문화의 원류가 된 것이 적지 않다.

오산(五山)과 기타야마(北山) 문화   공가의 몰락에 따라 그들에게 보호받고 있던 천태·진언의 구불교는 가마쿠라 시대까지 유지하고 있던 주류적 지위를 잃어 버리고 대신 신불교가 교단을 형성하여 무사·농민·상공업자에게로 그 신앙은 퍼져 나갔다. 그 중에서도 임제종(臨済宗)은 아시카가 타카우지(足利尊氏)가 무소 소세키(夢窓疎石)에게 귀의하고 나서 장군가(将軍家)의 보호하에 융성해졌다. 제3대 장군 아시카가 요시미쓰(足利義満)는 남송의 제도를 모방하여 오산·십찰 제(五山·十刹의 制)11)를 정비하고 오산의 승려를 정치·외교고문으로 임용하였다. 이리하여 대명무역의 성행과 더불어 한시문을 중심으로 하는 오산문학이 태어나고 송에서 일어난 주자학이 연구되었으며 송·원의 수묵화가 유행하고 오산판(五山

---

11) 선종의 최고격의 사찰을 정한 것. 가마쿠라 시대부터 행해졌지만, 3대 장군 요시미쓰 때에 정비되었다. 교토 5산은 난센지(南禅寺)를 5산의 상(上)으로 하고, 텐류(天竜)·쇼코쿠(相国)·겐닌(建仁)·도후쿠(東福)·만쥬(万寿)의 5사이다. 10찰은 5산에 이은 관사(官寺)로서 각기 제산(諸山)이 있다.

版)이라 불리우는 출판이 행해지는 등 오산은 학문과 문화의 중심이었다.

14세기말 요시미쓰는 교토(京都) 기타야마에 별장을 만들어 거기에 화려한 금각(金閣)12)을 세웠다. 이 시대의 문화는 요시미쓰의 별장에 연관시켜 북산문화로 불리어졌다. 기타야마 문화는 장군과 슈고다이묘의 보호하에 성장하여 공가 문화의 전통과 대륙문화를 기조로 한 것이었다. 그것은 금각의 건축양식이 전통적인 양식에 선종양식을 가미한 것에서 잘 나타나고 있다. 이 시대에는 아직 무가 독자의 문화는 나오지 않고 무가의 공가문화에의 동경과 함께 무가의 사치적 성격이 농후하게 나타난다.

▲ 金閣의 화려한 모습

현재 전통예술로서 공연되고 있는 노(能, 노래와 춤·반주로 이루어진 종합 무대 연극)도 기타야마 문화를 대표하는 것이다. 원래 신사예능(神事芸能)에서 출발한 사루가쿠(猿楽)와 덴가쿠(田楽)는 여러가지의 예능을 포함하고 있었지만, 점차 가무와 연극의 형태를 취하는 노(能)로 발전해 갔다.

이 시기가 되면 노악사(能楽師)는 다른 예능들처럼 동업조합(座)을 만들어 사원과 신사의 보호를 받게 되었다. 이들 중에는 야마토사루가쿠(大和猿楽) 사

---

12) 기타야마 문화를 상징하는 건물로서 요시미쓰 시대의 막부정치의 중심이었다. 금각은 3층의 누각으로 전체가 금박으로 되어 있어 붙여진 이름이다. 1층과 2층은 국풍(일본식), 3층은 선종양식 그리고 옥상은 황금의 봉황(중국식)이 날개를 편 웅자한 모습이다. 공가문화와 무가의 선종문화, 중국문화를 융합한 것으로 요시미쓰의 권세와 그 성격을 말해주고 있다. 금각은 1950년 소실되었지만 그후 재건되었다.

▲狂言의 한 장면(「能狂言絵巻」)

◀8代장군 足利義
政 때에 세운
銀閣

좌(四座)의 간제자(観世座)에서
나온 간아미(観阿弥)·제아미(世
阿弥) 부자는 장군 요시미쓰의
보호하에 사루가쿠노(猿楽能)를
완성하였다. 사실과 유화미려
한 미를 근본으로 하는 노(能)
의 진수는 제아미의 가덴쇼(花
伝書)에 전해지고 있고, 이들에
의해 만들어진 각본(謡曲)은 지
금까지 커다란 영향을 미치고
있다. 노(能)는 그후 사원·신사의
보호를 벗어나 무사의 지원하에
발전해 갔다. 익살과 풍자를 기
조로 하는 교겐(狂言)은 노(能)의 중간에 공연되는 희극으로 당시의 세태를 소
재로 풍자하여 많은 서민으로부터 애호되었다.

히가시야마(東山) 문화

기타야마 문화에서 개화한 무로마치 시대의 문화
는 그 예술성이 생활문화 속에도 스며들어 새로운
독자의 문화로서 널리 뿌리를 내려 갔다. 제8대 장군 아시카가 요시마사(足利
義政)는 오닌의 난후 교토 히가시야마(東山)의 산장에 은거하여 요시미쓰의
금각을 모방하여 은각(銀閣)[13]을 세웠다. 간소하고 깊은 정취가 풍기는 쇼인
즈쿠리(書院造, 귀족과 승려의 서재로부터 변화한 무가의 주택건축) 양식의 은각에는
이 시대 무가 독자의 문화가 나타나는데 이 문화를 히가시야마 문화라 부른

---

13) 요시마사가 말년에 정력을 다해 세운 히가시야마 문화의 상징이다. 은각은 2층의 누각
으로 금각을 모방하여 은박을 씌웠다. 1층은 쇼인즈쿠리(書院造)식이고 2층은 선종양
식으로 사원과 저택을 절충한 건축이다.

다. 히가시야마 문화는 전통적인 문화를 무가가 흡수하여 독자적으로 완성한 것으로 간소함과 한적함을 기조로 하고 있다.

우선 쇼인즈쿠리는 무사·공가·승려의 주택에 채용되어 발달한 것으로, 도코노마(床の間)14)·치가이다나(違棚)15)·쓰케쇼인(付書院)·아카리쇼지(明障子)16)를 갖추고 바닥에 다타미(畳)를 깔고 현관을 설치한 것으로 현대 일본식 주택의 원류를 이루고 있다. 정원은 쇼인즈쿠리 건물에 조화시켜 만드는데, 자연의 지형을 기교있게 이용하기도 하고 고산수(姑山水)등과 같이 인공적·상징적인 수법을 이용한 것도 있다. 더욱이 이

▲ 꽃꽂이 풍습은 불전에 바치는 供花에서 시작. 무로마치 시대에 서원 내부의 장식용으로 발전.

러한 환경에 어울리는 선(禪)과 차의 정신의 통일을 주장하고 마음의 정화와 평온을 구하는 와비차(ゎび茶、茶道)가 무라타 쥬코(村田珠光)에 의해 창시되었다. 또 무로마치 중기에는 이케노보 센케이(池坊専慶)에 의해 릿카(立花, 불전에 놓는 꽃)를 주로 하는 이케바나(生花, 꽃꽂이)가 확립되어 널리 유행하였다.

묵의 농담으로 자연과 인물을 상징적으로 표현하는 수묵화는 이 시기에 명에 건너가 습득해 온 화승(画僧) 셋슈(雪舟)에 의해 대성되었다. 또 가노 마사노부(狩野正信)·모토노부(元信) 부자가 수묵화에 야마토에(大和絵)의 기법을 가미해 새로운 가노파(狩野派)의 화풍을 일으켰다. 그들은 막부의 화공이 되어 병풍, 후스마 등에 회화를 그렸다.

---

14) 일본식 방의 상좌에 바닥을 한층 높게 만든 곳으로 벽에는 족자를 걸고 바닥에는 화병이나 장식물을 놓음.
15) 두개의 판자를 아래위로 어긋나게 설치하여 장식물 등을 놓음. 보통 도코노마(床の間)에 설치함.
16) 밖으로부터 빛을 통하게 하기 위해 종이나 견직으로 만든 장지문.

와카(和歌)는 남북조시대에 남조측에 명가(名歌)가 남아있는 것 외에는 대체로 침체하였고 새로이 렌가(連歌)가 융성하여 귀족과 서민들 사이에 퍼져 나갔다. 14세기 중엽에는 니죠 요시모토(二条良基)는 『쓰쿠바슈(菟玖波集)』를 편집하여 헤이안 이래의 렌가(連歌)를 모았다. 오닌의 난후 렌가는 전성기를 맞이하여 제국을 편력한 소기(宗祇)는 세련된 렌가를 대성시켜 『신센쓰쿠바슈(新撰菟玖波集)』를 찬하였다. 렌가를 전문으로 하는 렌가시(連歌師)가 나와 각지를 돌며 렌가를 보급하여 점차 정형화 되어 갔다.

남북조 시대에는 정치정세가 문학과 역사서에도 반영되어 기타바타케 치카후사(北畠親房)는 남조의 입장에서 그 정통성을 주장한 역사서 『진노쇼토키(神皇正統記)』를 저술하였다. 그 외에 죠큐(承久)의 난을 중심으로 천황측의 역사를 서술한 『마스카가미(增境)』와 남북조의 쟁란을 남조의 입장에서 쓴 『다이헤이키(太平記)』, 반대로 북조의 입장에서 논한 『바이쇼론(梅松論)』 등 역사문학과 군기물(軍記物)이 나왔다. 또 영웅전설을 문학화한 것으로 『소가모노가타리(曾我物語)』·『기케이키(義経記)』가 있다. 민간전승을 소재로 한 일종의 단편소설류인 『오토기조시(御伽草子)』가 서민들 사이에서 애독되고 단시형(短詩型)의 가요인 고우타(小歌)를 모은 『간긴슈(閑吟集)』도 만들어졌다.

공가사회의 전통적인 학문이 된 유식고실(有識故実)[17]과 고전의 연구가 행해졌다. 유식고실의 서적으로서는 고다이고(後醍醐) 천황의 『겐무넨츄교지(建武年中行事)』, 기타바타케 치카후사(北畠親房)의 『쇼쿠겐쇼(職原抄)』, 이치죠 가네라(一条兼良)의 『구지콘겐(公事根源)』 등이 있다. 『일본서기』 연구도 진행되어 이치죠 가네라는 『일본서기찬소(日本書紀纂疏)』를 저술하였다.

---

17) 조정과 무가의 예식(礼式)·전고(典故)·관직·법령 등에 관해 고래로부터 전해오는 문화유산.

4 센고쿠(戰國)의 동란과 유럽문화의 전래

센고쿠(戰國)의 동란 오닌(応仁)의 난 후 쟁란은 지방으로 퍼지고 전국에 걸쳐 100여년 동안 전란의 시대가 계속되는데 이를 센고쿠(戰国) 시대라고 한다. 이 전란 중에 실력이 있는 자는 슈고다이묘를 쓰러뜨리고 스스로 다이묘가 되고 영토를 확장하여 새로운 영국(領国)의 지배자가 되었다. 이러한 다이묘를 센고쿠다이묘(戰国大名)라 한다.

간토(関東)에서는 가마쿠라후(鎌倉府)가 분열하여 이즈(伊豆)의 호리코시구보(堀越公方)와 시모사(下総)의 고가구보(古河公方)로 나뉘어 대립하고, 간토칸레이(関東管領) 우에스기씨(上杉氏) 내부에서도 야마노우치(山内)·오기가야쓰(扇谷)의 양가가 항쟁하였다. 스루가(駿河)의 이마카와씨(今川氏)의 인척인 호조 소운(北条早雲)은 이 기회를 틈타 호리코시구보를 멸하고 이즈(伊豆)를 평정하였다. 더욱이 오다와라(小田原)를 본거지로 하여 사가미(相模)를 제압하고 그 자손인 우지쓰나(氏綱)·우지야스(氏康) 때에는 간토지방의 대부분을 차지하였다.

중부지방의 에치고(越後)에서는 간토칸레이(関東管領) 우에스기씨(上杉氏)의 가신 나가오 카게토라(長尾景虎)가 주군의 성을 칭하고(上杉謙信), 가이(甲斐)의 다케다 신겐(武田信玄)과 시나노(信農)에서 세력을 다투었다. 간레이(管領) 시바씨(斯波氏)의 영역인 에치고(越後)와 오와리(尾張)는 제각기 중신인 아사쿠라씨(朝倉氏)와 슈고다이(守護代)인 오다씨(織田氏)가 대립하였다.

츄고쿠(中国) 지방에서는 오우치 요시타카(大内義隆)가 가신인 스에 하루카타(陶晴賢)에게 멸망한 후 아키(安芸)의 모리 모토나리(毛利元就)의 지배하에 들어갔다. 도카이도(東海道)에서는 이마카와씨(今川氏), 시고쿠(四国)에서는 쵸소가베씨(長宗我部氏), 큐슈(九州)에서는 오토모씨(大友氏)·아리마씨(有馬氏)·시마즈씨(島津氏)등이 제각기 할거하여 세력을 떨치고 있었다.

| 센고쿠다이묘(戰國大名)의 정치 |

센고쿠다이묘는 영국(領国) 내에서 소영주급 무사를 가신으로 하고 가신에 대해서는 지행지(知行地)를 주어 은전을 베풀고 충성을 요구하였다. 가신단은 유력한 가신을 요리오야(寄親)라 하고 그 밑에 일반 가신을 요리코(寄子)로서 배속시키는 군사조직으로 편성하였고 그 외는 아시가루(足軽)18)라 하였다.

농민에 대해서는 경작의 권리를 보장해 주는 한편 가신이 마음대로 농민을 사역하는 것을 금하고 치수·관개사업을 진행하는 등 농업진흥책을 취했다. 또 토지조사를 행하고 농촌의 자치조직인 소(惣) 조직을 이용하여 연대책임제를 강요하고 영내의 모든 토지와 농민을 일괄 지배하였다. 더욱이 광산의 개발, 세키쇼(関所)의 철폐, 역마제(駅馬制)의 실시, 상품 유통을 촉진시키기 위해 라쿠이치(楽市)·라쿠자(楽座) 제19)를 시행하는 등 영국경제를 다져 나갔다.

센고쿠다이묘는 가신의 통제와 영국의 지배를 위해 가법(家法)이라든가 가베가키(壁書)라고 불리우는 분국법(分国法)을 제정하는 자가 많았다. 그 주요 내용은 가신의 혼인·상속에 영주의 허가, 가신의 통제·규율, 농민의 연공·과역과 도피금지에 관한 규정 등이다. 위반자에 대해서는 처벌이 엄격하고 범죄뿐만 아니라 조세의 체납자에 대해서도 그 일족에게 연좌법을 시행하였다.

| 도시의 발달 |

센고쿠다이묘는 영국(領国) 지배의 필요에서 성곽을 영국내의 교통 요지에 설치하여 여기에 가신을 이주시키고 물자의 조달과 제작을 위해 상공업자를 유치하는 등 인구를 집중시켜 죠카마치(城下町)를 성립시켰다. 도시기능을 갖는 죠카마치는 영국(領国)의 정치·경제의 중

---

18) 남북조 이래의 농민층으로부터 징집된 잡병. 센고쿠(戰国) 시대에는 보병으로서 훈련을 받았으며 궁대(弓隊)와 철포대 등으로 조직되었고, 전술의 변화에 따라 중요한 제1선의 병력이 되었다.

19) 라쿠이치(楽市)는 시장세와 상업세를 면제하고 종래 동업조직의 상인에게 허락한 독점 판매 등의 특권을 폐지하는 것이고, 라쿠자(楽座)는 자(座) 즉 동업조직 그 자체를 폐지하는 것이다.

심이 되었다. 오우치씨((大内氏)의 야마구치(山口), 오토모씨(大友氏)의 후나이(府内, 大分), 호죠씨(北条氏)의 오다와라(小田原), 이마카와씨(今川氏)의 슨푸(駿府, 静岡), 우에스기씨(上杉氏)의 가스가야마(春日山) 등이 대표적이다.

상업의 발달에 따라 상품수출이 활발해졌기 때문에 하카타(博多)·오노미치(尾道)·효고(兵庫)·사카이(堺)·오쓰(大津)·구와나(桑名)·오미나토(大湊, 伊勢)·오바마(小浜)·쓰루가(敦賀) 등의 항구도시는 지방경제의 중심이 되었다. 특히 사카이(堺)와 하카타(博多)는 외국무역의 거점으로서 번영하고 에고슈(会合衆)·넨교지(年行事) 등 호상을 중심으로 자치조직을 만들어 자치도시를 형성하였다. 그 구역은 주위에 호를 파서 센고쿠다이묘의 압박에 무력으로 대항하였다.

교토(京都)는 오닌의 난의 폐허로부터 다시 일어나 죠닌(町人, 도시의 상공업자)들의 단결에 의해 상업도시로서 기능이 확대되어 죠닌문화의 꽃이 피웠다. 나라(奈良)는 고후쿠지(興福寺)·도다이지(東大寺), 사카모토(坂本)는 엔랴쿠지(延曆寺)의 몬젠마치(門前町), 우지야마타(宇治山田)는 이세(伊勢) 신궁의 몬젠마치로서 번영하였다.

유럽인의 내항 | 15세기 중엽에서 16세기 초는 유럽인에 의한 지리상의 발견의 시대[20]였다. 스페인(에스파니아)·포르투칼은 일찍부터 절대주의 국가를 형성하여 중상주의(重商主義) 정책하에서 식민지 획득을 위해 해외로 진출하였다. 스페인은 15세기 말에 발견한 아메리카 대륙의 경영에 힘을 쏟았고, 포르투칼은 인도항로를 개척하였으며 나아가 중국의 마카오를 점령하고 아시아지역과 밀무역을 시작하였다. 그때 동아시아의 해역에서는 왜구의 활동이 활발하였다. 포르투칼인은 이 왜구와 무역하면서 교역의 범위를 북으로 뻗어 나갔다.

이러한 정세하에서 1543년(天文12) 명(明)의 영파(寧波)로 향하던 도중에 표류하여 포르투칼인이 큐슈(九州)의 다네가시마(種子島)에 도착하였다. 이것이 일

---

20) 최근에는 '대항해 시대(大航海時代)'라는 말도 쓰이고 있다.

▲上은 처음 포루투칼인이 전래한 것
下는 일본산 철포

▲ 種子島의 철포전래 기념비

본에 온 최초의 유럽인이었다. 이때 영주인 다네가시마 토키타카(種子島時尭)는 포르투칼인으로부터 서양식 철포를 구입하여 그 제조법을 가신에게 배우게 하였다. 그 후 철포(火繩銃)는 센고쿠다이묘(戦国大名)들에게 퍼져21), 철포대가 조직되는 등 종래의 기마중심의 전법과 축성술은 커다란 변화를 초래하였다.

이후 포르투칼선은 큐슈의 히라토(平戸)·나가사키(長崎) 등지에 내항하여 다이묘와 무역을 행하였다. 1584년(天正12)에는 스페인 사람이 히라토에 내항하였다. 당시 일본에서는 포르투칼·스페인 사람을 남만인(南蛮人)이라 불렀기 때문에 그들과의 무역을 남만무역(南蛮貿易)이라 하였다. 포르투칼선의 무역은 철포·화약, 남방산의 피혁·향료 등을 선적한 외에 16세기 중엽부터 단절되어 있던 일본의 대명무역에 대신하여 중국산의 생사·견직물을 갖고 와 중계무역도 행하였다. 일본에서는 은을 비롯한 도검·공예품등이 수출되었다.

이 시기에 유럽에서는 신교의 종교개혁운동에 자극받아 구교의 개혁단체로서 야소회(耶蘇会)가 결성되어 가톨릭교의 세력회복을 꾀하기 위해 아시아에의 포교에 힘을 쏟고 있었다. 1549년(天文18) 야소회의 선교사 프란시스코 자비엘이 가고시마(鹿児島)에 와서 처음으로 기독교(천주교)를 전파하였다. 그

---

21) 철포의 제조지로서는 이즈미(和泉)의 사카이(堺), 기이(紀伊)의 네고로(根来), 오미(近江)의 구니토모(国友)가 알려져 있다.

는 포교허가를 위해 교토(京都)에 들어 갔지만 목적을 달성하지 못하고 오우치 요시타카(大內義隆)· 오토모 요시시게(大友義鎭) 등의 보호를 받아 츄고쿠(中國)· 큐슈(九州) 각지에 포교하였다.

▲ 남만무역의 포르투칼선

그 후 많은 선교사가 도래하였다. 그들은 포교뿐만 아니라 사회사업에도 힘을 쏟아 인심을 얻었다. 다이묘들도 무역의 이익을 고려하여 그들을 보호했기 때문에 단기간에 신자가 증가하였고 다이묘중에는 신자가 되는 자도 나왔다. 그 중에서도 큐슈의 오토모 요시시게(大友義鎭)· 오무라 스미타다(大村純忠)· 아리마 하루노부(有馬晴信)는 바리냐노의 권유로 1582년(天正10)에 4명의 소년사절을 로마법왕 앞으로 보냈다(天正遣歐使節).

기독교는 처음에 큐슈에서 퍼졌지만 이윽고 기나이(畿內)에도 들어왔다. 특히 오다 노부나가(織田信長)는 불교와의 대항관계와 남만문화에 대한 관심으로부터 기독교를 보호했기 때문에 1582년경에는 신자수가 큐슈에서만 12만명이 넘었고, 기나이에는 2만5천여명에 이르렀다고 하고 각지에 교회당과 학교· 병원 등이 세워지게 되었다.

제3부 근세

▲ 江戸 日本橋의 전경

時代	年代	天皇	將軍	事　件
	1576 〃 4	〃		織田信長, 安土城 완성
	1582 〃 10	〃		本能寺의 변
	1585 〃 13	〃		羽柴秀吉(豊臣秀吉) 四国 평정. 関白이 됨
	1586 〃 14	後陽成		豊臣秀吉, 태정대신이 되고, 豊臣 姓을 하사받음
	1587 〃 15	〃		豊臣秀吉, 九州 평정
	1588 〃 16	〃		刀狩令
	1590 〃 18	〃		徳川家康, 関東으로 移封. 奥州 평정(전국통일)
	1592 文禄1	〃		文禄의 役(임진왜란)
	1598 〃 2	〃		豊臣秀吉 사망
	1600 慶長5	〃		세키가하라(関ヶ原) 전투
	1603 〃 8	〃	家康	徳川家康, 정이대장군으로 즉위
	1607 〃 12		秀忠	조선의 공식사절 파견됨
	1609 〃 14	〃	〃	島津氏, 琉球출병. 平戸에 화란상관 설치. 기유조약
근	1615 元和1	〃	〃	大坂夏의 陣(豊臣氏 멸망)
				武家諸度法・禁中並公家諸法度 발포
	1616 〃 2	〃	〃	유럽선의 기항지를 平戸・長崎로 제한
	1635 寛永12	明正	家光	일본인의 해외도항・귀국 금지
	1637 〃 14	〃	〃	島原의 난
	1685 貞享2	霊元	〃	生類憐의 令
	1709 宝永6	中御門	家宣	막부, 新井白石을 등용(正徳의 治)
세	1716 享保1	〃	吉宗	徳川吉宗, 장군이 됨(享保의 개혁~1745)
	1721 〃 6	〃	〃	인구조사 개시. 評定所에 目安箱 설치
	1723 〃 8	〃	〃	足高의 制
	1767 明和4	後桜町	家治	田沼意次, 側用人이 됨(田沼의 시대~1786)
	1783 〃 3	〃	〃	浅間山의 대분화
	1787 〃 7	〃	家斉	松平定信, 老中이 됨(寛政의 개혁~1893)
	1804 文化1	〃	〃	러시아 사절, 長崎에 내항하여 통상요구
	1825 文政8	仁孝	〃	異国船打払令(외국선 추방령)
	1833 天保4	〃	〃	天保의 기근(~39)
	1837 〃 8	〃	家慶	大塩平八郎의 난
	1841 〃 12	〃	〃	天保의 개혁(~1843). 株仲間의 해산령
	1853 嘉永6	〃	〃	아메리카의 페리제독, 浦賀에 내항
	1858 〃 5	〃	家茂	일미수호통상조약(蘭・露・英・仏과도 조약, 安政의 5개국조약)
	1863 文久3	〃	〃	洋夷 결행, 薩・英 전쟁
	1864 元治1	〃	〃	제1차 長州 정벌
	1867 〃 3	明治	慶喜	大政奉還. 왕정복고의 대호령. 소어소회의

제8장 막번(幕藩) 체제의 확립과 쇄국

시대개관 ■

오닌(応仁)의 난후 약 1세기간 지속된 센고쿠(戰国)의 난세는 16세기 후반에 이르러 전국통일의 기운이 높아졌다. 우선 오다 노부나가(織田信長)가 통일사업에 착수하고 도요토미 히데요시(豊臣秀吉)가 계승하여 완성하였다. 히데요시는 검지(檢地)와 도수(刀狩)에 의해 농촌의 지배와 신분제도의 확립을 꾀하고 집권적 봉건제의 기초를 다졌다.

이 시대의 문화는 옛 전통에 얽매이지 않는 신흥무장과 호상의 기풍을 반영하여 불교적 색채가 희박해지고, 유럽문화의 영향도 받아서 호화현란한 것이 커다란 특색이다. 이를 모모야마(桃山) 문화라고 한다.

히데요시의 사업을 이은 도쿠가와 이에야스(德川家康)는 에도(江戸)에 막부를 열고 중앙집권적 봉건사회의 기구를 완성하였다. 그것은 막부와 제번(諸藩)으로 조직된 정치체제이며 봉건적인 신분질서와 경제기구에 의해 뒷받침되었다. 막부는 처음에는 적극적인 외교정책을 취하여 각국과의 통상무역을 추진하고 주인선(朱印船) 무역도 성황을 이루었으나 1630년대에 이르러 쇄국정책을 단행하였다. 쇄국의 주요 원인으로는 서국 다이묘들이 외국무역으로 강대해지는 것을 막고, 막부 독자로 외교와 무역을 관리·통제하여 막부 권력자의 안정적 집권을 유지하기 위함이었다. 막부의 쇄국정책은 막번체제의 강화와 유지를 꾀하기 위한 것이었으나 결과적으로 일본을 세계의 흐름으로부터 격리시키게 되었다.

1 쇼쿠호(織豊) 정권과 모모야마(桃山) 문화

오다 노부나가(織田信長)의 통일사업

군웅할거 시대의 전란 중에서 약소 다이묘들은 몰락하고 각지에 강력한 센고쿠다이묘가 출현하게 되자, 이 난세를 통일하려는 야망을 가진 자들이 나

근세 135

◀ 織田信長의 화상

타나게 된다. 그들은 그 전제로서 중앙 권력의 소재지이자 전국경제의 중심지인 교토(京都)와 그 주변을 지배해야 천하를 통일할 수 있다고 생각하였다.

이러한 상황하에서 교토 입성에 성공하고 천하통일의 선구가 된 자가 오다 노부나가(織田信長)였다. 그는 오와리(尾張)의 슈고다이(守護代)의 일족이었는데, 강한 경제력을 기반으로 대두하여 1560년 (永禄3)에 오케하자마(桶狭間) 전투에서 대군을 이끌고 교토로 향하고 있던 스루가(駿河)의 이마가와 요시모토(今川義元)를 격파하고, 미카와(三河)의 도쿠가와 이에야스(德川家康)와 동맹을 맺어 세력을 뻗쳐 나갔다. 이어 오와리를 통일하고 미노(美濃)의 사이토씨(斉藤氏)를 멸망시키고 1568년에는 아시카가 요시아키(足利義昭)를 내세워 교토로 들어가 요시아키를 장군으로 옹립하였다[1].

무로마치 막부의 15대 장군이 된 요시아키는 노부나가의 권세를 시기하여 반대세력을 조직하기 시작하였다. 드디어 아네가와(姉川) 전투에서 노부나가는 요시아키측에 가담한 오미(近江)의 아자이(浅井), 에치젠(越前)의 아사쿠라(朝倉) 양씨의 군대를 격파하고 또 많은 승병을 동원하여 저항한 엔랴쿠지(延暦寺)를 불태워 버렸다. 마침내 1573년(天正1)에 노부나가는 요시아키를 교토로부터 추방하였는데, 여기서 무로마치 막부는 멸망하였다. 1575에는 철포대(鉄砲隊)를 이용하여 미카와(三河) 나가시노(長篠) 전투에서 다케다 신겐(武田信玄)의 아들 가쓰요리(勝頼)를 격파하여 이제까지의 전술을 변화시켰다[2].

---

1) 아시카가 요시아키(足利義昭)는 13대 장군 요시테루(義輝)의 동생인데, 요시테루가 마쓰나가 히사히데(松永久秀)에 의해 살해당하자 유랑생활을 하고 있다가 노부나가에게 의지하여 왔다. 당시 교토는 히사히데 등이 지배하고 있었다.

2) 나가시노(長篠) 전투에서 당시로서는 최강의 군대를 보유하고 있다고 알려진 다케다(武田)의 군을 격파했을 때, 오나 노부나가는 철포 3000정을 소유하고 있었다. 철포대를

▲ 明智光秀

◀ 毛利輝元의 화상

이듬해 노부나가는 오미(近江)에 웅대한 천수각(天守閣)을 갖는 아즈치성(安土城)을 축성하고 여기를 본거로 삼아 통일사업을 진행하였다. 노부나가는 농민을 신앙으로 결집시켜 저항했던 이시야마 혼간지(石山本願寺)를 굴복시키고 1582년(天正10)에는 숙적 다케다씨(武田氏)를 멸망시켰다.

이리하여 노부나가는 일본의 중앙부를 거의 제압하고 전국통일을 목전에 두고 있었다. 이때 츄고쿠(中国) 지방의 강적 모리 테루토모(毛利輝元)와 대전하고 있던 노부나가의 부장, 도요토미 히데요시(豊臣秀吉)를 지원하기 위해 출정했는데 그 도중 교토의 혼노지(本能寺)에서 가신인 아케치 미쓰히데(明智光秀)의 배신으로 통일사업을 이루지 못한채 죽음을 당하였다(本能寺의 변).

도요토미 히데요시(豊臣秀吉)의 천하통일

오다 노부나가가 통일의 대업을 이루지 못하고 쓰러진 후, 천하의 실권을 장악했던 것은 도요토미 히데요시였다. 그는 오와리(尾張)의 빈농의 아들로 태어나 처음에 노부나가에게 아시가루(足軽)로서 섬기다가 전공을 세워 오미(近江) 나가하마(長浜)의 성주가 되었으며 이윽고 모리씨(毛利氏)를 공격하는 총대장이 되고, 하리마(播磨) 등 수개국을 영유하기에 이르렀다.

유효하게 사용했던 것으로 전투사상 유명하다.

▲ 豊臣秀吉의 화상

모리씨(毛利氏)와의 전투 중에 노부나가의 사망 소식을 접한 히데요시는 즉각 모리씨와 화의를 맺고 병력을 돌려 야마자기(山崎) 싸움에서 아케치 미쓰히데(明智光秀)를 격파하고 노부나가의 유업을 계승하여 천하통일의 발판을 마련하였다. 이어 1583년에는 노부나가의 중신인 시바타 카쓰이에 (紫田勝家)를 멸망시키고 노부나가의 3남 노부타카(信孝)를 자살케 하였다. 그 해 오사카의 이시야마(石山)에 웅장한 오사카성(大坂城)을 구축하여 전국제패 의 본거지로 삼았다. 1584년에는 노부나가의 차남 노부카쓰(信雄), 그 동맹자 인 도쿠가와 이에야스(德川家康)와 고마키(小牧)·나가쿠테(長久手)에서 싸웠으나 이들과 화의하고 마침내 굴복시켰다. 1585년에는 관백(関白)이 되고 이듬해에 는 태정대신(太政大臣)이 되어 최고의 관직에 올랐다. 이어 조정으로부터 도요 토미(豊臣)의 성을 받아 도요토미 히데요시(豊臣秀吉)가 되었다[3].

그 사이에도 히데요시는 통일사업을 추진하여 1585년에 시고쿠(四国)의 죠 소가베 모토치카(長宗我部元親)를, 1587년에는 큐슈의 시마즈 요시히사(島津義 久)를 항복시키고 1590년에는 오다와라(小田原)의 호죠씨(北条氏)와 동북지방의 다이묘들을 차례로 복속시켜 드디어 전국통일을 달성하였다.

검지(檢地)와 도수령(刀狩令)

히데요시가 전국지배의 체제를 확립하기 위해 추진한 기본 정책은 검지(檢地)와 도수령 이었다. 검지는 농민을 장악하고 조세의 기준을 정하기 위한 것으로 이미 센

---

3) 도요토미 히데요시의 원래의 성은 기노시타(木下)였고, 이를 다시 하시바(羽紫)로 고쳤 다. 하시바(羽紫)로의 개성(改姓)은 1573년으로 오미국(近江国)의 나가하마(長浜) 성주 가 되었을 때이다. 하시바(羽紫) 성은 도요토미가 천하의 패권을 장악하고 나서 다이 묘들에게 많이 하사하였다.

▲ 検地(토지조사)하는 광경. 江戸 말기의 그림

고쿠다이묘 사이에서 시행되고 있었지만, 히데요시는 전국에 걸쳐 거의 동일
한 기준으로 실시했다. 이것이 태합검지(太合檢地)⁴⁾이다.

이 태합검지에서는 토지측량의 기준을 통일해서⁵⁾ 전국의 토지에 등급(상·
중·하·하하의 4단계)을 매겨 그것에 기초하여 생산고(石高, 고쿠다카)를 산출하고
그 생산고에 따라 연공(年貢, 세금)을 결정하였다. 그리고 연공부담자를 검지
장(檢地帳)에 등록하여 촌마다 작성하였다. 검지에 의해 촌의 생산고가 확정
되면 촌의 크기는 석고(石高)로 표시되고 다이묘령(大名領)도 촌고(村高, 무라다
카)를 근거로 한 석고로 표시되었다. 석고는 농민에게 있어 연공부담의 기준
이 되며, 다이묘에게는 군역 부담의 기준이 되었다. 검지의 결과 종래 하나
의 토지에 몇 사람이 중복하여 경작권과 수확권을 갖고 있던 복잡한 관계가
정리되어, 1지1작인(一地一作人)의 원칙이 정해졌다. 그 정책에 의해 농민은
경작권을 인정받았지만 토지로부터 떠나는 것은 금지되어 토지와 일체화되
었다. 히데요시는 검지를 기초로 다이묘들에게 영지를 재분배하고 이제까지
소유하고 있던 장원의 권리관계를 일소하였다. 이와같이 일정한 토지를 가신
에게 하사하여 주종관계를 맺고 연공징수의 일원화를 꾀한 새로운 토지지배

---

4) 태합(太合)이라는 말은 원래 섭정(摂政)·태정대신(太政大臣)의 호칭인데, 고기록에 의
하면 전 섭정, 현재의 관백, 전 관백에게 태합을 칭한 사례가 있고, 좌우대신에게도 좌
태합·우태합으로 칭한 경우도 있다. 태합검지는 태합인 도요토미 히데요시(豊臣秀吉)
에 의한 검지란 의미이다.
5) 6척3촌(약191㎝) 4방을 1보(步), 30보를 1모(畝), 10모를 1반(反), 10반을 1정(町)으로 했다.

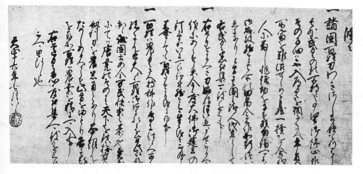
▲ 농민의 무장해제를 위해 내려진 도수령

의 형태인 지행제도(知行制度)가 형성되어 근세봉건사회의 토대가 되었다. 또한 히데요시는 1588년(天正16) 농민의 무기를 몰수하고 그 소유를 금지하는 도수령(刀狩令)을 내렸다. 이것은 검지와 중과세에 반항하는 잇키(집단행동)를 봉쇄하여 병농분리를 추진하는데 있었다. 이어서 1591년에는 법령3개조(신분통제령)를 내려, 가신이 고용한 봉공인(奉公人)이 죠닌(町人)·백성(농민)이 되는 것과, 농민이 상업과 임금노농에 종사하는 것도 금지하였다.

통치조직과 정책

중앙의 정치조직은 그다지 정비되지 않아 히데요시의 독재적 경향이 강했다. 행정기구로서 5부교(奉行)를 두어 행정·사법·재무 등의 실무를 분담시키고 정무처리의 최고기관으로서 5다이로(大老)를 정하여 유력 다이묘들에 의한 합의제 형태를 취하였다[6].

도요토미(豊臣) 정권의 직할령(藏入地)은 전국의 석고 약 1800만 중에 200만이었으며 기나이(畿内)를 중심으로 전국에 걸쳐 있었다. 또 교토(京都)·오사카(大坂)·사카이(堺)·후시미(伏見)·나가사키(長崎) 등 주요 도시를 직할령으로 하고 이쿠노(生野)·이와미(石見) 등 주요 금은광산을 지배하여 그로부터 직접·간접의 수입을 확보하고 금은화의 화폐를 주조하여 유통시켰다[7].

---

6) 5부교(奉行)은 나쓰카 마사이에(長束正家)·이시다 미쓰나리(石田三成)·마시타 나가모리(増田長盛)·아사노 나가마사(浅野長政)·마에다 겐이(前田玄以) 등이다. 다이로는 도쿠가와 이에야스(徳川家康)·마에다 토시이에(前田利家)·모리 테루모토(毛利輝元)·우키타 히데이에(宇喜多秀家)·고바야카와 타카카게(小早川隆景)·우에스기 카게카쓰(上杉景勝) 등 6인이었으나 타카카게의 사후에 5인이 되어 5다이로로 부르게 되었다.
7) 금화로서는 덴쇼오반(天正大判)이 유명하다.

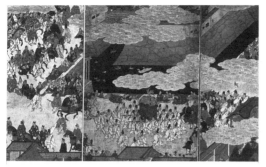

▲ 後陽成 천황이 聚楽第로 향하는 모습

▲ 「남만병풍」에 보이는 선교사들

히데요시는 이러한 기반위에 서서 강력한 전제 정치를 행했지만 막부는 열지 않았다. 관백(関白) 과 태정대신의 최고의 지위에 오른 히데요시는 1588년에는 천황을 교토에 신축한 쥬라쿠테이(聚 楽第)로 맞이하여 천황 앞에서 다이묘들에게 충성 을 맹세시키는 등 조정의 권위를 배경으로 자신 의 권세를 과시하였다.

대외관계 16세기 후반에는 포르투칼선을 중심으로 유럽선의 내항이 활발하 였다. 큐슈의 다이묘들은 무역의 이익때문에 이를 환영하였고, 기 독교 포교에도 협력하였으며 히데요시도 이를 묵인하였다. 그러나 1587년(天正 15) 큐슈평정 때에 나가사키(長崎)가 교회령(教会領)으로 기진(寄進)되어 있고 일 본인이 포르투칼인에 의해 노예로서 해외에 팔려나가며 사원·신사가 기독교도 들에 의해 파괴되기도 하는 사태를 알고 하카타(博多)에서 선교사 추방령을 내 렸다. 이듬해에는 나가사키를 직할령으로 삼았다. 그러나 히데요시는 무역은 계속할 방침을 취했기 때문에 금교에는 그다지 철저하지 못했다.

남만(南蛮) 무역은 활발했지만 히데요시는 해적행위에 대해서는 금지령을 내려 왜구를 통제하였다. 그러나 무역을 활발히 하기 위해 교토(京都)·사카이 (堺)·나가사키(長崎)·하카타(博多) 호상들의 동남아제국에의 도항은 보호하였

▲ 조선 침략의 출진기지였던 名護屋城跡 정경. 앞에 보이는 바다가
현해탄이다.

▲ 加藤淸正의 화상

다. 또 인도의 고아에 있는 포르투칼 정청과 루손에 있는 스페인 정청, 류큐
왕국, 고산국(高山国, 대만)에 대해서는 입공을 요구하는 등 강경한 외교자세를
취했다.

<u>조선침략(文祿·慶長의 役)</u> 전국통일을 눈앞에 두고 히데요시는 1587년
쓰시마의 소씨(宗氏)를 통하여 조선국왕에게 복
속사절의 파견과 명을 정벌하는데 길을 안내할 것을 요구하였다. 이에 교역
상 조선과 깊은 관계에 있었던 소씨는 히데요시의 일본통일을 축하하는 것
으로 바꿔 사절의 파견을 성사시켰다.

그러나 조선사절을 복속사절로 간주한 히데요시는 히젠(肥前)의 나고야성(名
護屋城)을 출진기지로하여 조선침략을 시작하였다. 침략의 주요 이유는 영주계
급의 영토욕을 외지에서 구하려고 했던 것으로 보인다. 1592년(文祿 1) 가토
키요마사(加藤淸正)·고니시 유키나가(小西行長)를 선봉으로 하는 15만여명의 일
본군은 바다를 건넜다. 처음에는 연전연승해서 수도 한양을 함락하는등 기세
를 올렸으나 조선의병의 활약과 이여송(李如松)이 이끄는 명군의 지원, 또 이
순신이 이끄는 조선수군의 활약으로 일본군은 고전을 면치 못하였다. 더욱이
이국의 풍토와 의미없는 전쟁에 전의를 상실하였고 장기전에 부상과 많은 전

사가가 생겨 명과의 강화교섭을 추진하였다. 그러나 회담은 결렬되어 일본군은 일단 철수하였다. 1597년(慶長2) 히데요시는 재출병을 명하였지만 1차 때와는 달리 고전하였고 이듬해 히데요시가 병사함에 따라 일본군은 철수하고 전쟁은 종결되었다.

이 전쟁이 남긴 후유증은 컸다. 전장화 되어버린 조선의 국토는 황폐화되고 수많은 인명의 손실, 농지의 감소, 문화재의 파괴·약탈등 엄청난 국가적 손실을 입었다. 중국에서는 명이 만주족인 청에 의해 멸망하는 하나의 요인이 되었다. 일본에서도 히데요시 정권이 무너지고 도쿠가와(德川) 정권이 성립하는 계기가 되었으며, 문화적인 면에서는 조선의 학문과 활자 인쇄술을 배우고 조선도공에 의해 일본의 도자기 문화를 꽃피우는 계기가 되었다[8].

| 모모야마(桃山) 문화 |

오다(織田)·도요토미(豊臣) 정권 시대를 아즈치(安土)·모모야마(桃山) 시대라고도 하며 그 문화를 모모야마 문화라고 부른다. 문화의 주체는 센고쿠(戦国)의 전란 중에서 등장한 신흥 다이묘와 그들에게 협력한 도시의 호상이었다. 그 문화는 그들의 생활감정과 세속적 의욕을 반영하여 현실적이고 적극적이면서 국제성도 풍부하고, 이제까지의 불교적 색채는 현저히 퇴색하였다. 특히 문화의 보호자였던 노부나가나 히데요시의 성격이 반영되어 웅대하고 호화로운 면이 엿보인다. 문화의 지역적 확산과 서민에의 침투도 이전 시대보다도 두드러졌다. 또 유럽인이 내항해서 서양문화를 전하여 이 시대의 문화의 다양성을 보여주고 있다.

모모야마 문화를 상징하는 것은 성곽건축이다. 통일정권하에서 다이묘들의 영국(領国)이 확정되고 병농분리책이 추진되면 무사와 죠닌(町人)의 도시거주가 진행되어 성과 성곽도시가 전국적으로 건설되었다. 노부나가의 아즈치성(安土城), 히데요시의 오사카성(大坂城)·후시미성(伏見城) 등은 그 대표적이다.

---

8) 포로로서 연행된 조선의 도공들에 의해 새로운 도제법이 전해져 가라쓰야키(唐津焼)·아리타야키(有田焼, 肥前)·다카토리야키(高取焼, 筑前)·아가노야키(上野焼, 豊前)·사쓰마야키(薩摩焼, 薩摩)·하기야키(萩焼, 長門)등의 도자기가 출현하였다.

▲ 1585년에 大坂城에 세워진 豊臣秀吉의 황금 茶室(복원)

성내에는 천수각을 비롯한 쇼인즈쿠리(書院造)의 정청(政庁)·주택이 조영되고 그 내부에는 호화로운 조각·회화·생활용품이 장식되었다. 특히 높이 솟은 천수각은 다이묘의 권위의 상징이었다. 성은 군사거점인 동시에 다이묘의 거주와 행정상의 중심이었다.

회화는 대건축의 증가에 따라 성곽 등의 벽·천정·후스마(장지문)·병풍 등에 화조·산수 등을 그린 쇼헤키가(障壁画)가 발달하였다. 거기에는 금박과 녹청을 이용한 다미에(濃絵)와 수묵화가 많았다. 또 도시의 발달과 죠닌(町人)의 대두로 도시와 서민의 풍경을 그린 풍속화가 나타나고 남만인(南蛮人)과 무역하는 모습을 그린 남만병풍도 제작되었다. 이것은 근세의 우키요에(浮世絵)의 원류가 되었다고 한다.

차 마시는 풍습이 유행하여 다도(茶道)는 다이묘와 신흥상인의 보호하에 서민들 사이에도 보급되었다. 다회(茶会)는 사교의 장이 되었고, 히데요시도 기타노(北野)의 대다회(大茶会)를 열어 다이묘로부터 죠닌·농민에 이르기까지 자유롭게 참가시켰다. 다도가 성행하면서 다실(茶室)·정원·다기(茶器)등에도 우수한 것이 많이 나왔다.

남만(南蠻) 문화
기독교를 전래한 선교사들은 각지에 교회당을 짓고 신학교를 설치하여 신앙의 복음 뿐만 아니라 많은 유럽의 신지식을 전하였다. 그 중에는 천문학·의학·지리학·역학·조선술·항해술 등이 전해져 일본의 과학기술를 진전시키고 일본인의 세계에 대한 지식을 크게 확대하였다. 또 교회는 유럽인의 활자인쇄기를 수입하여 신자의 교육을 위해 교양서 번역과 사전·문학서 등을 인쇄·출판하였다. 회화에서는 종교화와 함께 유화와 동판화의 기법도 전해지고 일본인 화가도 나타났다. 그리고 서양악기도 전해져 서양음악의 연주도 행해졌다. 기독교 신앙과는 관계없는 유럽풍의 복장과 장식물을 붙이는 이국적인 취미도 유행하였다. 이와같이 유럽으로부터 전래된 신문화를 남만문화라고 한다.

2 막번(幕藩) 체제의 성립

에도막부(江戶幕府)의 성립

도요토미 히데요시(豊臣秀吉)의 사후 도요토미 정권은 급속히 쇠퇴하였다. 게다가 히데요시의 아들 히데요리(秀賴)는 아직 유아의 신분이었다. 이러한 정세하에서 히데요리를 대신하여 정무를 장악한 자가 도쿠가와 이에야스(德川家康)였다. 이에야스는 미카와(三河)의 호족이었는데 오다 노부나가와 동맹해서 도카이(東海) 지방에 세력을 뻗쳤다. 1590년(天正18)년에는 히데요시를 도와 오다와라(小田原)의 호죠씨(北条氏)를 멸망시킨 후 간토(関東)의 6개국을 하사받았다. 이에야스는 도카이에서 간토로 이주하여 약 250만석의 다이묘로서 에도에 본거지를 두고 이윽고 도요토미 정권의 5다이로의 필두가 되었다. 특히 이에야스는 조선출병을 하지 않았기 때문에 그 세력은 온존하였으며 히데요시 이후 최고의 실력자가 되었다.

그러나 이에야스의 대두에 대항하여 5부교(奉行)의 한사람인 이시다 미쓰나리(石田三成)를 중심으로 하는 세력은 이를 타도하려고 하였다. 1600년(慶長5) 양자는 미노(美濃)의 세키가하라(関ヶ原) 전투[9]에서 격돌하였으나 이에야스측이

---

9) 이 전투에 가담한 주요 다이묘들을 보면, 이에야스의 동군에는 가토 키요마사(加藤清正)·후쿠시마 마사노리(福島正則)·구로다 나가마사(黒田長政) 등이 있고, 이시다 미쓰나리(石田三成) 측의 서군에는 모리 테루모토(毛利輝元)·시마즈 요시히로(島津義弘)·고니시 유키나가(小西行長) 등이다. 전후 서군의 이시다 미쓰나리와 고니시 유키나가는 참수되고 서군의 다이묘 87가 414만석이 넘는 영지가 몰수되고 3가 207만5천석이 감봉된 반면, 동군의 다이묘에게는 많은 은상이 내려졌다.

세키가하라 전투
장면. 우측이 서군
좌측이 동군(「関ヶ
原合戦屏風」)

◀ 大坂전투로 향하는 徳川家康

승리하여 패권을 장악하고, 1603년에 정이대장군(征夷
大将軍)에 임명되고 에도(江戶)에 막부를 개창하였다. 이
후 260여년간에 걸친 에도시대가 열리고 2년후에는 장
군직(将軍職)을 아들인 히데타다(秀忠)에게 물려주어 장
군직이 세습제임을 표시하여 도쿠가와(徳川)의 천하임
을 명확히 하였다. 이어서 1614(慶長19)과 15년(元和 1)
에는 도요토미씨(豊臣氏) 세력의 보루인 오사카성(大坂
城)을 공격하여 도요토미씨를 멸망시키고(大坂의 陣), 도
쿠가와씨(徳川氏)에 의한 전국지배를 확립하였다.

막번(幕藩) 체제

막부의 장군(将軍)과 지방의 번주(藩主)인 다이묘(大名)가
주종관계를 맺어 토지와 인민을 지배하는 체제를 막번체
제라고 한다. 그것은 조세를 부담하는 농민을 기초로 하고 사농공상 등의 엄
격한 신분제에 의해 질서화되었다. 장군은 형식적으로는 천황으로부터 임명
되지만 실제는 일본의 지배자였다. 장군의 권력은 역대 막부의 장군과 비교
가 되지도 않을 정도로 강력하였고 토지·인민에 대한 전제적 지배권을 갖고
있었다.

막부의 조직은 막부정치가 전개되어 가는 과정에서 점차 갖추어져 3대 장
군인 이에미쓰(家光) 시대까지는 거의 정비되었다. 막부기구 중에서 최고 직

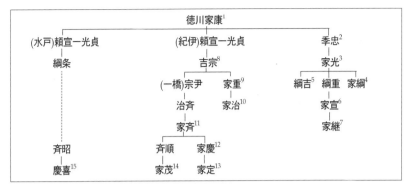

▲ 德川氏 계보(숫자는 장군 즉위 순서)

은 다이로(大老)였는데, 그것은 임시직이었고 통상은 로쥬(老中)[10]가 정무의 중심이었다. 와카도시요리(若年寄)는 로쥬의 보좌역이고, 오메쓰케(大目付)는 다이묘의 감독과 에도성(江戸城) 중의 사무를, 메쓰케(目付)는 장군의 직속가신의 감독을 관장하였다. 그 밖에 지샤부교(寺社奉行)·마치부교(町奉行)·간죠부교(勘定奉行)의 3부교(奉行)가 있어 일반정무를 분담하였다. 로쥬 이하의 주요한 관직은 복수로 구성되어 1개월 교대로 근무하는 월번제였으나 중요한 일은 합의제였다.

지방에는 교토에 교토쇼시다이(京都所司代)를 설치하여 조정의 감찰과 서국 다이묘를 감시케 하고 중요한 직할시에는 제각기 부교(奉行)를 두고, 부교(奉行) 지배지 이외의 직할지(天領)에는 군다이(郡代)·다이칸(代官)을 두어 지배하였다.

막부 군사력의 중심은 장군직속의 가신인 하타모토(旗本)·고케닌(御家人) 이었다[11]. 영지는 모두 1만석 미만이지만 장군을 직접 알현할 수 있는 자를 하타모토, 그렇치 못한 자를 고케닌이라고 한다. 막부는 직속의 무력으로서 그들 가신을 포함하여 5, 6만명을 동원할 수 있는 체제였다. 전시에는 다이묘들에게 석고(石高)에 따라 군역이 부과되었으며 일정수의 병마도 공출시켰다.

---

10) 25000석 이상의 후다이다이묘(譜代大名)가 수명 임명되었다.
11) 1722년(享保7)에 조사에 의하면, 하타모토는 5205명, 고케닌은 17399명이었다.

▲ 参勤交代制로 江戸로 向하는 大名행렬(「加賀藩大名行列図屏風」)

▲ 武家諸法度

막부의 직할지인 고료(御料, 天領)는 약 400만 석이었다. 직속가신인 하타모토·고케닌의 지행지(知行地) 300만석을 포함하면 막부의 영지는 700만석이 넘어 전국 총석고의 4분의 1에 달하였다. 또 주요 광산을 직접 관할하고 화폐주조권을 독점하였으며, 그 위에 에도(江戸)·오사카(大坂)·교토(京都)의 3도(都)를 비롯한 나가사키(長崎)·나라(奈良)·야마다(山田)·닛코(日光)·사카이(堺) 등 주요도시도 직할지로 하였다.

<u>다이묘 통제</u> 장군으로부터 1만석 이상의 영지를 받은 자를 다이묘라 하고[12] 다이묘가 지배하는 영역과 지배 기구를 번(藩, 한)이라 한다. 다이묘에는 도쿠가와씨(德川氏) 일족인 신판(親藩), 처음부터 도쿠가와씨의 가신이 된 후다이(譜代), 세키가하라 전투 전후에 가신이 된 도자마(外様)의 3종류가 있다. 막부는 다이묘를 통제하기 위해 그 배치에 신중을 기하여 신판·후다이 다이묘를 간토(関東)와 전국의 요지에 두고 유력한 도자마 다이묘는 에도(江戸)로부터 먼 지역에 배치하였다. 막부의 요직에는 후다이 다이묘를 임명하고 도자마 다이묘는 정치에 참여시키지 않았다.

막부는 1615년(元和1)에 1국에는 1성만 보유하라는 영(一国一城令)을 내려 다이묘의 거성 이외의 모든 성을 파괴시켜 그 군사력을 약화시켰다. 또 이해 다이묘 통제의 기본법인 무가제법도(武家諸法度)를 공포하여 다이묘들이 지켜야 할 법을

---

12) 에도시대 초기에는 200인 정도였으나 중기 이후에는 260~270여인이 되었다.

▲ 江戸城(江戸図屏風)

제시했다. 그 내용은 산킨코타이(參勤交代), 신규축성의 금지, 다이묘간의 자유통혼의 금지 등으로 이를 어기는 다이묘에 대해서는 개역(改易)[13]· 감봉(減封)· 전봉(転封) 등의 처벌을 내렸다.

도쿠가와 이에미쓰(德川家光) 때에 강화된 산킨코타이제(參勤交代制)는 유효한 다이묘 통제책이었다. 이에 따라 다이묘는 1년 교대로 자신의 영지와 에도(江戸)를 번갈아 거주하게 되고 처자는 인질로서 에도에 상주하게 되었다. 이러한 2중생활과 왕복 경비는 다이묘에게 커다란 부담이 되었다[14]. 또 막부는 에도성(江戸城)· 슨푸성(駿府城) 등의 수축과 대하천의 공사를 다이묘에게 부담시켜 번의 재정은 고갈되어 갔다.

| 조정, 사원·신사의 통제 |

막부는 조정을 무력화시키는데에도 주력하였다. 오다· 히데요시 시대에는 정권이 불안정하여 천황의 권위를 필요로 하였으나 도쿠가와씨(德川氏)는 그럴 필요가 없었다. 비록 장

---

13) 세키가하라 전투 직후에 개역된 다이묘를 제외하고 초대부터 3대장군까지의 개역된 다이묘는 120가를 넘었다. 그 중에는 신판(親藩) 다이묘로서 제2대 장군 히데타다(秀忠)의 동생 마쓰다이라 타다테루(松平忠輝), 3대 장군 이에미쓰(家光)의 동생 도쿠가와 타다나가(德川忠長)가 개역되고, 후다이(譜代) 다이묘로서는 오쿠보 타다치카(大久保忠隣)· 혼다 마사즈미(本多正純)등이, 도자마 다이묘로서는 후쿠시마 마사노리(福島正則)· 가토 타다히로(加藤忠広)등이 개역되었다.

14) 산킨코타이제는 다이묘의 경제력을 약화시켰지만, 반면 에도는 전국 교통로의 중심이 되어 상업과 소비도시로서 번영하고 또 문화가 지방으로 확산되는 계기가 되었다.

군은 천황으로부터 임명되지만 실권은 완전히 장군의 손에 장악되어 있었다.

1615년(元和1)에 금중병공가제법도(禁中並公家諸法度)을 제정하여 천황·공가의 정치활동을 규제하고 천황에게는 학문을 제일로 하도록 추진하였다. 한편 교토쇼시다이(京都所司代)를 설치하여 조정·공가를 감찰시켜 다이묘가 조정에 접근하지 못하도록 감시시켰다. 황실영지(禁裏御料)는 약 3만석15)으로 상황·황족·공가의 영지를 더해도 12∼13만석 정도에 불과하였다.

사원에 대해서는 제종사원법도(諸宗寺院法度)를 공포하여 사원을 통제하고 이를 막부의 일원적 지배하에 두려고 하였다. 더욱이 기독교를 금지시키기 위해 사람은 누구나 사원의 단카(檀家, 그 절에 묘가 있고 재정을 돕는 신도)가 되도록 강제하였다(寺請制度). 이에 따라 사원은 막부의 보호를 받아 민중지배를 위한 행정의 말단기관으로서 조직되었다. 그 때문에 종교성은 약해지고 장례의식과 공양을 위한 종교라는 성격이 강해졌다. 신사에 대해서도 제사녜의신주법도(諸社禰宜神主法度)를 정하여 통제하였다.

$\boxed{\text{농민 통제}}$ 막번체제의 경제적 기반은 농업생산에 있었기 때문에 막부와 번은 농업을 장려함과 동시에 농촌의 통제에도 힘을 기울였다. 촌락에는 전답·택지를 소유하고 검지장(토지대장)에 기재되어 연공을 납입하는 혼뱌쿠쇼(本百姓)와 혼뱌쿠쇼로부터 전지를 빌려 소작하는 미즈노미뱌쿠쇼(水呑百姓)등이 있었다.

촌락은 50∼60호 정도로 구성되었다. 연공수납·용수관리 등 촌의 업무는 혼뱌쿠쇼로부터 나온 촌역인(村役人)에 의해 운영되고 촌역인은 나누시(名主)와 그 밑에 구미가시라(組頭)·햐쿠쇼다이(百姓代)가 있었는데 이를 촌방3역(村方3役)이라 한다. 또 촌락통치 조직으로서 5인조(五人組) 제도를 두어, 나누시(名主)와 예속농민을 제외한 촌민 모두를 5호 1조로 편성하여 연공납입과 범죄방지에 관한 연대책임을 지게 하였다.

---

15) 초대장군 이에야스 때에는 조정의 영지는 1만석으로 다이묘 영지에 비해 훨씬 적었다.

농민이 부담하는 조세는 전답에 부과된 혼토모노나리(本途物成)가 주였는데 이것은 이를 쌀로 납부하는 것이 원칙이었다. 이밖에 다양한 명목으로 과세가 부과되었기 때문에 농민의 생활은 궁핍하였다. 막부와 각 번은 농민으로부터 확실히 조세를 확보하기 위해 다양한 제한을 가했다. 토지를 기초로 한 봉건 경제였기 때문에 토지의 처분이 가장 엄중하였다. 1643년(寬永20)에는 전답의 영구매매금지령(田畑永代売買禁止令)을 내렸다. 1649년(慶安2)에는 경안어촉서(慶安御触書)를 내려 농민의 경작관계로부터 의식주, 부부관계에 이르기까지 세부적으로 규정하여 제한하였다. 또 막부는 1673년(延宝원년)에는 분할상속에 의해 전답이 세분화되는 것을 막기 위해 분지제한령(分地制限令)을 내렸다.

이렇게 엄격한 제한을 받고 있었음으로 촌민이 상호 협력하는 것은 불가결하였다. 거기에서 유이(結)라고 하는 조직을 만들어 모내기·추수 등의 공동작업을 하였다. 촌이 공동체로서 결속한 결과 구속력이 강해지고 촌의 결정사항을 위반한 자는 무라하치부(村八分)[16]라하여 화재나 장례 이외에는 그 당사자와 교제나 협력을 해서는 안된다고 하는 제재를 가하였다.

| 신분제도 | 막번체제하의 사회는 사농공상[17]이라고 하는 엄격한 신분제도와 가부장을 중심으로 하는 가족제도가 기반이 되어 있다. 전 인구 |

의 1할을 차지하고 있는 무사는 지배계급으로서 묘지(苗字)[18]와 대도(帯刀)가

---

16) 에도시대를 중심으로 공동체의 질서유지를 위해 촌에 의해 행해진 제재행위. 촌락생활에서의 10가지의 협력(혼인·수해·여행 등)이 필요한 사항 중에서 화재와 장례를 제외하고는 위반자와 절대로 상대하지 않는다는 것을 무라하치부(村八分)라고 한다.

17) 사농공상이라는 신분질서는 사회발전에 따른 분업의 결과를 표시하고 있다. 이를 고정화하고 서열화했던 것은 봉건지배를 위해서이다. 농(農)이 신분적으로 상(商)보다 높았던 것은 지배를 위해서였으며 실제는 상이 높았을 가능성이 있다.

18) 묘지(苗字)는 성(姓)의 개념보다 세분화된 것으로, 무사계급 이외의 농공상에게는 허락되지 않았다. 일본에서의 묘지는 집안에 대대로 계승되는 가명(家名)으로 고대로부터 복잡한 변천이 있고, 서민은 무로마치(室町) 시대 이후 가명을 잃어버렸다. 이것이 다시 허락된 것은 메이지(明治) 이후의 일이다.

허용되고, 기리스테고멘(切捨御免)[19]의 특권을 갖고 있었다. 영주로부터 지행지(知行地)·봉록을 급여받고 이를 세습했지만, 주군에 대해서는 강한 충성이 요구되었다. 인구의 약 80%를 점하는 농민은 조세의 부담자였기 때문에 표면적으로는 무사에 다음가는 신분이었으나 통제는 엄격하고 세부담이 과중하여 생활은 궁핍하였다.

도시에 사는 상인·직인은 죠닌(町人)이라고 부르고 전 인구의 약 7%를 차지하고 있다. 죠닌은 신분으로서는 농민 아래에 있었지만 통제는 오히려 농민보다 덜하였고 잡세로써 부과된 운죠킨(運上金)·묘가킨(冥加金)[20]도 농민의 부담에 비해 가벼웠다. 죠닌에게도 신분차가 있어 토지와 가옥은 갖는 죠닌(地主[지누시], 家持[야누시])과 그것을 빌리고 있는 다나가리(店借)·지가리(地借)가 있었다. 이른바 시민권을 갖고 있는 자는 지누시와 야누시만이며 그 지역의 행정관리도 이들로부터 선출하였다.

이들 4민 이외에 무사에 준하는 특별 신분으로서 공가(公家)·승려·신관(神官)등이 있었다. 또 4민의 밑에 천민이 있고 이들은 막부의 민중분할지배의 희생양이었다. 상하주종의 신분질서의 관념은 무가사회에서 뿐만이 아니고 널리 농민과 도시의 죠닌사회에도 널리 존재하였다. 신분질서의 최하층에는 천민인 에타(穢)[21]와 히닌(非人)[22]이 있다. 이들은 일반인과 구별되어 심한 차별을 받았다.

---

19) 근세의 무사가 농민·죠닌들의 무례에 의해 명예가 손상되었을 때, 그들을 살상할 수 있는 권리를 말한다. 무사에 대해서 명예·체면을 자력으로 지키는 것을 인정한 신분적 특권이지만 정당한 이유가 없을 때에는 처벌받았다.

20) 운죠킨은 상업·공업·어업·운송업 등의 영업활동에 일정한 세율로 부과하는 영업세이고, 묘가킨은 영업활동을 공인·보호에 대한 헌금으로 개인이나 동업조합이 납부하였다.

21) 에타는 형의 집행·청소·피혁의 상납 등의 부역에 종사하였고 죽은 우마를 처리하였다. 거주지의 제한과 입지조건이 나쁜 지역에 살았으며 일반적인 행정구역으로 편입되는 일이 적었다. 메이지유신에 의해 1871년 해방령이 내려졌지만 이후에도 불이익을 받아 강력한 해방운동(部落解放運動)이 일어났다.

22) 히닌은 중세에서는 천민의 호칭이었으나 근세에는 걸인이 주였다. 중기에 이르면 형벌과 빈곤 때문에 히닌이 된 자도 있었고, 또 평민으로 복귀할 수 있는 가능성도 있었다.

무사의 가(家)에서는 장자 단독상속이 일반화되어 가장의 권위는 절대적이었다. 가(家)의 존속을 중시하여 가문·가명(家名)을 소중히 하는 의식이 강해지고 가(家)를 위해서는 희생하는 일이 많았다. 또 남존여비의 풍조가 강하여 여성의 지위는 낮았고 삼종지교(三從之教)[23]가 미덕으로서 간주되었다. 이러한 경향은 무가사회에서 뿐만 아니라 사회일반의 풍습이었다.

3 에도(江戶) 초기의 대외관계와 쇄국

동아시아 제국과의 교섭

도쿠가와 이에야스(德川家康)는 우선 히데요시의 조선침략에 의해 단절되었던 조선과의 국교회복을 시도하였다. 또 쓰시마의 소씨(宗氏)도 섬의 생존권이 걸려있는 대조선무역의 회복을 위해 통교의 재개를 절실히 바라고 있었다. 이리하여 막부는 무로마치 시대이래 조선과 깊은 관계에 있었던 소씨에게 교섭을 추진하도록 하여 조선침략에서 일본에 끌려 온 조선인 포로를 송환하는 등 일본측의 성의를 표시하였다. 그 결과 1607년(慶長12)에는 조선국의 사절이 일본에 오게 되었고 이후 조선통신사라는 사절단의 파견이 시작되었다[24]. 통신사에는 조선에서 일류의 인물들이 파견되었기 때문에 그들과 접촉을 바라는

▲ 1784년의 조선통신사 행렬도
江戶의 日本橋 本町通

23) 여성은 어려서는 아버지, 결혼해서는 남편 노후에는 자식에게 의지한다는 것.
24) 1회의 통신사절의 수는 약300~500명 정도로 에도시대 이전을 포함하여 모두 12회에 일본에 왔다. 초기의 조선통신사 파견은 조선인 포로의 송환이 주된 목적이었다.

일본인 학자·문인들이 많았고 사절단은 크게 환영을 받았다. 이어서 1609년에는 쓰시마의 소씨와 조선 간에 기유조약(己酉条約)이 체결되었다. 이것은 일본과 조선과의 통교무역상의 제규정으로 이로부터 부산에 왜관이 설치되었고 쓰시마의 소씨가 관리하여 대조선 무역을 장악하였다.

명과는 정식국교가 열리지 않았다. 이에야스는 명과의 무역재개를 바랐으나 명은 왜구 대책 때문에 쇄국정책을 취하고 정식 교섭은 없었다. 그러나 명의 상인은 히라토(平戸)·나가사키(長崎) 등지에 와서 사무역을 행하는 일이 많았다. 더욱이 대만·루손·캄보디아등 명 이외의 남방 각지에서 일본상선과 명선은 상호 무역도 빈번하였다(出会貿易). 명이 멸망하고 청이 들어선 이후에도 정식국교는 열리지 않았으며 청의 사무역선이 점차 나가사키에 내항하여 무역을 행하였다. 나가사키에는 청국인의 거주지가 생겨 이를 도진야시키(唐人屋敷)라고 하였다.

류큐(琉球)에서는 쇼씨(尚氏)의 류큐왕국이 동아시아 제국과의 중계무역으로 번영하고 있었다. 1609년 사쓰마번(薩摩藩)의 시마즈 이에히사(島津家久)의 침공을 받아 그 지배하에 들어갔다25). 이후 류큐왕국은 가혹한 수탈을 당하였으며 일본 장군의 계승시에 사절을 보내고 중국에도 조공을 하는 양속(両属) 외교를 취하였다. 막부와 사쓰마번은 류큐를 통하여 중국의 산물을 입수하여 커다란 이익을 취했다.

| 유럽 제국과의 교섭 | 당시 유럽에서는 스페인·포르투칼에 대신하여 신흥의 네덜란드가 대두하여 세계적으로 커다란 세력의 변화를 초래하였다. 네덜란드는 1581년에 스페인으로부터 독립하고, 1602년

---

25) 사쓰마번의 시마즈씨(島津氏)는 류큐가 도요토미 히데요시의 조선출병때 파견군의 요청을 거부한 일, 또 도쿠가와 이에야스가 류큐왕을 불렀는데 응하지 않은 일 등을 이유로 막부의 승인을 얻어 3000여명의 병력으로 류큐왕국을 굴복시켰다. 류큐왕은 2년간 에도에 억류된 후 풀려났지만, 류큐의 생산고의 3분의 1을 연공미로서 막부에 바쳐야 하는 수탈을 당했다.

에는 동인도회사를 설립하였다. 영국도 1600년에 동인도회사를 설치하여 인도로부터 아시아전역에 진출하였다[26].

1600년 네덜란드선 리후데호가 큐슈의 분고(豊後)에 표착하였다. 이에야스는 그 승무원인 네덜란드인 얀 요스텐, 영국인 윌리엄 아담스 등을 에도(江戸)로 초청해 외교·무역의 고문으로 삼고 네덜란드와 영국과의 무역을 추진하였다. 네덜란드선은 1609년에 영국선은 1613년에 각각 내항하여 이에야스의 허가를 얻어 히라토(平戸)에 상관을 설치했다. 영국은 그 후 경영부진을 이유로 상관에서 철수했으나 네덜란드는 쇄국기에 유일한 유럽국가로서 활동하였다.

이에야스는 또 당시 스페인의 식민지였던 멕시코에 교토의 호상인 다나카 쇼스케(田中勝介)를 파견했지만 성공하지 못했다. 이때 센다이 번주(仙台藩主) 다테 마사무네(伊達政宗)도 멕시코와 통상하기 위해 1613년 자신의 가신을 멕시코를 경유하여 스페인국왕과 로마교황에게 보냈으나 그 희망은 실현되지 못했다.

주인선(朱印船) 무역

17세기 초에는 일본인의 해외진출이 활발하였다. 막부는 해외도항의 주인장(朱印狀)을 교부하고 이 주인장을 갖는 자만 도항을 인정하였다. 이 선을 주인선이라 부르는데 쇄국이 확립될 때까지 약 30년간 350~360척의 선박이 주인장을 받았다. 이 주인장을 받은 선주는 주로 다이묘와 무역상인으로 중국을 비롯한 필리핀·베트남·캄보디아 등 동남아

▲ 1602년의 安南国(베트남) 도항의 朱印狀

---

26) 동인도회사란 유럽제국이 아시아 진출을 위해 설립한 특허회사로서 국가로부터 무역독점권뿐만 아니라 군사권도 위임받는 식민지 경영을 위한 회사이다. 일본에 설치된 상관(商館)은 그 지사이다.

제국과 무역을 행하였다.

주인선 무역에 의해 수출된 주요 물품은 은·동·유황·공예품이고 특히 은의 수출액은 세계 은산출액의 3분의 1에 달했다. 수입품은 중국의 생사·견직물을 비롯하여 남방산의 상아·사슴가죽·염료·사탕 등 아시아산물이었다.

주인선 무역이 활발해짐에 따라 해외이주와 무역활동에 종사하는 일본인도 많아졌다. 그들은 각지에 일본인 마을(日本町)을 형성하여 자치체를 운영하기도 하였다. 그 중에는 야마다 나가마사(山田長政)와 같이 태국왕으로부터 고관으로 중용되는 자도 나타났다.

기독교의 금압
도쿠가와 이에야스는 도요토미 히데요시와 같이 기독교를 인정하지 않는 입장을 취했지만, 무역은 보호·장려했기 때문에 그 포교를 묵인해 왔다. 그 결과 17세기 초에는 전국에 걸쳐 신도수는 수십만에 달했다고 한다. 그러나 신 앞에서 평등을 설파하는 기독교의 교리는 일본의 봉건적 신분제를 부정하는 것이었으며, 기독교의 일신교(一神敎)적인 성격은 기성종교와 대립하였고, 일부다처제의 금지·셋푸쿠(切腹)의 금지 등은 봉건도덕과 모순하였다. 그리고 신도의 증가와 단결은 봉건지배의 강화를 꾀하는 막부에 두려움을 불러 일으켰다. 또 새로이 내항한 신교국인 영국인·네덜란드인은 구교국인 스페인·포르투칼이 포교를 이용하여 일본을 침략하려고 하고 있다고 밀고했다. 더욱이 막부는 큐슈의 다이묘들이 무역의 이익으로 경제적·군사적으로 강대해지는 것은 두려워했다. 이러한 이유에서 막부는 점차 기독교의 금압과 무역의 통제를 강화해 나갔다.

1612년 막부는 직할지에 기독교 금교령을 내리고 이듬해에는 이를 전국적으로 확대하여 교회당의 파괴, 선교사의 추방, 신도에의 개종을 강요하고 개종하지 않은 신도는 해외로 추방하였다.

쇄국
막부는 1616년(元和2) 유럽인의 거주·무역의 지역을 히라도(平戶)·나가사키(長崎)의 2항으로 제한하였다. 이어서 1623년에는 선교사의 잠입을 방지하기 위해 스페인 선박의 내항을 금지하고, 1633년(寛永10)에는 봉서선 (奉書船)27) 이외의 일본선의 해외도항을 금지시켰다. 게다가 1635년에는 일본인의 해외도항과 재외 일본인의 귀국을 전면적으로 금지시켰다. 또 이제까지 제한하지 않았던 중국선의 내항도 나가사키의 1항으로 제한하고 이듬해에는 포르투칼인을 나가사키항내에 축조한 인공섬인 데지마(出島)로 이주시켰다.

이러한 막부의 쇄국정책 과정에서 1637년에 큐슈의 시마바라(島原)·아마쿠사(天草) 지방에서 기독교도를 중

▲ 長崎의 出島(「宝文長崎図屛風」)

심으로 하는 반란(島原의 난)이 일어났다. 양 지방의 영주가 신도를 심하게 탄압하고 중세를 부과하는 등 압정을 행했기 때문에 마스다 토키사다(益田時貞) 라고 하는 소년을 수령으로 하는 저항운동이 일어났다. 막부는 큐슈의 다이묘 군대를 비롯한 12만여명의 대군을 보내어 이듬해 겨우 진압하였다.

이 난에 의해 막부의 기독교에 대한 경계심이 한층 강해져 1639년에는 포

---

27) 해외에 도항하는 선은 1631년부터 주인장 외에 로쥬(老中)의 증명서인 봉서(奉書)도 필요했기 때문에 붙여진 이름이다.

▲
上은 성화상을 짓밟고 있
는 絵踏의 모습. 下는 예
수상이 새겨진 踏絵

르투칼선의 내항을 금지하여 대일무역
의 주력이었던 포르투칼이 일본을 떠
나게 되었다. 1641년에는 유일의 유럽
인으로서는 유일하게 남은 네덜란드인
을 히라토 상관으로부터 나가사키의
데지마(出島)로 옮기고 일본인과의 교
류를 금지하였으며 나가사키 부교(長
崎奉行)의 감시하에 두었다. 여기에서
쇄국은 완성되었다. 국내적으로는 기
독교도인가를 확인하기 위해 사람들에
게 마리아·예수 등이 새겨져 있거나
그려져 있는 성화상(聖畫像)을 짓밟아
보게 하는 에후미(絵踏)를 실시하고, 또 기독교 관련서적의 수입을 금지하였
다. 이후 나가사키에는 네덜란드선과 중국선만이 내항하게 되고 해외의 사정
은 네덜란드의 선박이 입항할 즈음에 네덜란드 상관장이 막부에 제출하는
풍설서(風説書)와 중국선이 가져다 주는 정보에 의해 알 수 있을 뿐이었다[28].

이러한 쇄국정책에 의해 국내의 상품유통은 제한받고 농업을 기본으로 하
는 자연경제가 유지되어 막번체제는 오랫동안 유지될 수 있었다. 국내적으로
는 평화의 시대가 계속되고 산업이 발달하여 국민문화의 형성도 보였지만,
반면 일본은 세계의 정세로부터 고립하고 정체되는 경향을 보였다.

---

28) 쇄국하의 일본의 해외교섭 대상국은 화란과 중국 그리고 쓰시마의 소씨(宗氏)를 통한
조선의 3국이었다. 그러나 네덜란드와 중국은 단지 통상을 위한 상대였고, 조선은 통신
(通信)의 국으로서 쇄국기에 일본과 국교를 맺었던 유일한 국가였다.

제9장 막번체제의 전개와 겐로쿠(元祿) 문화

시대개관 ■

　도쿠가와 이에야스에 의해 개창된 막부의 지배체제는 3대 장군인 이에미쓰(家光) 시대에 거의 확립되었다. 이를 계승하여 17세기 후반에서 18세기 초, 5대 장군의 시대에서, 6~7대 장군을 보좌한 아라이 하쿠세키(新井白石)의 쇼토쿠(正德)의 정치에 걸쳐 이제까지의 무단정치가 문치정치로 전환되었다. 문치정치는 막번체제라고 하는 도쿠가와 막부의 봉건지배를 막부의 관학으로 수용된 주자학을 이념으로 하는 정치였다.

　이 시대의 산업·경제는 현저하게 발달하였고, 특히 봉건사회의 기초가 되는 농업에서는 신전(新田)의 개발과 기술의 개량에 의해 생산력이 향상하고 상품작물도 재배하였다. 또 제산업의 발달에 의해 생산물의 상품화도 진행되었다. 그 결과 상품경제가 활발해지고 거기에 동반하여 교통·상업조직·화폐제도가 정돈되어 삼도(三都, 江戸·京都·大坂)를 비롯한 많은 도시가 발달하였다. 이와 같이 17세기 후반에서 18세기 초는 막번체제의 안정기였다.

　그러나 농촌에서는 화폐경제의 파급에 의해 점차 자급경제체제의 변화를 초래하게 되고 그것은 막번체제의 기초를 뒤흔드는 일이기도 하였다. 한편 활발한 경제활동을 배경으로 가미가타(上方, 京都·大坂)의 부유한 죠닌(町人)을 중심으로 현실적·합리적 경향을 갖는 겐로쿠(元祿) 문화가 형성되었다.

1 막부정치의 전개

| 문치정치(文治政治)의 성립 |

이에야스(家康)로부터 이에미쓰(家光)에 이르는 3대는 막부의 창업기이고 그 정치경향은 무력을 제일로 하는 무단주의였다. 그것은 1세기에 걸친 전국난세의 여파를 받아 대립하는 다이묘를 통치하고 강력한 중앙집권적 막번체제를 구축하기 위해

▲ 德川家綱의 화상

▶ 熊本藩主 細川忠利의 사망시 순사한 19명의 묘

무력적 위압을 필요로 했기 때문이었다.

그러나 4대 장군 이에쓰나(家綱)의 시대가 되면 문치주의가 정치의 전면에 나타나게 된다. 이미 막번체제가 정비되고 장군의 지배력도 확립되어 무력에 의한 막부전복의 위험은 없어졌다. 그리고 막부 창업기의 개역(改易)·감봉 등에 의해 많은 로닌(牢人)[1]이 생겨 사회문제가 되었고, 게다가 상품경제의 발달에 의한 무사의 경제적 빈곤과 농민의 반항에 직면하여 막부는 무단주의적인 정치를 바꾸어 법률·제도를 정비하여 사회질서를 유지하고 막부의 권위를 높이려고 하였다.

이러한 사회정세 중에서 1654년(慶安4)에 3대 장군 이에미쓰(家光)가 사망하고 11세의 이에쓰나가 취임하기 직전, 에도의 병학자(兵学者) 유이 쇼세쓰(由井正雪)는 2000여명의 로닌을 모아 막부전복을 위해 거병하였다. 그러나 이 사건은 사전에 발각되어 진압되었다(慶安의 変). 이듬해에는 에도의 로닌들이 로쥬(老中)를 암살하려는 사건(承応사건)이 일어나는 등 로닌의 반란이 속출하였다.

이에 막부는 종래의 로닌에 대한 대책을 완화하여 관리등용의 길을 열고 순사(殉死)[2]의 금지, 다이묘가 막부에 인질을 보내는 것을 중지시키고, 로닌

---

1) 에도시대에 주군을 잃고 지행(知行)·봉록을 상실한 무사를 말하며, 세키가하라(関ヶ原) 전투·오사카(大坂) 전투후에는 수십만명에 달했다고 한다. 더욱이 초기의 다이묘에 대한 개역(改易)·감봉 등에 의해 로닌은 증가하였기 때문에 커다란 사회문제가 되었다.

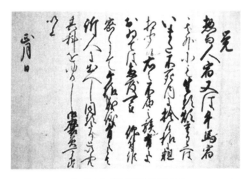
▲ 德川綱吉에 의해 내려진 生類憐의 令

▲ 德川綱吉의 화상

의 발생을 저지하기 위해 50세 미만의 자에게 말기양자(末期養子)3)를 인정하
는 등 다이묘 통제책을 완화하였다. 각 번에서도 유학을 장려하여 문치정치
를 일으키는 다이묘가 나타났다.

쓰나요시(綱吉)의 정치

1680년(延宝8) 4대 장군 이에쓰나(家綱)의 동생인 도
쿠가와 쓰나요시(德川綱吉)가 5대 장군으로 취임하
였다. 쓰나요시는 홋타 마사요시(堀田正俊)를 다이로(大老)로 임명하여 정치에
참여시키고 막부정치의 일신을 꾀하였다. 또 유학의 진흥을 위하여 기노시타
쥰안(木下順庵) 등의 유학자를 기용하고, 하야시 노부아쓰(林信篤)를 대학두(大
学頭)에 임명하여 교육을 진흥시키는등 학문의 장려에도 힘을 기울였다.

한편으로는 쓰나요시는 소바요닌(側用人)4)인 야나기사와 요시야스(柳沢吉保)

---

2) 주군 사망시에 가신이 자해하는 행위를 말하며, 무사의 세계에서는 순사자가 많은 것
을 자랑으로 여겼다. 이러한 무가사회의 풍습은, 주군의 가신에 대한 영속적이고 절대
적 우위의 확립을 목적으로 하고 있다. 가신은 사적인 정을 엄격히 통제하지 않으면
안되었다. 가신의 죽음에의 각오는 주군에 대한 몰아적인 헌신으로 대치되었다.

3) 다이묘의 가독계승에는 막부의 허가가 필요했다. 다이묘가 후계자가 없이 사망하는 경
우는 그 밑의 가신들은 로닌이 되는 경우가 많았다. 후계자가 없는 주군이 사망직전
(末期)에 양자(후계자)를 취하는 제도를 말기양자라고 한다. 막부는 다이묘에 대한 억
압수단으로 이제까지 이를 허용하지 않았는데, 이에쓰나(家綱)는 로닌대책으로 이 제도
를 완화했던 것이다.

4) 소바요닌(側用人)은 장군의 측근에서 보좌하며 로쥬(老中)의 상신(上申)을 중간에서 전
하고 장군의 의지를 전달, 또는 스스로의 의견을 장군에게 상주하는 일을 행하였다.

▲ 新井白石의 화상

를 등용시켜 방만한 정책을 추진하고, 고코쿠지(護国寺) 등의 대사원 조영에 거액의 비용을 지출했기 때문에 막부의 재정은 어려워져 갔다. 그래서 막부는 오기와라 시게히데(萩原重秀)의 의견을 받아들여 금은 화폐를 순도가 낮게 재주조하여 그 차입금으로 막부의 재정위기를 타개하려고 하였다. 그 결과 450만량의 이익을 얻었으나 그 때문에 경제가 혼란해졌고 물가의 급등을 초래하여 일반무사와 서민의 생활이 위협을 받게 되었다. 더욱이 1685년(貞享2) 승려인 류코(隆光)의 권유로 생류련의 영(生類憐의 令)5)을 발포, 극단적인 동물애호령을 강요하여 무사·서민층의 원성을 사게 되었다.

쇼토쿠(正德)의 정치

1709년(宝永6)에 쓰나요시의 사망 이후 6대 장군 이에노부(家宣)와 7대 장군 이에쓰구(家継) 시대에 정치를 담당했던 인물이 아라이 하쿠세키(新井白石)였다. 주자학자 기노시타 준안(木下順庵)의 문하인 그는 이에노부의 장군 취임과 동시에 등용되어 정치고문으로서 전대의 폐정을 고치고 쇼토쿠(正德)의 치라고 하는 유교이념에 기초한 적극적인 문치정치를 행했다.

---

5) 쓰나요시(綱吉)는 특히 개를 보호하여 에도 교외에 대규모의 수용시설을 만들어 수의사까지 상주시켰다. 이를 위해 특별세를 부과하고 그 위에 개를 살상한 자는 사형에 처하도록 했기 때문에 그는 이누쿠보(犬公方)라고 불리어졌다. 이 영은 쓰나요시의 사망직후 이에노부(家宣)에 의해 폐지되었다.

개혁정치의 주요 내용은 겐로쿠(元禄)의 악화(惡貨)를 재주조하여 고품질로 되돌리고 금은의 해외유출을 방지하기 위해 1715년(正德5) 가이하쿠고시신레이(海舶互市新例, 長崎新令)를 정하여 나가사키(長崎) 무역을 제한하였다. 또 막부의 의식·전례(典礼)를 정돈하여 장군의 권위를 높이고 간인노미야케(閑院宮家)를 창설하여 조정과 막부간의 융화를 꾀했으며 경비의 절약을 위해 조선통신사의 대우를 간소화하였다.

이와같은 하쿠세키의 유교적 문치정치는 어느 면에서는 막부의 정치를 쇄신하는 효과가 있었다. 그러나 그의 정치는 이상주의에 치우쳐 사회실정에 맞지 않는 것도 적지 않았다. 특히 화폐 재주조는 그 유통고가 감소하여 화폐부족을 초래하였기 때문에 도리어 경제계를 혼란시켰다. 그의 정책은 막정(幕政)의 동요를 근본적으로 고치지는 못한 채 1716년 도쿠가와 요시무네(德川吉宗)에 의해 퇴출당하였다. 그는 정치가로서는 성공하지 못했지만 학자로서는 우수한 업적을 남겼다.

2 산업의 발달과 도시

농업의 발달

봉건사회의 경제적 기초를 이루는 농업은 막부와 각 번이 진흥에 노력하고, 엄격히 통제하면서 농민의 경작을 적극적으로 장려하여 현저한 발전을 보였다[6]. 신전(新田)의 개발로 경지면적이 증대하고 상품작물도 재배하게 되었다. 신전개발은 처음에는 막부와 번 그리고 재력이 있는 농민에 의해 추진되었지만, 후에는 도시민인 죠닌이 자본을 내어 개발한 죠닌우케오이신덴(町人請負新田)이 많았다. 신전 개발이 활발해진 것은 치수·관개공사의 기술이 현저히 진보했기 때문이었다.

경지의 확대에 동반하여 농업기술도 진보하였다. 농기구는 경지를 가는 빗츄구와(備中鍬), 관개용의 후미구루마(踏車), 탈곡용의 센바코키(千歯扱) 등이 고

---

6) 에도시대 초기에는 전국의 생산량이 약 1850만석이었으나, 겐로쿠(元禄) 연간에는 약 2500만석이었다.

안되었다. 비료는 산야에서 채취한 초엽 뿐만 아니라 마른 정어리·깻묵 등을 혼합한 긴피(金肥, 상품화 하기위해 만든 비료)라고 하는 것도 사용되었다. 더욱이 재배기술과 농업지식을 기록한 우수한 농업서적도 나와 널리 읽혀졌다.

쌀은 오로지 연공으로서 영주에게 징수당했지만, 생산고가 높아지면 잉여물을 상품으로써 도시에 팔기도 하고 뽕나무·마·면·야채·담배 등을 상품작물로서 생산·판매할 기회를 얻어 많은 농촌들은 도시를 중심으로 하는 상품유통망에 점차 편입되어 갔다. 이리하여 스루가(駿河)·우지(宇治)의 차, 빈고(備後)의 난초, 가이(甲斐)의 포도, 기이(紀伊)의 감귤, 사쓰마(薩摩)의 흑사탕 등 풍토에 적합한 특산물이 전국 각지에서 나타났다.

| 제산업의 발달 |

임업은 토목공사·건축용으로 목재의 수요가 증가하면서 발달하였다. 막부와 번들은 주요 산림을 직할지로 하였다. 목축업은 말의 경우 군사·경작·운반용으로 중시되었고 각지에 마시(馬市)가 열렸다. 소는 경작용이었고 다지마(但馬)·이즈모(出雲) 등 산인(山陰) 지방이 주산지였다. 광산업도 활발해져 화폐주조·무역의 대금 등을 위해 막부와 번들은

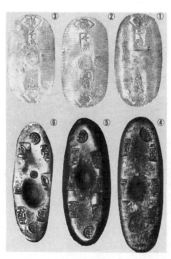

▲ 江戸시대의 금화(①②③)
　　은화(④⑤⑥)

광산의 개발·발견에 주력하였다. 17세기 초에 일본은 세계 유수의 금은 산출국이었는데 17세기 후반에 들어 급격히 감소하고 대신 동의 산출이 급증하여 나가사키 무역의 최대 수출품이 되었다.

수공업은 처음에는 도시를 중심으로 전통적인 기술에 의해 이루어졌지만 점차 농촌의 부업으로 성행하였다. 또 번들이 특산물로서 장려한 결과 대규모의 경영도 나타나게 되었다. 그 중에는 견직물의 발달이 두드러졌는데, 특히 긴란(金襴)[7]·돈스(緞子)[8] 등의 고

급품은 교토(京都)의 니시진(西陣)에서 고도의 기술을 필요로 하는 다카바타(高機)라는 기계로 독점적으로 짜여졌다.

화지(和紙)는 전국 각지에서 생산됨에 따라 저렴한 종이가 대량으로 보급되어 학문·문화의 발달에 크게 공헌하였다. 종이 생산품은 대체로 전매제로서 번의 주요한 재원이었다. 철은 산인(山陰) 지방에서 나는 사철을 정련하여 거기에서 나온 옥강(玉鋼)이 다양한 농구와 공구로 가공되었다. 도자기는 차 마시는 풍습의 유행으로 수요가 증가하여 오와리(尾張)의 세토(瀨戶)와 미노(美濃)의 다지미(多治見)에서 오와리번의 전매제로 싼 가격으로 대량으로 보급되었고, 히젠(肥前)의 아리타(有田)에서는 번의 보호하에 자기가 생산되었다.

| 교통의 발달 | 산업이 발달함에 따라 상품수송이 활발해지고 산킨코타이(参勤交代)가 실시되는 등에 의해 교통도 발달하였다. 육상교통에서는 에도를 중심으로 도카이도(東海道)·나카센도(中山道)·고슈도츄(甲州道中)·닛코도츄(日光道中)·오슈도츄(奧州道中)등 5가도(五街道)가 막부 직할의 주요 가도로서 완성되었다. 주요 가도에는 역참(宿駅)이 설치되고 1리(약4㎞) 마다 1리총(里塚)라는 이정표를 놓아 교통의 편의를 제공하였다. 역참에는 다이묘·공가·막부관리가 숙박하는 혼진(本陣)·와키혼진(脇本陣)과 일반 여행자를 위한 여인숙(旅籠屋)·찻집이 들어섰고, 공용여행자를 위해 인마(人馬)를 교체해 주는 돈야바(問屋場), 선착장, 세키쇼(関所) 등이 설치되었다. 이와같이 교통이 편리해진 반면 정치적·군사적 목적으로부터 교통이 제한받는 경우도 있었고, 특히 막부는 공용의 교통·운송을 우선시켰다.

대량의 물자를 싼 가격에 운송하기 위해서는 육상보다도 바다와 하천의 수상교통이 적합하였다. 해상교통의 요충지 오사카·에도 사이는 히가키카이센(菱垣廻船)·다루카이센(樽廻船) 등의 정기선이 운항되었고, 17세기 후반에는 에도의 상인 가와무라 즈이켄(河村瑞賢)은 전국적인 해운망을 정비하였다.

---

7) 금실로 무늬를 놓은 화려하고 고품질의 비단의 일종.
8) 생사 등으로 짠 견직물로서 두텁고 광택이 있다.

▲ 大伝馬町의 목면 도매상

▲ 株仲間의 鑑札(증명서)

도시와 상업의 발달

산업·교통의 발달은 도시의 발달을 촉진시켰다. 특히 죠카마치(城下町)는 전국시대 이래 다이묘의 거성(居城)의 주위에 무사와 상공업자가 밀집하여 정치·군사·경제의 중심을 이루어왔기 때문에 각지에 번영하였다9). 장군이 거주하는 에도는 최대의 죠카마치로서 18세기 초에는 인구가 약 100만에 달하여 당시로서는 세계 최대의 도시였다고 한다. 이에 대해 천하의 부엌이라고 하는 오사카는 대량의 물자의 집산지였고 상업도시로서 인구 약 35만명에 이르렀다. 또 교토는 전통적인 공예 도시로서 번영하여 17세기에는 약 40만정도의 인구를 보유했으며 에도·오사카와 함께 삼도(三都)라고 불리었다.

상업의 발달로 상인은 도이야(問屋, 도매상)·나카가이(仲買, 중개인)·고우리(小売, 소매상)로 분화하였다. 도이야·나카가이 중에는 나카마(仲間)라고 하는 동업조합을 조직하여 영업을 독점하고 이익을 챙기는 자도 나타났다. 막부는 처음에 일부의 업종을 제외하고는 동업조합을 인정하지 않았지만, 18세기 초

---

9) 죠카마치(城下町)은 센다이(仙台)·나고야(名古屋)·와카야마(和歌山)·오카야마(岡山)·히로시마(広島)·후쿠오카(福岡)·가고시마(鹿児島)등이 비교적 규모가 컸다.

▲ 상가의 간판들. 취급하는 상품을 한눈에 알 수 있도록 제작

에 상공업의 통제와 물가정책을 위해 운죠킨(運上金)·묘가킨(冥加金)이라고 하는 영업세를 부담하는 조건으로 상인과 직인의 나카마(仲間)를 공인하고 영업의 독점권을 허락하기 시작했다. 이렇게 인정된 영업 독점권을 가부(株)라고 하고 그 나카마를 가부나카마(株仲間)라고 한다[10].

에도·오사카의 대소비지에는 상인이 매입한 상품과 번들이 농민들로부터 징수한 연공미와 특산물이 대량으로 집적되었으며, 각종의 주요 상품을 전문으로 취급하는 오로시이치바(卸市場)가 발달하였다[11]. 거액의 이익을 챙긴 호상들은 무사들에게 연공미를 담보로 고리(高利)로 대부해 주기도 하여 무사의 경제생활을 지배하게 되었다. 이들 중에는 성(姓)과 대도(帶刀)를 허용받고 다이묘를 능가하는 호사한 생활을 하는 자도 나타났다.

상업의 발달에 따라 원활한 상거래를 위해 화폐제도가 정비되었다. 막부는 화폐 주조를 독점하여 금·은·전의 3화를 주조하였다[12]. 전국 공통의 통화 유통은 상품경제에 커다란 영향을 주었다. 한편 각 번에서도 자기 영내에서 통용되는 지폐(藩札)를 발행하는 경우가 많았다.

3 겐로쿠(元禄) 문화

겐로쿠 문화　　17세기 말에서 18세기 초에 이르는 겐로쿠 시대에는 막부정치의 안정과 눈부신 경제의 발전으로 다양한 문화가 꽃피웠

---

10) 에도(江戸)의 도쿠미도이야(十組問屋)와 오사카(大坂)의 니쥬시쿠미도이야(二十四組問屋)는 에도·오사카 간의 물자의 운송과 유통의 독점을 노려 결성된 나카마의 연합조직으로 유명하다.
11) 예를 들면 오사카 도지마(堂島)의 쌀 시장, 에도 간다(神田)의 청과물 시장과 니혼바시(日本橋)의 어시장등이 유명하다.
12) 에도를 중심으로 하는 동일본에서는 금화를, 오사카·교토를 중심으로 하는 서일본에서는 은화가 주로 사용되었다.

다. 이 시대의 문화를 겐로쿠 문화라고 한다.

겐로쿠 문화의 특색은 안정된 사회생활을 바탕으로 현실주의적인 경향을 강하게 띠고 있다. 이러한 경향을 반영하여 현세를 '향락의 세계(浮き世)'로 보고 생활을 즐기는 문화를 자유로이 창조하였다. 미술과 예능의 세계에서도 모모야마(桃山) 문화의 흐름을 받아 현실주의적인 경향이 강하고 화려한 것이 나타났다. 또 무가의 지배를 안정시키는 사상으로서 유학이 장려되고 실증을 중시하는 고전연구와 자연과학이 발전하였다.

겐로쿠 문화를 담당했던 주체는 교토(京都)·오사카(大坂) 등의 가미가타(上方) 호상으로 옛 전통을 계승하여 문화를 발전시켰다. 모모야마 문화에 비하여 세련된 미가 추구되었던 것도 특색이다.

| 유학의 발달 |
학문의 주류는 유학이었다. 그 중에서도 주자학이 가장 융성했는데 그것은 주자학이 군신·부자의 관계를 분별하고 상하의 질서와 예절을 중시하여(大義名分論) 봉건질서를 유지하는 데 적합한 사상이었기 때문이다.

에도시대 초기 교토의 쇼코쿠지(相国寺)의 승려였던 후지와라 세이카((藤原惺窩)는 조선 유학자 강항(姜沆)의 영향을 받아 주자학을 선종으로부터 해방시

▲ 林羅山의 화상

키는 일에 힘썼다. 그의 제자였던 하야시 라잔(林羅山)도 겐닌지(建仁寺)에서 학문을 연마해 세이카의 추천으로 도쿠가와 이에야스(德川家康)에게 봉사하고 4대 장군대까지 막부의 정치에 참여했다. 주자학은 막부와 각 번에 채용되어 관학으로서의 지위를 굳혔다.

주자학의 일파에 남학(南学)이 있는데 미나미무라 바이켄(南村梅軒)이 일으켰던 것을 다니 지츄(谷時中)가 대성시켰다. 이 계통에서 노나카 켄잔(野中兼山)과 야마자키 안사이(山崎闇斎)가 나왔다. 안사이는 신도를 유교류로

해석하여 수가신도(垂加神道)[13]를 설파하였다.

그러나 관념적인 주자학을 비판해고 지행합일(知行合一)의 입장에서 실천을 중시하는 양명학이 일어났는데, 현실의 모순을 개혁하려는 혁신성 때문에 막부로부터 압박을 받았다. 이 학설을 받아들였던 것은 나카에 토쥬(中江藤樹)로서 그 제자인 구마자와 반잔(熊沢蕃山)은 오카야마(岡山) 번주에게 봉사하여 번의 정치에 참가하여 실적을 올렸다.

또 주자학과 양명학과 같이 후세의 학자의 해석이 아니고 공자·맹자의 가르침으로 되돌아가 유학을 연구해야 한다는 고학파(古学派)도 일어났다. 야마가 소코(山鹿素行)가 선구를 이루고 이어서 교토(京都)의 호리카와(堀川)에 사설 글방인 고의당(古義堂)을 연 이토 진사이(伊藤仁斎)·도가이(東涯) 부자와 에도(江戶)의 오규 소라이(荻生徂徠)가 그들이다. 고학파의 고전 존중과 경험주의에 의한 객관적인 방법은 국학의 발달에도 영향을 주었다.

불교는 기독교의 금압 때문에 막부로부터 특별 보호를 받았지만 오히려 그 보호에 안주하여 무기력화되고 종교로서의 면모를 잃고 있었다. 불교계의 침체 속에서 인겐(隱元)은 17세기중엽 명으로부터 도래한 선종의 일파인 황벽종(黄檗宗)을 전하여 우지(宇治)에 만푸쿠지(万福寺)를 열었다.

| 제학문의 발달 | 유학의 합리적이고 현실적인 사고는 다른 학문에도 커다란 영향을 주었다. 역사학에서는 고문서에 기초한 실증적인 연 |

구가 행해졌다. 3대 장군 이에미쓰 때에 막부는 하야시 라잔(林羅山)에게 국사의 편찬을 명하여 그의 아들 가호(鵞峰)에 의해 편년체의 국사인 『본조통감(本朝通鑑)』이 완성되었다. 미토(水戶)의 토쿠가와 미쓰쿠니(德川光圀)도 많은 학자를 동원하여 『대일본사(大日本史)』의 편수에 착수하였다[14]. 아라이 하쿠세

---

13) 주자학과 신도를 결부시킨 것으로 신도(神道)는 신(神)의 도(道)와 천황의 덕이 일체임을 주장했기 때문에 존왕론(尊王論)의 근거로써 후에 미토학(水戶学)등에도 영향을 주었다. 수가(垂加)는 야마자키 안사이의 별칭이다.

14) 전397권의 기전체의 사서. 편찬사업은 미쓰쿠니의 사후에도 계승되어 착수후 250년이 지난 1906년(明治39)에 완성했다. 이 사업을 통해서 미토번(水戶藩)에 미토학(水戶学)

키(新井白石)는 『독사여론(読史余論)』에서 무가정권의 추이를 단계적으로 시대구분하는 독자의 사론을 전개하기도 하였다.

국문학의 연구도 이 시대에 시작되었다. 『만엽집(万葉集)』을 연구한 승려 게이츄(契沖)는 와카(和歌)를 도덕적으로 해석하는 종래의 설을 배척하고, 기타무라 키긴(北村季吟)은 『겐지모노가타리(源氏物語)』와 『마쿠라노소시(枕草子)』를 연구하였다. 이러한 동향은 후에 국학으로서 성장하게 되었다.

자연과학에서는 본초학(本草学)15)과 농학·의학 등 실용적인 학문이 발달하였는데 가이하라 에키켄(貝原益軒)의 『대화본초(大和本草)』, 미야자키 야스사다(宮崎安貞)의 『농업전서(農業全書)』 등이 나와 널리 이용되었다. 또 토지의 측량과 토목공사의 필요에서 와산(和算, 일본수학)이 발달하여 세키 타카카즈(関孝和)는 필산대수식(筆算代数式)과 그 계산법, 원구(円球)에 관한 계산 등에서 우수한 연구를 남겼다. 천문·역(暦)에서도 야스이 산테츠(安井算哲)가 중국의 역을 기초로 당시 이용되고 있던 역의 오차를 바르게 하고 일본 독자의 역을 처음으로 만들었다(貞享暦).

| 겐로쿠 문학 | 문학은 가미가타(上方, 京都·大坂)를 중심으로 전개되었다. 죠닌 |

(町人)의 대두에 의해 죠닌의 생활과 감정을 반영하는 새로운 문학이 일어났다. 하이카이(俳諧, 시조풍의 일본문학의 일종)는 니시야마 소인(西山宗因)이 참신하고 기발한 취향을 자유자재로 표현하였고, 마쓰오 바쇼(松尾芭蕉)는 그 자유로운 정신을 받아 하이카이를 예술의 경지에 올려 놓았다. 바쇼는 무사출신으로 깊은 정취와 여정을 담은 하이카이를 확립하고 자연과 인간을 예리하게 관찰하였다. 또 렌가(連歌)의 제1구(句)를 독립된 문학작품으로서 감상할 수 있도록 했다. 바쇼는 각지를 여행, 지방의 무사·상인·지주들과 교제하며 『오쿠노호소미치(奥の細道)』 등 우수한 기행문을 남겼다.

이 일어나 막부말기의 존왕론을 탄생시키는 하나의 원인이 되었다.
15) 본초학은 식물·동물·광물의 약용효과에 대해서 연구하는 학문인데 점차 박물학(博物学)적 색채를 가미해 갔다.

소설에서는 이하라 사이카쿠(井原西鶴)가 우키요조시(浮世草子)라고 불리우는 새로운 문학의 세계를 열었다. 사이카쿠는 오사카의 죠닌으로 처음에는 하이카이에 관심을 보였으나 이윽고 소설로 전향하여 직업작가로서의 길을 걸었다. 그는 현실의 세계와 풍속을 배경으로 죠닌이 애욕과 금전에 집착하는 모습을 그렸다. 대표작으로는 호색물인 『고쇼쿠이치다이오토코(好色一代男)』, 죠닌물(町人物)의 『닛뽄에이타이구라(日本永代蔵)』, 무가물(武家物)인 『부케기리모노가타리(武家義理物語)』 등이 있다.

희곡작가로는 치카마츠 몬자에몬(近松門左衛門)이 있다. 그는 무사출신으로 젊었을 때부터 문학에 심취하여 당시 유행하고 있던 닌교죠루리(人形浄琉璃, 인형극)와 가부키(歌舞伎)[16]의 각본을 썼다. 그는 현실사회와 역사에서 소재를 구하고 의리와 인정의 딜레마에서 고민하는 사람들의 모습을 그렸다. 가부키는 처음에 무용이 중심이었으나 닌교죠루리의 영향을 받아 연극화하여 민중의 연극으로 발전하였다. 에도·교토·오사카에는 상설극장도 생겼다.

겐로쿠 미술

미술의 세계에서는 교토·오사카의 거대 상인을 중심으로 도시와 농촌의 민간의 유력자를 주체로 한 세련된 미술이 나타났다. 야마토에(大和絵) 계통의 도사파(土佐派)로부터 도사 미쓰오키(土佐光起)가 나와 조정의 화가(絵師)가 되고, 도사파로부터 갈라진 스미요시파(住吉派)의 스미요시 죠케이(住吉如慶)·구케이(具慶) 부자는 막부의 어용화가(御用絵師)가 되었다.

교토에서는 죠닌(町人)인 오가타 코린(尾形光琳)이 다와라야 소타쓰(俵屋宗達)의 화법을 이어받아 린파(琳派)를 일으켜 장식적인 표현을 강하게 나타내었

---

16) 에도시대에 흥륭, 발전한 일본 특유의 연극. 사실(史実)·전승·사회현상을 배우가 음악·무대장치의 보조에 의해 행하는 연기로서 무용의 요소도 가미되었다. 본래는 여자배우였으나 포르노적 성격이 강하여 풍속적 폐해때문에 금지하였다. 그러나 각광을 받던 와카슈(若衆, 소년) 가부키도 같은 이유로 금지되었고, 그후 기예 본위의 질적전환을 가져와 여성으로 분장한 남자배우의 무대가 되었다.

▲ 菱川師宣의 미인도

다. 그러나 서민들 사이에서 가장 사랑받았던 것은 우키요에(浮世繪)였다. 특히 아와(安房, 千葉県의 남부) 출신의 히시카와 모로노부(菱川師宣)가 우키요에의 판화를 시작하면서부터 급속히 보급되어 미인·관리·스모 등을 소재로 한 것이 유행하였다. 처음에는 묵화로 일관하였으나 이윽고 간단한 채색을 그려넣었으며 후에는 다양한 색상의 니시키에(錦繪)가 출현하게 되었다.

도예에서는 에도시대초에 다기(茶器)를 굽는 라쿠야키(楽燒)가 교토에서 발달하여 혼아미 코에쓰(本阿弥光悦)가 기품있는 물건을 제작하였다. 그러나 도기가 실용적인 생활도구로서 전국적으로 퍼진 것은 큐슈일대에 조선계 도기가 활발히 만들어지고 나서이다. 도요토미 히데요시의 조선침략의 결과 많은 도공이 끌려와서 큐슈 각지에서 가마를 열어 도기를 만들었는데, 특히 히젠(肥前)의 아리타(有田)에서는 이삼평(李参平)이 자기에 색깔을 넣는데 성공하자 히젠의 가마는 자기제조의 중심이 되었다. 그 중에서도 사카이다 카키에몬(酒井田柿右衛門)은 아카에(赤繪)라고 불리우는 채색문양의 자기를 만드는데 성공하였다. 또 교토에서는 노노무라 닌세이(野野村仁清)가 채색그림을 새겨 넣은 도기를 제작하였다. 겐로쿠 시대에는 오가타 켄잔(尾形乾山)이 닌세이의 영향을 받아 장식적인 고아한 작품을 남겼다.

제10장 막번체제의 동요와 새로운 사상·문화

시대개관 ■

  18세기 전후부터 막번체제의 모순이 표면화되고 점차 동요하기 시작하였다.
상품경제가 현저히 발달하여 죠닌의 경제력은 강해졌지만, 한편으로는 무사는
경제적으로 곤궁해져 갔다. 또 이 시기에 자주 흉작과 기근이 발생하여 농촌은
황폐해지고 일반 농민의 만성적 빈곤은 한층 심각하게 되었다. 18세기에 들어와
막부는 교호(享保)의 개혁과 간세이(寛政)의 개혁을 실시하였다. 이 두 개혁은 발
달하는 상업자본을 억제하고 막부초기의 지배체제로 재편하려 했으나, 시대의
정세는 이들 개혁을 실패로 만들었다. 이 시기 각지에서는 농민들의 반란이 일
어나고 또 도시에서는 미가의 폭등으로 폭동이 발생하게 되었다.
  이러한 정세속에서 봉건사회의 혼란을 수습하기 위해 19세기에 들어 덴포(天
保)의 개혁이 추진되었다. 그러나 사회적 모순은 이미 체제 그 자체를 변화시키지
않고는 해결할 수 없는 상황에 이르렀다. 한편 사쓰마(薩摩)·죠슈(長州) 등의 각번
에서는 개혁에 성공하여 이윽고 메이지 유신의 주도적 역할을 담당하게 된다. 이
와같이 18세기에서 19세기 중엽에 걸쳐 막번체제의 모순이 표면화되고 막부의
개혁에도 불구하고 그 모순은 해결되지 못하여 막부는 급속히 쇠퇴해 갔다.
  문화면에서는 에도를 중심으로 가세이(化政) 문화가 형성되어 죠닌문화는 원
숙기에 들어갔다. 이 시기에는 국학·난학(蘭学) 등 학문·사상의 분야에서 막부정
치에 대한 비판적 경향이 보이는 등 새로운 움직임이 나타났다.

1 막번체제의 동요와 정치개혁

재정의 궁핍과 농촌의 변화

상품경제가 발달함에 따라 막부와 번의 지출
이 증가하여 재정은 점차 궁핍하여 갔다. 도
시 인구의 증가로 상품의 수요가 증대하고 물가상승이 쌀값에 비해 앞섰기

▲ 德川吉宗의 화상

때문에 연공미를 화폐로 바꾸어 생활필수품을 구입하는 무사사회의 경제가 파탄을 초래했던 것이다. 이 때문에 막부는 화폐를 재주조하여 그 차익을 얻고 가부나카마(株仲間)를 인정하는 대가로 상인으로부터 헌금을 징수하는 등 위기를 극복하려고 했다.

한편 번들의 재정은 산킨코타이(参勤交代)와 막부의 토목공사 등으로 더욱 심각해졌다. 그래서 연공을 무겁게 부과하거나 혹은 가신의 봉록을 빌리고 부유한 죠닌으로부터 금전을 차입하는 일이 많았다. 그 결과 하타모토(旗本)·고케닌(御家人)·번사(藩士)와 농민의 생활은 점점 어려워졌다. 특히 무사들은 부유한 죠닌으로부터 양자를 받아들이는 등 사실상 무사의 신분을 파는 자도 나타났다.

농촌에도 상품경제가 침투하여 상품작물의 재배가 활발해졌다. 이에 따라 농민들 사이에서 빈부의 격차가 생기고, 토지의 저당과 매각을 통해 몰락하거나 혹은 지주가 되는 경우가 생겨 농민의 계층분화가 나타나서 봉건적 지배체제의 기초가 흔들렸다.

교호(享保)의 개혁

1716년(享保원년) 8대 장군인 도쿠가와 요시무네(德川吉宗)는 막부 창업기의 정치를 이상으로 삼아 장군 친정체제(親政体制)를 구축하여 막번체제의 재건을 꾀했다(享保의 개혁). 요시무네는 우선 하타모토(旗本)·고케닌에 대해 무예를 장려하고 근검·절약을 명하는 한편, 그 궁핍을 구하기 위해 쌀값의 조절에 힘을 기울였으며 아이타이스마시레이(相対済令)[1]를 발포하여 금전임차에 관한 소송을 하지 못하도록 하였다.

---

1) 임차관계는 당사자 끼리 합의로 해결케 함으로서 재판사무를 촉진할 목적도 있었다. 그러나 빌려준 돈을 떼이는 일이 속출하여 금융업자는 막대한 손해를 입었다. 이후 죠닌의 강한 반발로 폐지되었다.

또 타시다카 제도(足高制度)[2]를 정하여 재정부담의 증가를 억제하고 아울러 인재의 등용을 꾀했다.

다음으로 재정수입을 증가시키기 위해 아게마이(上米)의 제(制)[3]를 실시해서 다이묘들에게 쌀을 상납시키고 대신에 산킨코타이(参勤交代)를 완화해 주었다. 또 연공수입의 안정을 위해 죠멘법(定免法)[4]을 실시함과 함께 점차 세율을 인상하여 연공을 증액시켰으며, 신전개발(新田開発)을 장려하고 죠닌의 신전개발도 허용하였다.

요시무네는 『구지카타오사다메가키(公事方御定書)』를 편찬하여 재판의 기준으로 삼고 효죠쇼(評定所)의 문 앞에 메야스바코(目安箱)를 설치하여 서민들이 투고한 의견들을 시정에 참고토록 하였다. 이 밖에 산업의 진흥에 도움이 되도록 실학(実学)을 장려하고 기독교와 관계없는 한역양서(漢訳洋書)에 한하여 수입을 허가하였다. 이와 같은 개혁정치에 의해 일시적으로는 막부의 기강이 세워졌고 재정도 안정세를 보였다.

농민의 저항(百姓一揆)

산업의 장려와 상업자본의 급속한 침투에 의해 농촌에서는 빈부의 차가 심해지면서 농민층의 해체가 진행되었다. 게다가 연공 부담의 가중과 교호(享保) 이래 연이은 흉작·기근의 발생으로 농민의 생활은 점점 궁핍해져 갔다. 특히 많은 아사자가 나온 교호(享保)·덴메이(天明)·덴포(天保)의 기근은 3대기근이라고도 하는데 그것들은

---

2) 막부의 각 역직(役職)마다 일정의 기준고(役高)를 정하여 그 역직에 취임한 자의 가록(家禄)이 기준고에 달하지 않는 경우 재직기간 중에 한하여 부족분을 지급하는 것이다. 당시 역직에 나아가면 직무에 필요한 경비는 자신이 내야하기 때문에 가록이 적은 자에게는 큰 부담이 되었다. 이것은 적은 재정부담으로 인재를 등용하는데 목적이 있었다.

3) 석고(石高) 1만석에 100석의 비율로 상납시키고 대신 다이묘의 에도 체재기간을 반년으로 단축했다. 그러나 실시 9년만에 중지되었다.

4) 연공수납액이 해마다 변동하기 때문에 매년 수확량을 조사하여 과세(検見法)하던 불편을 덜고, 관리의 부정을 막기 위해 과거 수년간의 수확을 평균하여 일정기간 그 세율로 징수하는 방법이다.

▲ 연공미의 납입장면(円山応挙의 「七難七福図」)

농민의 생활에 심각한 타격을 주었다. 이 때문에 연공 감면 등을 요구하는 농민의 저항과 봉기(百姓一揆, 농민잇키)이 각지에서 일어났다.

이전의 농민 잇키는 촌역인(村役人)을 통해 영주에게 연공의 감면을 요구하고 받아들여지지 않으면 직소(直訴)하거나 도망하는 등의 형태가 주였으나, 이 때부터 영내의 광범한 농민이 참가하여 집단의 힘으로 영주에게 압력을 넣는 일이 많았다. 막부와 번들은 지도자를 엄벌에 처하면서도 농민의 요구를 어느 정도는 받아들여 연공을 감면해 주기도 하였다. 에도시대를 통해서 농민의 잇키(一揆)는 3200여건에 이르는데, 그 대부분은 교호(享保) 이래 발생했으며 시대가 내려올 수록 그 규모가 커지며 상인의 유통상의 독점에 반대하는 농민 잇키도 나타났다. 몰락한 농민 중에는 부랑인이 되어 도시에 유입된 자도 적지 않았다. 도시에서도 쌀값 폭등으로 일반서민의 생활은 어려워졌으며 빈민이 미곡상과 고리대 등을 습격하여 약탈·파괴하는 일이 에도·오사카를 비롯한 각지에서 일어났다. 이러한 농민 잇키와 약탈행위는 조직적인 것은 아니었지만, 그것이 빈발함에따라 막번체제의 기초는 흔들리기 시작하였다.

다누매(田沼)의 정치

10대 장군 이에하루(家治) 시대에는 로쥬(老中)인 다누마 오키쓰구(田沼意次)와 그의 아들 오키토모(意知)가 막부의 실권을 장악하였다. 오키쓰구는 우선 재원을 적극적으로 확보할 목적으로 대규모의 신전개발을 계획하고 오사카·에도의 거상들을 끌여들여 이 사업을 추진하였다. 또 동·철·황동·인삼 등의 특산물을 전매제로 하여 특정 상인에게 전매권을 주고 그 대신 운죠킨(運上金, 영업세)를 징수했으며 그 밖

▲ 浅間山의 대폭발

▲ 田沼意次의 화상

에도 새로운 가부나카마(株仲間)의 결성을 공인해주고 운죠킨·묘가킨(冥加金, 현금)을 걷어들였다.

　　외국무역에도 적극적이어서 무역의 제한을 완화하고 동과 다와라모노(俵物)[5]의 수출을 증가시켜 금·은을 얻으려고 하였다. 에조(蝦夷, 홋카이도) 개발을 계획하고 러시아 상인과의 교역도 꾀했지만 실현하지는 못했다.

　　다누마의 정치는 죠닌(町人)들의 경제력을 이용해서 상품경제가 가져온 이익을 얻어 재원을 확보하려고 했지만 결국은 상업자본의 이익을 증가시켰을 뿐이었다. 더욱이 다누마 시대에는 뇌물이 횡행해서 기강이 문란해졌다. 덴메이(天明, 1781~88))의 기근을 시작으로 천재지변[6]이 연속적으로 발생하여 농촌과 도시의 하층민의 생활은 곤궁해지고 각지에서 농민의 반항과 폭동이 빈발하였다. 이러한 중에서 오키토모는 암살되고 오키쓰구도 1786년에 실각되었다.

간세이(寬政)의 개혁　다누마가 실각한 이듬해 11대 장군 도쿠가와 이에나리(德川家齊)를 보좌한 로쥬(老中) 마쓰다이라 사다노

5) 나가사키(長崎)의 대중국 수출품 중 말린 해삼·전복 및 상어 지느러미의 3종의 해산물.
6) 1783년(天明3) 아사마산(浅間山)의 대폭발로 용암이 북의 사면을 흘러내려 수천채의 가옥이 매몰되었고 분출한 화산재는 12㎞의 상공을 뒤덮었다. 장기간에 걸쳐 공중에 떠도는 화산재의 영향으로 자외선이 차단되어 냉해로 인해 농작물에 막대한 피해를 주었다.

부(松平定信)는 8대 장군 요시무네(吉宗)의 교호(享保) 개혁을 모범으로 하여 막정(幕政)을 개혁했다(寬政의 개혁). 사다노부는 재정의 재건을 위해 철저한 검약생활을 강요했으며 화려한 풍속을 규제함과 동시에 상업자본의 발전을 억제하여 농촌의 안정·부흥을 꾀하는데 주력하였다. 이 때문에 사다노부는 농촌인구의 확보에 노력하여 돈벌러 타지역(他国)으로 가는 것을 금지하고 에도에 유입한 농촌 출신자의 귀농을 장려하였다. 또 기근에 대비하여 도시와 농촌에 사창(社倉)과 의창(義倉)을 설치하여 미곡을 저장시켰다. 에도에서도 시 세출(町費)을 70% 절약하여 빈민을 구제하는 제도를 만들었다(七分金積立).

또 막부와 다이묘(大名)·하타모토(旗本)의 재정난을 구하기 위해 경비의 절약을 장려하고, 1789년(寬政원년)에는 기엔레이(棄損令)[7]를 내려 하타모토·고케닌에 대한 채무를 파기시켜 생활난을 구제하려고 하였다. 그리고 에도의 치안을 위해 에도의 이시카와(石川)섬에 닌소쿠요세바(人足寄場)를 설치하여 에도에 유입한 부랑인과 노숙자를 수용하여 직업기술을 가르쳐 사회에 나갈 수 있도록 지도하였다[8].

학문·사상의 면에서는 주자학을 정학(正学)으로 삼고 그 이외는 모두 이학(異学)으로 하였다. 막부 관리의 등용시험도 주자학에 한정하였다. 출판에 대해서도 통제를 가하여 『해국병담(海国兵談)』을 저술·간행하여 해역방비의 중요성을 강조한 하야시 시헤이(林子平)를 인심을 동요시킨다는 죄목으로 처벌하였다[9].

사다노부의 개혁은 막정(幕政) 쇄신에는 어느 정도 효과를 거두었으나 너

---

7) 금융업자등에게 빌린 자금을 6년이전의 것은 파기하고, 5년 이내의 채무는 이자를 낮추어 연(年) 단위로 변제하도록 한 것. 이 조치는 일시적으로는 하타모토·고케닌에게 도움이 되었지만 도리어 금융융통의 길이 막혀버렸기 때문에 이전보다 더 곤궁해졌다.

8) 덴메이(天明)의 대기근 이래 농촌의 황폐화가 현저해져 에도로 유입하는 인구가 늘어나 커다란 사회문제가 되었다. 이 때문에 1790년에 닌소쿠요세바(人足寄場)를 설치하여 토목·건축 등의 일을 가르쳐 6년후에 정식 직업을 갖을 수 있도록 했다.

9) 러시아 남하의 형세를 보고 국방의 중요성을 통감한 하야시는 에조·조선·류큐를 확보하여 러시아의 남하에 대비하고 에조(홋카이도) 개척의 필요성을 설파하였다. 더욱이 1791년에는 해국병담을 저술하여 외국에 대한 방비의 필요성을 강조하였다. 그러나 민심을 동요시킨다고 하여 저서는 발매금지되고 그는 금고형에 처해졌다.

무나 엄격해서 현실사회의 실정에 맞지 않았다. 또한 사람들의 반감을 사서 사다노부는 재직 6년만에 로쥬(老中)직에서 물러나고 말았다.

한편 여러 번에서도 번정(藩政) 개혁의 움직임이 나타났다. 재정난 타개를 위해 식산흥업의 추진과 전매제도[10]의 강화에 힘을 기울였다. 그 중에서도 구마모토(熊本)의 호소카와 시게카타(細川重賢), 요네자와(米沢, 山形県 남부의 시)의 우에스기 하루노리(上杉治憲), 아키타(秋田)의 사타케 요시마사(佐竹義和)등은 국산의 장려·번학(藩学)의 설립 등에 열의를 보여 명군(名君)으로서 평판이 높았다.

서양열강의 접근 | 17세기에서 18세기에 걸쳐 서유럽에서는 자본주의가 발전하여 근대산업이 급속히 발흥하였다. 이들 제국은 원료의 공급지와 대량생산된 상품시장을 구하기 위해 근대화된 군사력을 배경으로 아시아에 침략하기 시작하였다. 이러한 정세하에서 일본에 최초로 접근한 것이 러시아와 영국이었다.

러시아는 17세기에 시베리아에 진출하여 오호츠크해에 도달하였다. 18세기에 들어가면 일본근해에 출몰하게 되고 에조(蝦夷)에까지 뻗쳐왔다. 그리고 1792년(寛政4)에는 러시아사절 락스만(A.Laksman)이 네무로(根室, 홋카이도 동안)에 내항하고, 1804년(文化1)에는 레자노프(N.Rezanov)가 나가사키(長崎)에 와서 일본에 통상을 요구하였다. 그러나 막부가 이를 단호히 거부하였기 때문에 러시아선은 그 후 가라후토(樺太, 사할린)와 에토로후(択捉) 등을 공격하였다.

위기감이 높아진 막부는 북방 방비의 필요성을 통감하여 1807년(文化4)에 마쓰마에(松前)·에조를 모두 직할령으로 편입하여 마쓰마에부교(松前奉行)의 지배하에 두고 동북지방의 번들에게 방비케 하였다. 이듬해에는 마미야 린조

---

10) 각 번의 전매제도는 17세기초부터 행해졌는데, 18~9세기가 되면 50개 이상의 번이 시행하였다. 요네자와번(米沢藩)의 직물, 마쓰에번(松江藩)의 철과 조선인삼, 쓰와노번(津和野藩)의 종이, 사가번(佐賀藩)의 도자기, 가고시마번(鹿児島藩)의 흑사탕등 70여 품목에 이른다.

(間宮林蔵)에게 가라후토와 그 주변을 탐사시켰다. 그 후 러시아와의 관계는 고로닌 사건을 계기[11]로 개선되어 막부는 1821년(文政4)에 에조지(蝦夷地)를 막부 직할령에서 마쓰마에번(松前藩) 지배로 되돌려 주었다.

한편 영국은 인도를 근거지로 하여 동아시아에도 진출하였는데 1808년(文化5)에는 영국군함 패튼호가 네덜란드선박을 쫓아 나가사키에 입항하는 사건이 일어났다(패튼호 사건)[12]. 그 후에도 영국선은 일본근해에 출몰했기 때문에 막부는 1825년(文政8) 이국선타불령(異国船打払令, 외국선추방령)을 내려 중국·네덜란드선 이외의 외국선이 일본연안에 접근할 때는 격퇴하도록 명령했다. 아메리카는 1837년(天保8)에 상선 모리슨호가 일본의 표류민을 보내어 통상과 표류민 보호를 요구하러 내항했지만 이국타불령에 의해 격퇴당하였다. 이에 대해 민간으로부터 막부의 쇄국정책을 비판하는 저술이 간행되자 막부는 이를 엄격하게 처벌하였다. 그러나 이 사건을 계기로 막부는 이듬해부터 외교정책을 새로이 검토하기 시작하였다.

덴포(天保)기(天保期)에 이르러 전국적인 대기근이 일어나 하
덴포(天保)의 개혁   층농민과 도시빈민의 궁핍은 한층 심해지고, 아사자도
속출하여 각지에서 농민의 저항운동이 일어났다. 전국 경제의 중심이었던 오사카에서도 참상은 심각하여 하루 170여명의 아사자가 발생하기도 하였다. 이러한 정세를 본 오사카마치부교쇼(大坂町奉行所)의 요리키(与力, 막부의 하급관인)였던 오시오 헤이하치로(大塩平八郎)[13]는 빈민구제를 부교쇼에 건의했으나 받아들여지지 않자 1837년(天保8)에 자신의 장서를 팔아 주변의 빈민에게 쌀

---

11) 1811년(文化8)에 막부의 관리가 러시아해군의 선장 고로닌을 구나시리섬(国後島)에서 체포하여 감금한 사건으로, 이듬해 러시아는 보복조치로서 에조 교역을 행하고 있던 다카다 야카헤에(高田屋嘉兵衛)를 붙잡아 그 교환을 신청하여 해결을 보았다.

12) 19세기초 프랑스가 네덜란드를 병합하자 영국은 아시아의 네덜란드 식민지를 빼앗을 목적으로 군함을 파견하였다. 이 시기 영국군함은 나가사키에 입항하여 화란의 상사원을 체포하고 물과 식량을 강요하고 돌아갔다. 이 사건으로 막부는 심각한 충격을 받았다.

13) 양명학자로서 막부의 직을 그만두고 나서 사숙인 세심동(洗心洞)을 열어 자제를 가르치고 있었다.

을 나누어 주는 한편 막부
를 비판한 격문을 뿌리며
봉기했다(大塩平八郎의 난).
이 난은 불과 하루만에 진
압되었으나 막부의 구관리
가 중요한 직할도시인 오사
카에서 일으킨 사건이라는
사실만으로도 막부와 각 번
에 커다란 충격을 주었다.
그 영향으로 각지에서 불온
한 움직임이 일어나고 에치

▲ 1840년에 庄内藩에서 일어난 농민봉기

고(越後)의 가시와자키(柏崎)에서는 국학자 이쿠타 요로즈(生田万)가 오시오의
동생이라고 칭하며 난을 일으켰다. 난은 실패로 끝났지만 막부는 심각한 위
기를 맞이하였다.

막정(幕政)의 개혁은 이제 피할 수 없게 되어 1841년(天保12) 로쥬(老中) 미
즈노 타다쿠니(水野忠邦)를 중심으로 덴포의 개혁을 추진하였다. 타다쿠니는
교호(享保)·간세이(寛政)의 두 개혁을 모범으로 삼아 사치금지령을 내려 근검
절약을 강요하고 풍속의 숙정을 꾀했다[14]. 또 기근으로 황폐해진 농촌을 부
흥시키기 위해 에도(江戸)에 유입한 농민을 강제적으로 귀농시키는 법을 시행
하였다. 더욱이 가부나카마(株仲間)가 상품유통을 독점하여 물가를 올리고 있
다고 생각하고 운죠킨·묘가킨 등의 영업세도 포기한채 가부나카마의 해산을
명하고, 일반상인과 재향상인(농촌의 상인)의 자유로운 상거래를 허용하였다.
그러나 이것은 오히려 유통기구를 혼란시켜 효과를 거두지는 못했다[15].

---

14) 출판물도 엄격하게 검열하여 풍속을 문란케 하는 서적은 발매금지 되고 그 작자는 처
벌받았다.

15) 가부나카마(株仲間)는 그후 1851년에 재흥되었다.

타다쿠니는 막부재정의 안정과 권력의 강화를 위해 에도(江戸)·오사카(大坂) 주변의 땅을 막부의 직할지로 하는 명령을 내렸는데(上知令, 上地令), 영주인 후다이 다이묘(譜代大名)와 하타모토(旗本)의 반대에 부딪쳐 실현되지 못하였다. 이 때문에 타다쿠니는 로쥬(老中)의 지위에서 실각하였다. 타다쿠니의 개혁은 너무나도 급격하고 또 막부 중심으로 추진되었기 때문에 근본적인 사회모순은 해결하지 못하고 다이묘를 비롯한 직속가신·상인·농민층의 반발을 받아 개혁의 효과는 거의 거둘 수 없었다. 이제 막부의 권위는 더욱 실추되어 갔다.

번정(藩政)의 개혁 | 막부의 덴포(天保) 개혁기에 각 번에서도 번정 개혁이 추진되었다. 막부의 개혁이 실패했던 것에 비하여 서남지역의 웅번(雄藩)에서는 성공하는 사례가 많았다. 이들은 후에 막부타도의 중핵이 되어 메이지(明治) 유신에 주도적 역할을 하게 되었다.

이들 여러 번들의 개혁에는 상품경제 발전의 성과를 영주가 장악한 점, 또 유능하고 개명적인 중하급 무사층이 중심이 되어 개혁을 단행한 점, 더욱이 해안방비의 강화를 위해서 군사력을 정비하고 막부로부터의 독립과 대항을 확고히 한 점 등의 공통점이 보인다. 각 번들은 영내의 물산을 전매제로 하여 번의 국산회소(国産会所)16)에 납품하고 판매의 독점권을 장악하였다. 또 그때까지의 번정을 장악해 온 문벌 무사층은 시대의 추이에 대응할 수 없었던 것에 비하여 중하급무사 출신의 개혁파는 이에 잘 대응하면서 개혁의 주도권을 쥐고 이를 실현시켜 나갔다. 재정의 긴축·채무의 정리·군사력의 정비와 식산흥업책·전매제·근대공업의 적극적인 육성 등이 그것이다.

사쓰마번(薩摩藩)에서는 번 재정이 심각하여 가미가타(上方) 상인에게 빌린

---

16) 에도 중기이후 각 번은 부유한 쵸닌(町人)과 합자경영을 시작하였다. 번은 주로 원료의 공급, 자금의 대부와 생산기술의 개량·제품검사 등을 담당하고, 쵸닌은 상품의 구입·판매·판로의 개척, 수출자금의 가불 등을 행했다. 이들 업무는 국산회소에서 했다.

▲ 毛利敬親과 村田清風(左)의 화상　　　　▲ 사가번에서 제작한 砲와 번주 鍋島直正

채무만도 500만량이 넘었다. 하급무사 출신으로 등용된 즈쇼 히로사토(調所広郷)는 과감한 개혁을 추진하여 이를 해소시키는데 성공하였다[17]. 또 사탕 등의 전매제를 강화하고 류큐무역의 증대를 꾀하여 재정난을 타개하였다.

쵸슈번(長州藩)에서는 번주 모리 타카치카(毛利敬親)가 하급무사 출신인 무라타 세이후(村田清風)를 등용하여 번정의 개혁에 착수했다. 우선 농민의 요구를 인정하여 연공을 경감하고 전매제를 완화하여 번 무사의 채무를 번이 떠안는 한편, 식산흥업을 추진하고 번외(藩外)의 상선에 융자하여 수익을 올리는 등 재정의 확립을 꾀했다.

사가(佐賀) 번주 나베시마 나오마사(鍋島直正)는 하급무사를 등용하여 번정개혁에 착수, 농촌부흥책을 꾀하여 농민층의 분해를 방지하고자 했으며 또 도자기 등의 식산흥업에도 힘을 기울였다. 이에 도사번(土佐藩)·미토번(水戸藩) 등에서도 번정개혁이 시행되었다. 개혁에 성공한 이들 번들은 유능한 하급무사의 의견이 많이 받아들였는데 이를 계기로 하급무사의 세력이 커져갔다.

２ 가세이(化政) 문화와 학문의 신경향

　가세이(化政) 문화　18세기 이래 에도(江戸)가 대도시로서 팽창함에 따라서 문화의 중심도 점차 가미가타(上方)로부터 에도로 옮겨지게 되었다. 특히 가세이기(化政期)를 정점으로 사치스러운 기풍이 도시를

---

17) 가미가타(上方) 상인에게 빌린 500만냥은 250년 상환에 무이자라는 조건으로 연 2만냥씩이었기 때문에 사실상 채무는 변제되었던 것이다.

풍미하고 죠닌(町人) 문화는 한층 성숙해 갔다. 이 문화를 가세이(化政) 문화라고 한다.

이 문화의 특색은 사회 동요의 심각성을 반영하여 퇴폐적·향락적인 경향을 나타낸 것이 많았다. 사람들은 억압된 본능을 풍자하고 야유·조소적인 표현으로 발산시켜 애욕과 웃음을 구하는 방향으로 흘러갔다. 한편으로는 문화는 도시의 서민층에도 퍼지고 농촌에도 보급되어 다양한 현상으로 나타났다. 동시에 막번체제의 동요라는 현실을 보고 이를 어떻게 극복해야 할 것인가 하는 비판적인 의견이 학문·사상의 분야에서 일어나 근대에의 맹아가 보이기 시작한 것도 이 시대의 특징이다.

가세이(化政) 문학

에도시대 후기의 문학은 정치·사회의 여러 문제가 주요 소재가 되어 일부 사람들의 독점물이 아닌 널리 민중의 것이 되었다. 소설에서는 에도 죠닌(町人)의 생활을 기반으로 각종 희작(戲作) 문학이 성립하였다. 아동용의 에모노가타리(絵物語)에서 발생한 구사조시(草双紙)는 이윽고 성인용의 삽화문학이 되고 내용에 따라 표지의 색깔을 달리하였다. 기뵤시(黄表紙)는 당시의 풍속·정치 등에도 시중의 화제를 다룬 시사성을 가진 소설이다. 에도의 유곽을 무대로 죠닌의 유흥가 거리의 모습을 그린 샤레본(洒落本)도 유행하였다. 샤레본이 쇠퇴한 후 그 해학미를 계승하고 서민 생활을 사실적으로 묘사한 곳케이본(滑稽本)이 나왔는데, 작가로서는 짓펜샤 잇쿠(十返舎一九)와 시키테이 산바(式亭三馬)가 있다. 또 에도 시민의 퇴폐적인 연애와 호색을 다룬 닌죠본(人情本)도 유행했으나, 이 소재를 다룬 다메나가 슌스이(為永春水)는 덴포의 개혁 때 풍속숙정의 대상이 되어 처벌받았다. 독본(読本)은 권선징악을 중심으로 한 통속문학으로 역사상의 인물과 사건을 다뤘다. 구상이 웅대한 반면 유교·불교사상에 기초한 교훈적인 내용을 담고 있다. 오사카의 우에다 아키나리(上田秋成)는 『우게쓰모노가타리(雨月物語)』를 저술하였고 에도의 다키자와 바킨(滝沢馬琴)은 『난소사토미핫

켄덴(南総里見八犬伝)』 등 300편이 넘은 작품을 저술하여 독본을 대성시켰다.

와카(和歌)는 침체하였으나, 그 중에서도 국학자로부터 우수한 가인(歌人)이 나왔다. 하이카이(俳諧)에서는 덴메이기(天明期)에 요사 부손(与謝蕪村)이 나와 회화적인 정경묘사로 아름다운 작품을 썼다. 가세이기(化政期)에는 고바야시 잇사(小林一茶)가 소박한 인간미가 넘치는 작품을 남겼다. 당시 서민의 인기를 끌었던 것은 가라이 센류(柄井川柳)와 쇼쿠 산진(蜀山人)을 대표적 작자로 하는 센류(川柳)와 교카(狂歌)였다. 해학과 풍자를 통해 당시의 세태를 비판하고 있어 죠닌들에게 환영받았고 미약하나마 여론의 일부를 형성하였다.

겐로쿠기(元禄期)에 융성했던 닌교조루리(人形浄瑠璃)는 18세기 전반에 다케다 이즈모(竹田出雲)가 나와 『가나데혼츄신구라(仮名手本忠臣蔵)』 등의 우수한 작품을 남겼다. 그후 닌교죠루리는 가부키(歌舞伎)에 압도되어 쇠퇴했으며 18세기 후반에는 가부키가 전성기를 맞이하였다. 간세이기(寛政期)에는 극장도 정비되어 회전무대와 같은 새로운 무대장치도 고안되었다. 상영되는 각본은 당시의 세태를 반영한 괴기·잔인하고 퇴폐적인 것이 많은데 가세이기(化政期)에 활약한 쓰루야 난보쿠(鶴屋南北)의 도카이도요쓰야카이단(東海道四谷怪談)은 그 대표적인 작품이다. 막말에는 가와타케 모쿠아미(河竹黙阿弥)가 도적을 소재로 한 작품을 만들어 인기를 끌었다.

미술계의 신경향   회화에서는 서민들의 사랑을 받고 있었던 우키요에(浮世絵)가 중심이었다. 18세기 중엽에 나온 스즈키 하루노부(鈴木春信)는 니시키에(錦絵)라고 불리우는 다원색의 우키요에 판화를 창작하여 이 분야의 황금시대를 열었다. 간세이기(寛政期)에는 많은 미인화를 그린 기타가와 우타마로(喜多川歌麿), 개성이 강한 야쿠샤에(役者絵)[18]·스모에(相撲絵)를 그린 도슈사이 샤라쿠(東洲斎写楽) 등이 오쿠비에(大首絵)[19]의 수법을 구사

---

18) 가부키(歌舞伎) 배우와 그 풍속을 그린 우키요에(浮世絵).
19) 우키요에(浮世絵) 판화의 일종으로 인물의 상반신 또는 얼굴 만을 크게 그린 그림의 총칭.

▲ 鈴木春信의 浮世絵 　　　　　 ▲ 喜多川歌麿의 浮世絵 　　　　　 ▲ 東洲斎写楽의 浮世絵

해서 우수한 작품을 남겼다. 덴포기(天保期)에는 가쓰시카 호쿠사이(葛飾北斎)
와 우타가와 히로시게(歌川広重)가 많은 풍경판화를 발표하여 우키요에 발전
의 최후를 장식하였다. 이 우키요에는 유럽의 인상파 화가에게도 강한 영향
을 주었다.

　새로운 동향으로서는 문인화(文人画)·사생화(写生画)·서양화(西洋画) 등이 있
다. 문인화는 명·청의 남송화의 영향을 받아 18세기 후반에 융성하였으며 이
케노 타이가(池大雅)·다니 분쵸(谷文晁) 등의 명화가가 배출되었다. 특히 다니
분쵸는 일본화에 서양화의 기법을 조화시키는데 성공했는데, 이 기법은 와타
나베 카잔(渡辺崋山)의 출현에 의해 전성기를 맞이하였다.

　실증을 중시하는 시대풍조를 반영하여 사실적인 사생화가 발전하였다. 교
토의 마루야마 오쿄(円山応挙)는 청의 화가 심남빈(沈南蘋)이 전한 사실법과
서양의 투시적인 사실주의의 영향을 받고, 여기에 일본화의 장식적 표현법을
융합하여 사생화를 대성시켜 마루야마파(円山派)라 불리었다. 여기에서 갈라
진 마쓰무라 고슌(松村呉春)은 시죠파(四条派)를 열어 마루야마파와 함께 메이
지 시대의 일본화의 기초를 구축하였다. 그리고 난학(蘭学)의 융성에 따라서
서양화도 부활하여 히라가 겐나이(平賀源内)·시바 코칸(司馬江漢) 등이 그 대표
이다.

가세이기(化政期)의 풍속과 생활

무사는 도시에 살아 죠닌(町人)의 영향을 받는 일이 많았기 때문에 무사 본래의 기풍을 잃어버리고 향락에 빠져버리는 자도 나타났다. 한편 죠닌의 생활은 경제력이 증대함에 따라 향상되어 복장도 고급직물과 화려한 것이 유행하였다. 식생활도 고급스러워졌고 사탕을 이용한 과자도 나왔다. 주택도 화재의 위험 때문에 기와나 흙토벽이 장려되었다. 그러나 사치에 대한 통제가 엄격해짐에 따라 겉은 수수하고 내부는 화려하게 하는 풍조도 나타났다. 특히 가세이기(化政期)에 들어가면 죠닌의 풍속과 생활용품등에는 화려함을 저속히 여기고 소박하면서도 세련된 미를 중시하는 에도(江戸) 취미가 나타났다.

이에 대해 농민의 생활은 매우 소박하였다. 식생활에서는 쌀· 보리· 잡곡· 무· 채소류 등을 섞어 끓인 죽이 일상의 주식이었다. 의복은 마포가 이용되었지만 목면재배가 보급되면서 면포도 널리 퍼졌다.

이 시기에는 오락도 유행하여 도시에서는 가부키 극장을 비롯한 요세(寄席)[20], 미세모노(見せ物)[21] 등의 공연장이 생겼다. 또 도시· 농촌을 불문하고 연중행사와 제례 등이 서민의 생활속의 문화로 발달하고 교토의 기온마쓰리(祇園祭), 에도의 산노마쓰리(山王祭) 등은 특히 성대히 개최되었다.

국학의 전개

국학은 일본 정신문화의 전반에 걸친 연구로 유교· 불교 등 외래사상에 영향받기 이전의 일본 고래의 사상을 연구하는 학문이다. 이보다 먼저 승려인 게이츄(契沖)가 나타나 『만엽집』을 전권에 걸쳐 정밀한 고증을 행하고 주석을 달았다. 이어 교토의 신관(神官)인 가다노 아즈마마로(荷田春満)가 고어· 고문학을 연구하여 유학과 불교사상의 영향을 받지않는 일본고유의 사상을 밝히려고 하였다. 그 제자인 가모노 마부치(賀茂真淵)는 『만엽집』을 중심으로 일본의 고전을 연구하여 고대정신(古道)의 부

---

20) 사람들을 모아 재담· 만담· 야담 등을 들려주는 대중적 연예장.
21) 돈을 받고 곡예· 요술 등을 흥행하는 가설 공연장.

▲ 本居宣長의 『古事記伝』

할을 제창하여 국학을 학문으로서 확립하였다. 더욱이 마부치의 제자인 모토오리 노리나가(本居宣長)는 고대정신을 체계화시켜 국학을 대성하였다. 대표적인 저작은 1789년에 완성한 『고사기전(古事記伝)』44권이다. 그는 이 저작에서 유교와 불교에 영향받지 않은 순수한 일본고유의 정신이 있다고 해서 그 사본을 모아 교정하고, 고대의 일본인 본래의 정신 즉 신이 정한 길로 복귀해야 한다고 하는 복고사상의 체계를 정비하였다. 노리나가의 제자는 500여명에 달하며 전국 각지에 퍼져 국학은 크게 발전하였다. 또 맹인이었던 하나와 호키이치(塙保己一)는 막부의 원조하에 화학강담소(和学講談所)를 설립하고 고서·고기록을 수집하여 방대한 『군쇼루이쥬(群書類従)』를 편집·간행하였다. 그리고 반 노부토모(伴信友)도 고전문헌의 고증에 업적을 내었다.

막부 말기에는 히라타 아쓰타네(平田篤胤)가 나와 노리나가의 고대정신을 체계화하여 복고신도(復古神道)를 주창하였다. 이 설은 배외주의·국수주의의 경향이 강하고 막부 말기에는 하급무사와 부농층에게 퍼져 존왕양이(尊王洋夷) 운동에 영향을 주었다.

난학(蘭學)의 발달 쇄국 전 1세기간은 기독교를 통해서 서양과학이 들어왔지만, 쇄국하에서는 네덜란드 상관장(和蘭商館長)이 막부에 제출한 네덜란드풍설서(和蘭風説書) 이외에는 해외사정을 알 기회를 갖지 못하였다. 서구의 학문과 사상도 네덜란드을 통해서만 전해졌다. 8대 장군 요시무네는 실학의 장려를 위해 양서수입의 금지를 완화하고 아오키 콘요(青木昆陽)·노로 겐죠(野呂元丈)에게 네덜란드어를 습득시켜 서양 학문을 본격적으로 연구하게 하였다. 이를 난학(蘭学)이라 하고 후에는 양학이라고 불리었다[22]. 발달한 의학을 받아들이고 식산흥업을 추진할 필요에서 난학은 점차 보급되어 갔다.

그 중에서 마에노 료타쿠(前野良沢)와 스기타 겐파쿠(杉田玄白) 등이 서양의학의 해부서를 기술한 『해체신서(解体新書)』를 4년간의 번역작업 끝에 완성하였다. 이

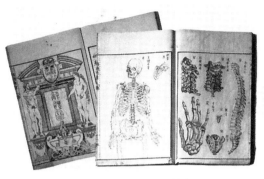

▲ 근대적인 서양 의학서인 『解体新書』

후 난학은 급속히 발전하였다. 오쓰키 겐타쿠(大槻玄沢)는 난학의 입문서인 『난학계제(蘭学階梯)』를 저술하고 에도(江戸)에 사숙 지란당(芝蘭堂)을 열어 난학을 강설하였다. 또 우다가와 겐즈이(宇田川玄随)는 네덜란드의 내과 의학서를 번역해서 『서설내과찬요(西説内科撰要)』를 저술하고, 이나무라 산파쿠(稲村三伯)는 최초의 난일사전(蘭日辞典)인 『하루마와게(ハルマ和解)』를 간행하였다.

이윽고 난학은 의학 뿐만 아니라 천문학·역학·지리·물리·화학·병학 등의 분야에도 미쳤다. 천문학에서는 시즈키 타다오(志筑忠雄)가 『역상신서(暦象新書)』를 저술하여 뉴톤의 만유인력설과 코페르니쿠스의 지동설을 소개하였다. 막부의 덴몬카타(天文方)[23]였던 다카하시 요시토키(高橋至時)는 새로운 천문학의 지식으로 간세이력(寛政暦)을 만들었다. 그 제자인 이노 타다타카(伊能忠敬)는 전국의 연안을 약 18년에 걸쳐 측량하여 정밀한 일본지도인 대일본연해여지전도(大日本沿海輿地全図)를 제작하였다.

막부도 1811년(文化8)에 번서화해어용(蕃書和解御用)이라고 하는 관청을 설치하여 난서(蘭書)를 번역케 하였다. 민간에서도 난학 연구의 관심이 높아져

---

22) 막부 말기에는 영어와 프랑스어에 의한 학문 연구도 이루어졌기 때문에 난학을 포함해 양학이라고 하였다.
23) 천문·역술·측량·지지(地誌)·양서의 번역 등에 종사한 막부의 직명.

19세기 전반에는 네덜란드상관의 의사였던 독일인 시볼트(P.Siebold)는 나가사키 교외에 진료소와 사숙을 열었고, 오가타 코안(緖方洪庵)도 오사카에서 사숙을 열어 많은 인재를 육성하여 후에 서양문화 수입의 토대를 마련하였다. 한편으로는 막부는 난학의 발전에 따라 사람들이 세계정세에 대한 인식을 깊게하고 쇄국과 봉건지배에 대한 비판을 가하게 되는 것을 두려워하였다. 이에 난학에 대한 통제를 엄중히 하고 많은 난학 연구자는 이에 연루되어 처벌받았다. 그 후 난학연구는 의학 등의 실용적인 지식과 군사기술에 중점이 놓여지게 되었다.

정치·사회비판론의 대두

봉건사회가 모순을 드러냄에 따라 막부와 번의 정치 혹은 봉건지배기구 그 자체에 대한 비판이 제기되기 시작하였다. 18세기 중엽 안도 쇼에키(安藤昌益)는 『자연진영도(自然真営道)』를 저술하여 신분제를 부정하고 사람이 사람을 지배하는 일이 없는 농업본위의 자연세상을 이상사회로서 추구하였다.

상품경제의 발전에 따라 현실적인 경세사상도 주창되었다. 다자이 순다이(太宰春台)는 무사가 죠닌화(町人化)하여 전매제도에 의해 이익을 취해야 한다고 주장하고 가이호 세이류(海保青陵)는 무사가 상업을 저속히 여기는 것은 잘못이라고 비판했다. 혼다 토시아키(本多利明)는 서양제국과의 교역에 의한 부국책을 논하고 사토 노부히로(佐藤信淵)는 산업의 국영화와 무역의 진흥을 주장하였다.

한편 유학 중에 있는 존왕사상은 천황을 왕자(王者)로서 존숭해야 한다는 사상으로 미토학(水戶學)[24]등에서 주장되었는데 어디까지나 관념적인 것에 머무르고 있었다. 그러나 18세기 중엽 다케우치 시키부(竹内式部)는 교토에서 유학의 존왕척패(尊王斥覇)[25] 사상에 기초하여 공가들에게 존왕론을 주장하여

---

24) 미토번(水戶藩)의 대일본사(大日本史) 편찬사업을 중심으로 일어난 학파로서 주자학을 중심으로 국학·신도를 종합하여 황실존숭과 봉건적 질서의 확립을 설했다.
25) 주자학의 대의명분론에는 덕으로 통치하는 왕자(王者)는 힘으로 지배하는 패자(覇者)

막부로부터 추방형을 받았다. 더욱이 야마가타 다이니(山県大弐)도 에도에서 존왕론을 강설하여 막부정치의 부패를 비난하였기 때문에 처형되었다. 일반적으로 존왕론은 막부를 부정하는 것이 아니라 조정을 존숭함으로써 막부의 권위를 지키려고 한 것이 많았다. 복고주의의 입장에서 존왕론을 주창한 국학자도 장군은 천황의 위임을 받아 정권을 맡고 있는 것으로 생각하였고 막부정치를 부정했던 것은 아니었다.

존왕론은 막부말기에 대외관계가 긴장해짐에 따라 양이론(攘夷論)과 결합하여 존왕양이론(尊王攘夷論)으로서 현실의 정치운동에 이념적 근거를 제공하였다. 특히 미토학(水戸学)이 그 중심이 되어 후지타 유코쿠(藤田幽谷)와 그의 아들 도코(東湖), 아이자와 야스시(会沢安)등이 주장하였다. 이 미토학의 존왕양이론은 국학의 히라타파(平田派)의 복고신앙(復古信仰)과 함께 막말의 정치운동에 큰 영향을 주었다.

보다 우월하다는 존왕척패(尊王斥覇)의 사상이 있다. 이를 일본에 적용하여 천황을 존숭해야 한다고 주장한 것이다.

▲ 岩倉具視의 구미사절단(山口蓬春作)

時代	年代	天皇	總理	事　　件
근 · 현 대	1868 明治1	明治	太政大臣	무진전쟁. 5개조의 서약. 1世1元의 制
	1869 〃 2	〃		東京천도. 판적봉환
	1871 〃 4	〃	三条	폐번치현. 일청수호조규
	1873 〃 6	〃	〃	징병령. 지조개정조례. 정한론자 패배
	1875 〃 8	〃	〃	元老院·大審院 설치. 樺太·千島 교환조약. 강화도사건
	1876 〃 9	〃	〃	조일수호조규. 廃刀令. 秩禄処分
	1877 〃 10	〃	〃	서남전쟁
	1879 〃 12	〃	〃	琉球藩 폐지, 沖縄県 설치
	1885 〃 18	〃	総理	천진조약. 내각제 발족
	1889 〃 22	〃	伊藤	대일본제국헌법 발포
	1894 〃 27	〃	〃	청일전쟁(~95)
	1895 〃 28	〃	〃	시모노세키 조약. 삼국간섭
	1900 〃 33	〃	〃	치안경찰법. 북청사변. 입헌정우회 결성
	1904 〃 37	〃	〃	러일전쟁. 제1차 한일협약
	1905 〃 38	〃	〃	제2차 일영동맹협약. 포츠머드조약. 제2차 한일협약
	1909 〃 42	〃	桂	伊藤博文, 안중근에 의해 사살됨
	1910 〃 43	〃		한일합방조약
	1914 大正 3	大正	山本	제1차 세계대전에 참전
	1917 〃 6	〃	寺内	石井·랜싱 협정
	1919 〃 8	〃	原	3.1운동. 베르사이유조약 조인
	1923 〃 12	〃	山本	관동대지진
	1927 昭和2	昭和	若槻	금융공황. 山東 출병
	1928 〃 3	〃	田中	최초의 보통선거 실시. 張作霖 폭살사건
	1932 〃 7	〃	犬養/斎藤	上海 사변. 만주국 건국 선언
	1937 〃 12	〃	近衛	중일전쟁
	1938 〃 13	〃	〃	국가총동원법 실시
	1941 〃 16	〃	近衛/東条	하와이 진주만 공격(태평양 전쟁)
	1943 〃 18	〃	東条	대동아회의. 학도출진
	1944 〃 19	〃	東条/小磯	東条내각 총사직. 본토폭격 본격화. 여자정신대근로령
	1945 〃 20	〃	近衛/鈴木	東京대공습. 미군 沖縄 점령. 広島·長崎에 원폭 투하
			東久迩	포츠머드조약을 수락. 항복문서조인
	1946 〃 21		幣原/吉田	천황인간선언. 농지개혁 개시. 극동국제군사재판 개시. 일본국 헌법 공포
	1954 〃 29	〃	〃	방위청·자위대 발족
	1972 〃 47	〃	田中	沖縄반환 실현. 일중국교정상화

제11장 근대국가의 형성

┌─ 시대개관 ■────
　　19세기 후반의 일본은 아시아의 여러 민족과 마찬가지로 구미의 근대적인 군
사력과 자본주의의 경제력 앞에 위기에 직면해 있었다. 봉건사회가 해체되고 있
던 일본에서는 배외주의적인 존왕양이 운동이 표면화되었다. 이 움직임은 근대
적인 군사력을 정비하면서 국가통일을 목표로 하는 토막운동(討幕運動)으로 전화
되어갔다. 이리하여 메이지 유신(明治維新)이 진행되어 천황을 중심으로 하는 중
앙집권적인 국가체제가 실현되었다.
　　이렇게 성립한 메이지 국가는 구미의 근대문명과 기계제 공업의 도입에 적극
적이었지만, 민중의 생활개선과 민주주의적인 제도의 실현에는 소극적이었다.
또 폐번치현(廃藩置県)을 실현시켜 부국강병과 식산산업은 추진되지만, 지조(地
租)는 무거웠고 의회제도도 억제되었다. 그 사이 동아시아 국제관계 속에서 일
본의 입장은 변화하여 구미에 대해서는 추종적·타협적이었고 주변제국에 대해
서는 강압적인 자세를 보였다.
　　이러한 메이지 국가의 자세에 대해 일본국민은 구미에 대한 타협적인 조약개
정교섭에 반대하는 민족주의, 경제의 자유로운 발전을 구하는 자유주의, 국민의
참정권을 구하는 민주주의 등 자유민권운동이 광범위하게 국민운동으로 발전하
였다. 메이지 국가는 이 운동에 직면하여 한편으로는 그 방침을 수정하면서 다
른 한편으로는 운동을 분열시키려 하였다. 이리하여 유신 이래의 천황을 중심으
로 한 통일국가는 그 실질은 남기면서도 새로운 형태를 갖게 되었다.

1 개국과 에도 막부(江戸幕府)의 멸망

| 구미제국의 침략과 개국 |

구미열강 중에서 가장 자본주의가 발전하고 군사
력도 강내했던 영국은 1840년(天保11)에 청국에 대

▲ 미국의 페리 함대

해 아편전쟁1)을 일으켜 굴복시키고 1842년에는 남경조약을 맺어 상해(上海) 등 5개항을 개항시켜 홍콩(香港)을 빼앗았다. 이러한 사실을 입수한 막부는 그 해 이국선타불령(異国船打払令, 외국선 추방령)을 완화하고 표착한 외국선에게는 연료와 물을 공급하면서 퇴거할 것을 요청하였다. 그러나 막부는 여전히 쇄국정책을 고수하였다. 1844년(弘化1)에 네덜란드국왕은 막부에 친서를 보내어 세계정세를 설명하며 개국의 필요성을 권고하였지만 막부는 이를 거절하였다.

이즈음 미국은 북태평양에서 활동하는 자국 포경선의 기항지와 대중국무역의 중계항으로서 일본의 개국을 바라고 있었다. 1848년(弘化3)에 멕시코로부터 빼앗은 캘리포니아지방에서 금광이 발견되자 미국의 서부개척은 급진전되었고 대중국무역도 활발해져 한층 일본의 개국을 필요로 하였다.

1853년(嘉永6)에 미국의 동인도함대 사령관인 페리(M.Perry)는 군함4척을 이끌고 우라가(浦賀)에 내항하여 국서를 보이며 개국을 요구하였다. 막부는 페리의 강경한 태도에 굴복하여 국서를 받아들이고 이듬해 회답하기로 약속하였다. 그 직후 러시아도 나가사키(長崎)에 내항해 개국을 요구하였다. 당시 로쥬(老中)였던 아베 마사히로(阿部正弘)는 이제까지 막부가 정치를 독단으로 결정해 온 관례를 깨고 외교정책에 대해서 널리 여러 다이묘와 막부의 신료들

---

1) 1840년~42년에 영국과 청국간의 아편 수입금지를 둘러 싼 전쟁. 당시 영국은 청국으로부터 차, 비단을 수입하고 있었는데, 수출이 부진하고 이에 대응할만한 품목이 없자 인도로부터 금지품목인 아편을 청국에 밀수출하였다. 그 양은 19세기에 급격히 증가하여 중국의 은이 대량으로 유출되었다. 이에 청국은 1839년 광동(広東)에서 수입된 아편을 몰수·소각시켰고, 영국은 무력으로 중국연안의 요지를 공격하여 청국을 굴복시켰다.

에게 자문을 구
하고 또 조정측
에도 페리내항
사실을 알렸다.

1854년(安政1)

▲ 아메리카 총영사 해리스의 江戸入城

페리는 군함7척을 이끌고 재차 내항하여 강경한 자세로 개국을 요구하였다.
막부는 어쩔 수 없이 그의 요구를 받아들여 미일화친조약을 맺고 연료·식수
·식량을 공급하기 위해 시모다(下田, 靜岡県의 남동부)·하코다테(箱館, 현 函館,
北海道 渡島半島의 남단) 2항을 개항하여 영사의 주재를 인정하고 일방적인 최
혜국대우를 하기로 약속했다. 이어서 영국·러시아2)·네덜란드등과도 거의 같
은 내용의 화친조약을 맺었다. 이로서 200여년에 걸친 막부의 쇄국정책은 드
디어 막을 내렸다.

통상조약의 체결 화친조약의 약속에 따라 1856년(安政3), 시모다에 부임한
미국 총영사 해리스(T.Harris)는 로쥬(老中) 홋타 마사요시
(堀田正睦)에게 통상조약의 체결을 강요했다. 이에 마사요시는 전권위원을 임
명하여 해리스와의 교섭에 나서게 하는 한편, 다이묘들과 막부의 신료에게도
자문을 구했다. 이에 대한 답신은 조약체결에는 반대하지 않지만 조정의 허
가를 받는 편이 좋다는 의견이 많았다. 이러한 사태는 조정의 권위를 높임과
동시에 다이묘들에게 막부에 대한 발언의 기회를 제공했다. 또 막부는 인재
를 등용하여 에도만(江戸湾)에 포대를 구축하고 대선박의 건조를 해금하는 등
의 개혁을 단행하였다.

마사요시는 해리스와의 조약을 체결하기 위해 천황의 칙허를 얻을 목적으
로 1858년(安政5)에 교토(京都)에 들어갔다. 그러나 고메이(孝明) 천황이 조약체

---

2) 이때 일본과 러시아는 치시마(千島)열도의 에토로후(択捉島)와 우루프(得撫)섬 사이를
   국경선으로 정하여, 그 이남을 일본령으로 그 이북을 러시아령으로 하였다. 가라후토
   (樺太, 현 사할린)는 양국 공유지로 하였다.

결에 반대하고 또 조정내에서도 도쿠가와 나리아키(德川齊昭) 등의 양이론자의 입장에 동조하는 공경이 많아 칙허는 얻을 수 없었다. 그 후 다이로(大老)였던 이이 나오스케(井伊直弼)는 칙허를 얻지 못한채 그 해 6월 일미수호통상조약(日美修好通商条約)에 조인하였다3).

이 조약에 의해 일본은 ①시모다(下田)·하코다테(箱館) 외에 가나가와(神奈川)·나가사키(長崎)·니이가타(新潟)·효고(兵庫)등 4항의 개항과 에도(江戶)·오사카(大坂)의 개시(開市) ②공사·영사의 주재와 영사재판권(치외법권)을 인정하고 ③미국인의 거류와 일미양국 상인의 자유무역을 인정하고 관세는 양국이 협정한 세율에 의한다(관세자주권의 포기)는 것을 약속하였다. 이 조약은 일본에게 불리한 불평등조약이었다. 이어서 네덜란드·러시아·영국·프랑스와도 같은 조약을 맺었다(安政의 5개국 조약).

개항과 그 영향   통상조약에 따라 무역은 1859년(安政6)부터 요코하마(橫浜)4)·나가사키(長崎)·하코다테(箱館)에서 시작되었다. 일본측은 생사·차·잠란지(蚕卵紙, 누에나방의 알을 붙인 종이)·해산물·식료품 등을 많이 수출하고, 모직물·견직물 등의 섬유제품과 철포·함선 등의 군수품을 수입하였다. 특히 영국과의 무역액이 압도적으로 많았고 요코하마(橫浜)에서의 거래가 전체의 8할을 차지하였다. 수출입품의 거래는 은화를 이용하였다. 당시 일본과 외국의 금은의 상대가치는 현저한 차이가 있었기 때문에 거액의 금화가 해외로 유출되었다5). 이에 막부는 화폐의 재주조로 금화의 품질을 낮추어 이를 방지하려 했지만 이 조치는 화폐가치를 떨어뜨렸기 때문에 오히려 물가의 폭등을 초래하였다.

---

3) 이 조약의 추진서 교환을 위해 막부는 1860년(万延1), 신미 마사오키(新見正興) 등의 사절을 워싱턴에 파견했다.
4) 조약에는 가나가와(神奈川)를 개항하기로 되어 있었으나 막부는 교통량과 치안상의 이유로 그 남쪽의 요코하마로 바꿨다.
5) 일본에서는 금1에 은5, 외국에서는 금1에 은15의 교환비율이었기 때문에 외국상인은 은으로 일본의 금화를 싸게 구입했다.

무역은 매년 증가하고 막부말기에는 수출초과가 지속되었다. 그러나 수출의 격증으로 국내 물가가 상승하여 도시에 사는 무사와 죠닌의 생활은 큰 타격을 받았다. 또 무역상인과 재향상인은 물자를 산지에서 구매하여 이를 직접 개항장에 보내 거래했기 때문에 도이야(問屋, 도매상)들도 타격을 받았다. 이 때문에 막부는 특권상인을 통해 무역을 통제하기 위해 1860년(万延1)에 잡곡·물기름·납(蠟)[6]·포목·생사 등 5품목은 반드시 에도(江戸)의 도이야(問屋)를 거쳐 수출하도록 명했다(五品江戸廻送令). 그러나 재향상인(在郷商人)과 외국상인의 반대로 효과는 거두지 못했다.

정국의 전환 미국 총영사 해리스로부터 통상조약의 체결을 압박받고 있을 무렵, 막부에서는 13대장군 이에사다(家定)에게 아들이 없어 그 후계문제를 둘러싸고 대립이 일어났다. 에치젠(越前) 번주 마쓰다이라 요시나가(松平慶永)·사쓰마(薩藩) 번주 시마즈 나리아키라(島津斉彬) 등은 능력있는 히토쓰바시가(一橋家)[7]의 도쿠가와 요시노부(德川慶喜)를 추천하였는데, 장군가와 혈통이 가까운 유년의 기이(紀伊) 번주 도쿠가와 요시토미(德川慶福)를 추천한 후다이 다이묘(譜代大名) 등과 대립하였다. 이 대립은 실은 장군의 후사문제 뿐만 아니라 막정개혁파(雄藩聯合派)와 막부독재파(譜代小藩派)의 대립이기도 하였다. 다이로(大老) 이이 나오스케(井伊直弼)는 반대파인 막정개혁파를 누르고 요시토미(慶福)를 장군 후계자로 정하고(제14대 德川家茂) 더욱이 칙허를 얻지 않은채 통상조약에 조인하였다.

통상조약의 무칙허 조인에 고메이(孝明) 천황은 분노하여 조정과 막부는 충돌하였다. 나

▲ 14代장군 德川家茂

---

6) 동식물체에서 추출해 낸 물질로서 양초·방수제·화장품·고약 등의 원료로 쓰임.

7) 도쿠가와가(德川家)의 분가. 8대장군 요시무네(吉宗)의 4남 무네타다(宗尹)가 에도성 히토쓰바시몬(一橋門) 안에 저택을 하사받고 일가를 이룬데서 시작되었다.

오스케는 강경하게 조정과 반대파의 공가(公家)·다이묘를 억누르고 그 가신들 다수를 처벌하였다(安政의 大獄)[8]. 이러한 탄압에 분노한 미토번(水戸藩)의 낭사(浪士, 주군을 잃은 무사)들은 1860년(万延1) 3월 사쿠라다몬(桜田門) 밖에서 나오스케를 암살하였다(桜田門外의 変). 이것은 결과적으로 반막부운동을 격화시키는 원인이 되었음을 보여주는 것이다.

| 공무합체와 존왕양이 운동 | 나오스케의 뒤를 이어 로쥬(老中)가 된 안도 노부마사(安藤信正)는 조정과의 융화를 꾀하고 막부의 권위를 회복시키기 위해 조정(公)과 막부(武)가 합체하여 정국을 안정시키고자 하는 공무합체운동(公武合体運動)을 추진하였다. 그 결과 고메이(孝明)·천황의 누이동생인 가즈노미야(和宮)를 장군 이에모치(家茂)의 부인으로 맞이하였다. 그러나 이 정략결혼은 존왕양이론자로부터 비난을 받고 노부마사는 1862년(文久2) 1월에 습격을 받아 부상을 입고 실각하였다(坂下門의 変). 노부마사의 실각 후 웅번의 발언확대를 노린 사쓰마번(薩摩藩)의 시마즈 히사미쓰(島津久光)는 독자적인 공무합체운동을 추진하여 에도에 가서 막정개혁(幕政改革)을 요구했다. 막부는 사쓰마번의 의향을 받아들여 개혁을 추진하였다(文久의 개혁[9]).

이 시기에 하급무사가 주장하는 존왕양이론을 번론(藩論)으로 정한 죠슈번(長州藩)은 산죠 사네토미(三条実美)를 비롯한 급진파 공가와 결탁하여 조정을 움직여 양이(攘夷)의 결행을 막부에 강요하였다. 막부는 할 수 없이 1863년(文久3) 5월10일을 기해서 양이를 결행하도록 각 번에 명령하였다. 죠슈번은 그날

---

8) 도쿠가와 나리아키(徳川斉昭)·도쿠가와 요시노부(徳川慶喜)·마쓰다이라 요시나가(松平慶永) 등은 처벌되고, 에치젠(越前) 번사(藩士) 하시모토 사나이(橋本左内)·죠슈(長州) 번사(藩士) 요시다 쇼인(吉田松陰) 등은 사형에 처해졌다.

9) 마쓰다이라 요시나가(松平慶永)를 정사총재직(政事総裁職)에, 도쿠가와 요시노부(徳川慶喜)를 장군후견직(将軍後見職)에, 마쓰다이라 카타모리(松平容保)를 교토슈고직(京都守護職)에 임명했다. 아울러 서양식 군제를 채용하고, 산킨코타이제(参勤交代制)를 완화하였다.

▲ 사쓰마·영국의 전쟁도

시모노세키(下関) 해협을 통과하는 외국선을 공격하여 양이를 실행에 옮겼다.

이러한 움직임에 대해서 사쓰마(薩摩)·아이즈(会津, 현 福島県 会津지방) 양번은 공무합체파의 공가(公家)와 손을 잡고 무력으로 궁궐을 포위하여 산죠 등의 급진파 공경을 교토에서 추방하고 조정내에서 죠슈번 세력을 일소하는 쿠데타를 감행하였다(8월18일 정변). 이듬해 1864년(元治1) 죠슈번을 중심으로 한 존왕양이파는 교토(京都)로 쳐들어 갔으나 사쓰마·아이즈번의 번병(藩兵)과 싸워 패하였다(禁門의 変).

막부는 이를 계기로 존왕양이파의 거점인 죠슈번을 토벌하기 위해 각 번의 군대를 동원하여 죠슈번 원정에 나섰다(제1차 長州정벌). 또 열강도 앞서의 포격에 보복하기 위해 영국을 선두로 한 프랑스·미국·네덜란드 등 연합함대는 죠슈번의 시모노세키(下関) 포대를 공격하였다(4국함대 下関포격사건). 죠슈번은 응전했으나 강력한 연합함대에는 대항하지 못하고 강화를 맺었다. 이로 인하여 죠슈번의 내부에는 보수파가 대두하고 그들은 막부에 대해 공손한 태도를 취했기 때문에 전쟁은 종결되었다. 그리고 사쓰마번도 전년에 나마무기 사건(生麦事件)[10]의 보복을 위해 가고시마만(鹿児島湾)에 진격해 온 영국 군함의 포화를 받아(薩英戦争) 점차 양이(攘夷)가 불가능함을 인식하기 시작하였다.

| 토막운동(討幕運動)의 전개 | 죠슈번의 존왕양이파와 사쓰마번의 하급무사들은 전쟁을 통해 서양열강의 강력한 군사력을 체험하였다. 죠슈번에서는 1865년(慶応1) 다카스기 신사쿠(高杉晋作) 등의 혁신파 |

---

10) 1862년 8월, 막정개혁을 요구하기 위해 에도(江戸)에 온 시마즈 히사미쓰(島津久光) 일행이 귀환도중 요코하마(横浜) 교외의 나마무기(生麦)촌에서 영국상인이 행렬을 방해했다는 이유로 사쓰마 번사가 이들을 살상한 사건이다. 사쓰마번은 당시 공무합체운동을 진행하고 있지만, 양이(攘夷)라는 점에서는 존왕양이파와 통하는 바가 있었다.

가 기병대11)를 이끌고 반란을 일으켜 번내의 보수파로부터 번의 실권을 빼앗았다. 신사쿠는 가쓰라 코고로(桂小五郞, 木戶孝允) 등과 번정 개혁에 착수하고 영국에 접근하여 군비를 정비하는등 부국강병을 실현시켜 나갔다. 사쓰마번도 영국과의 전쟁후 사이고 타카모리(西鄕隆盛) · 오쿠보 토시미치(大久保利通) 등의 하급무사가 번정의 주도권을 장악하여 군비 확충을 꾀하고, 종래의 공무합체 방침으로부터 막부의 독단적인 정책에 반대하여 막부타도의 방침으로 전환하였다.

한편 막부는 프랑스와 제휴하여 군사력을 강화하고 반막부적 경향이 강한 죠슈번을 다시 공격할 계획을 세웠다. 이 때문에 죠슈번은 이제까지 반목해 왔던 사쓰마번과 제휴할 필요성을 느꼈다. 이러한 형세를 파악한 도사번(土佐藩, 高知縣 중부) 출신의 사카모토 료마(坂本龍馬) · 나카오카 신타로(中岡愼太郞) 등은 반막부의 기치를 내걸고 1866년(慶応2)에 사쓰마와 죠슈 양번간에 군사동맹의 밀약을 맺게 하였다(薩長同盟).

막부는 죠슈번이 제1차원정시의 항복조건을 지키지 않았다는 이유로 재원정을 결정하고 1866년 6월에 죠슈번과 전투를 벌였다(제2차 長州원정). 그러나 이미 사쓰마 · 죠슈번의 동맹이 성립해 있었기 때문에 사쓰마번은 막부의 출병명령에 응하지 않았다. 전의를 상실한 막부군은 근대무기로 무장한 죠슈번의 강한 항전에 고전하였고, 이해 7월 장군 이에모치(家茂)가 오사카성에서 급사하는 바람에 전투는 중지되었다.

개국에 의한 경제의 혼란과 정국을 둘러싼 항쟁은 사회불안을 야기시키고, 쌀값 폭등으로 에도 · 오사카 주변에서는 대규모의 민중소요가 발생하였는데 이윽고 전국적으로 퍼져나갔다. 민중소요 중에는 요나오시(世直し)라 하는 봉건적 질서를 변혁하려는 움직임도 있었다. 막부정치는 점점 곤란한 상태에 빠져들어 갔다.

---

11) 다카스기 신사쿠가 1863년 외국군함의 시모노세키 포격에 대비하여 무사세력 외에 농민 · 상인도 참가시켜 결성한 새로운 군대. 이 군대는 번내 각지에도 조직되어 존왕양이파의 군사력의 중심이 되었다.

1866년(慶応2) 12월 고메이 천황이 사망하고 이듬해 1월 메이지(明治) 천황이 즉위하였다. 장군이 된 도쿠가와 요시노부(德川慶喜)는 막정(幕政)의 개혁을 추진하고 막부의 권위를 강화하는 데 최후의 노력을 기울였다. 이에 대해 사쓰마·죠슈 양번은 공경인 이와쿠라 토모미(岩倉具視[12]) 등과 연락하여 토막(討幕)의 실행계획을 세우고, 드디어 10월 14일에 조정은 양번에 대하여 토막의 밀칙을 내렸다.

한편 전 도사번주(土佐藩主) 야마노우치 토요시게(山内豊信)는 시국의 평화적인 수습을 바라며 막부가 정권을 조정에 반환(大政奉還)하는 것이 필요

▲ 江戸 막부의 최후의 장군
德川慶喜

하다고 하는 고토 쇼지로(後藤象二郎)의 의견을 받아들여 그 뜻을 막부측에 건백하였다. 그 내용은 천황 아래에서 막부를 포함한 웅번이 연합체제를 구축한다는 구상이었다. 이 건백서를 받은 막부에서는 장군 요시노부가 웅번제후회의(雄藩諸侯会議)에서 실권을 장악할 수 있다고 판단하여 조정에 대정봉환을 올렸고 조정은 이를 수리하였다. 사쓰마·죠슈 양번은 막부를 무력으로 타도하려는 명분은 상실했지만 이를 포기하지 않고 12월 9일에 무력을 동원한 정변을 일으켜 왕정복고의 대호령(王政復古의 大号令)을 발포하였다. 그 내용은 장군 요시노부의 사직을 정식으로 허가하고, 섭정·관백 및 막부를 폐지하며, 조정내에 총재·의정(議定)·참여(参与) 3직[13]을

---

12) 메이지 유신에 있어서 조정내에서 가장 중심적 역할을 했던 인물이다. 막부타도를 주장하는 지도자들과 연락을 취하여, 토막론(討幕論)을 전개하고 왕정복고의 사실상의 계획·실행자가 되었다.

13) 총재에는 친왕(親王)이, 의정에는 공경과 웅번의 다이묘가, 참여에는 웅번의 번사(藩士) 등이 임명되었다. 참여직에는 사쓰마번의 사이고 타카모리(西郷隆盛)·오쿠보 토시미치(大久保利通), 도사번에서는 고토 쇼지로(後藤象二郎)·후쿠오카 타카치카(福岡孝弟)가 임명되고, 얼마 안있어 죠슈번의 기도 타카요시(木戸孝允)·히로자와 사네오미(広沢真

▲ 소어전회의의 그림

설치하는 것 등이다. 이제 정치의 운영은 신정부측에 넘어가게 되었다. 그날 밤 소어소회의(小御所会議)에서 장군 요시노부의 관위사퇴와 영지의 일부 반납을 결정하였다(辭官納地). 여기에서 260여년간 계속되어 온 에도막부는 멸망하고 약 700여년간에 걸친 무가정치의 역사는 막을 내렸다.

2 메이지유신(明治維新)과 부국강병

메이지 정부의 성립

에도막부가 무너지고 천황을 정점으로 한 신정부가 탄생한 것은 일면 왕정복고였지만 한편으로는 봉건제도를 해체하고 새로운 통일국가를 건설하기 위한 제개혁의 출발점이었다. 이러한 일련의 대개혁의 과정을 메이지 유신(明治維新)이라고 한다.

신정부가 수립되었음에도 불구하고 구막부세력은 여전히 온존해 있었으며 도쿠가와 요시노부도 영지를 반환하려고 하지 않았다. 그래서 사쓰마번·죠슈번을 중심으로 한 토막(討幕) 세력은 구막부세력을 일소하려고 획책하였다. 구막부측은 이에 격분하여 1868년 1월에 교토의 도바(鳥羽)·후시미(伏見)에서 신정부군과 싸웠다. 그러나 구막부군은 패하고 요시노부는 에도로 퇴각하였다. 신정부군은 에도성 총공격을 결정했으나 요시노부는 신정부군에 복종의 뜻을 표명하고, 신정부군의 참모인 사이고 타카모리(西郷隆盛)에게 항복을 신청하여 이해 4월 신정부군은 에도성에 무혈입성하였다[14]. 그 후 구막부측의 저항이 계속되었으나 모두 진압되고 1869년 5월에 이르러 약 1년 5개월에 걸친 내전은 종결하였다(戊辰전쟁)[15].

臣)가 여기에 가세했다.

14) 제외국은 국외중립을 선언하였다. 특히 영국은 내전에 의한 일본시장의 혼란을 우려하여 에도성 총공격을 피할 것을 요망하였다.

15) 내전이 시작된 1868년이 간지로 무진년(戊辰年)이었기 때문에 이후의 전쟁을 포함해서

▲ 江戸城으로 향하는 明治天皇 행렬

▲ 明治天皇(1872년 촬영)

내전 기간중에 신정부의 기초는 확립되어 갔다. 1868년(慶応4) 3월 메이지 천황은 5개조 서문(誓文)을 공포하는 등 신정부의 국책의 기본을 제시하는데, 그것은 천황이 백관을 이끌고 신(神)들에게 서약한다는 형식을 취하여 천황 친정을 강조하였다. 한편 정부는 민중에 대해서는 5방의 게시(5榜의 揭示)를 내걸어 군신·부자·부부 간에 대해서 유교적 도덕을 설교하고 또 도당(徒党)· 강소(強訴)등 민중의 소요를 금하며 기독교를 사교로 취급하는 등 구막부의 민중통치정책을 그대로 따랐다. 이해 윤4월에는 정체서(政体書)를 공포하고 정부의 조직을 정비하였다. 이 정체서에서는 왕정복고의 정신을 본받아 다이호령(大宝令)의 옛 제도를 따라 태정관(太政官)이 부활되어 중앙통치기구로서 모든 정치권력을 장악하였다. 또 태정관 밑에 입법·사법·행정기관이 설치되고 삼권분립의 형식이 취해졌다.

1868년 7월에는 에도(江戸)를 도쿄(東京)로 고치고 9월에는 연호를 메이지(明治)로 개원하여 1세1원(一世一元) 제를 정하였다. 그리고 이듬해에는 수도를 교토(京都)에서 도쿄(東京)로 수도를 옮기고 에도성(江戸城)을 황거(皇居)로 삼았다.

| 판적봉환(版籍奉還)과 폐번치현(廢藩置縣) | 왕정복고에 의해 실현된 메이지 정부는 처음에는 웅번연합 |

정권적 성격이 강했으나 무진(戊辰) 전쟁을 통해서 중앙집권적 성격으로 변화

무진전쟁이라 총칭한다.

되어 갔다. 더욱이 반정부적 움직임을 제압하기 위해서는 천황 중심의 집권적인 통일국가체제를 확립할 필요가 있었다.

이러한 상황하에서 기도 타카요시(木戸孝允, 長州藩)·오쿠보 토시미치(大久保利通, 薩摩藩)·이타가키 타이스케(板垣退助, 土佐藩)·오쿠마 시게노부(大隈重信, 肥前藩) 등 신정부의 수뇌진은 협의하여 각각의 번주를 설득하여 그 토지(版図)와 인민(戸籍)을 지배하는 영주권을 천황에게 반환하도록 건백케 하였다. 네 번주의 건백의 결과 전국의 번주도 이에 따르게 되고 1869년(明治2) 6월에는 전국적으로 이루어졌다. 이를 판적봉환(版籍奉還)이라고 한다. 정부는 구번주를 구영지의 지번사(知藩士)로 임명하여 종래와 같이 번정을 맡겼다16).

이렇게 하여 번주의 가록과 번재정과는 분리되었지만, 구 다이묘는 실질적으로 온존되고 조세와 군사의 양권은 변함없이 각번에 속해 있었다. 이 때문에 실질적인 효과는 거두지 못하였다. 한정된 직할지(府県)로부터 연공징수를 철저히 행한 까닭에 각지에서 소요가 일어났으며, 또 불평사족에 의한 정부고관의 암살과 반정부운동이 연이어 발생하였다.

이에 정부는 번제(藩制)를 폐지해서 강력한 중앙집권을 확립할 필요를 절감하고 폐번계획을 추진하였다. 이와쿠라 토모미(岩倉具視)·사이고 타카모리(西郷隆盛)·오쿠보 토시미치(大久保利通) 등 수뇌부는 사쓰마(薩摩)·죠슈(長州)·도사(土佐) 등 3개 번으로부터 약 1만의 병력을 차출하여 정부의 친병으로 편성하고 이를 배경으로 1871년 7월 폐번치현(廃藩置県)을 단행하였다. 전국의 번을 폐지하여 부현(府県)으로 하고17) 중앙정부 임명의 부지사(府知事)·현지사(県知事, 후에 県令)가 지방행정을 담당케하였다. 그리고 구번병(旧藩兵)은 해산하여 무기는 중앙에서 몰수하였다.

---

16) 이제까지 번과 번주와의 수입은 구별되지 않았기 때문에 이를 구별해서 지번사의 가록(家禄)을 영지에서 나오는 실수익의 10분의 1로 정했다. 가록은 어디까지나 메이지 정부가 주는 봉급의 성격을 지녔다.

17) 모든 번을 현으로 했기 때문에 최초는 3부(府) 302현(県)이었지만, 이해 11월에 3부 72현으로 정리 통합했다.

이리하여 봉건적 정치체제는 소멸하고 중앙집권국가가 완성되었다. 폐번치현이 성공하고 중앙 행정조직이 개혁됨에 따라 태정관의 권력은 강화되었다. 그리고 소수의 공가 이외에는 오로지 사쓰마(薩摩)·죠슈(長州) 등 번벌(藩閥) 출신의 관료가 정치의 실권을 장악함으로써 전제적 경향이 강하게 나타나기 시작하였다.

▲「폐번치현」의 조서를 봉독하는
우대신 三条実美

| 신분제와 징병령 | 신정부는 사회제도의

면에서도 개혁을 추진하였다. 판적봉환에 의해 번주(藩主)와 번사(藩士)의 신분관계가 없어졌기 때문에 정부는 번주를 상층의 공가(公家)와 함께 화족(華族)으로, 번사를 구 막부의 신료와 함께 사족(士族)으로 편입하여 봉건적인 주종관계를 해소시켰다. 또 농·공·상을 평민으로 하고 1871년에는 에타(穢多)·히닌(非人) 등의 차별민을 평민으로 해방하였다[18]. 평민도 묘지(苗字, 姓)를 허용하고 화족·사족과의 결혼과 직업의 선택, 이주의 자유를 인정하였다. 이른바 4민평등이 이루어지고 이듬해에는 통일적인 호적이 편성되어 행해져(壬申戸籍) 새로운 신분제도가 성립하였다[19].

정부는 화·사족에 대서 종래의 봉록의 일부를 가록(家禄)으로서 지급했지만, 이것은 재정상의 커다란 부담이 되었기 때문에 1876년(明治9)에 폐지하고 금록공채(金禄公債)로 바꾸었다(秩禄処分)[20]. 이와같이 경제적 특권이 부정되었

---

18) 정부의 포고에 의해 에타·히닌의 칭호는 폐지되고 이들은 평민이 되었으나, 실제로는 혼인·주거·직업 등의 차별은 뿌리깊게 남았다. 현재에도 피차별 부락문제(部落問題)가 커다란 사회문제화 되고 있다.

19) 메이지 초년의 인구 구성은 1873년(明治6) 현재에, 화족 2829명, 사족 154만 8568명, 졸(卒, 足軽등 하급무사) 34만 3881명, 평민 3110만 6514명(전인구의 93.4%), 기타(僧侶, 神職등) 29만 8880명, 합계 3330만 672명이었다.

20) 화·사족에게 지급된 가록은 국가재정의 3할이나 차지하였다. 정부는 그 정리에 착수해 수년분 내지 십수년분의 질록(家禄과 왕정복고의 공로자에게 준 賞典禄을 합쳐 秩禄

▲ 士族의 商法을 풍자한 그림

▲ 1874년의 최초의 징병검사 사진

기 때문에 사족은 생활고에 빠졌다. 그 중의 일부는 다액의 공채를 자본으로 실업계에서 활약하는 자도 나오고 관리·교사·순사로 전직하는 자도 있었지만, 상업에 뛰어들어 실패하여 몰락하는 자도 많았다.

또 정부는 부국강병을 목표로 근대적인 군제의 창설을 꾀했다. 이제까지의 군사는 사족만이 담당했지만, 정부는 4민 징병의 군대를 만들기 위해 1873년(明治6)에 징병령을 발포하였다. 징병령은 만 20세 이상의 남자는 신분의 구별없이 징병의 대상이 되어 3년간의 병역을 복무해야 한다고 규정하고 있다. 국민개병제의 원칙이었으나 실제로는 병역을 면제받는 자도 있었다[21]. 군제의 정비에도 착수하여 1872년 병무성을 육군성과 해군성으로 분리하였고 78년에는 참모본부를 신설하고 81년에는 헌병제도를 확립하였다. 경찰제도도 정비되어 1874년에는 도쿄에 경시청(警視庁)이 설치되었다. 경찰은 군대와 함께 국가의 중요한 치안과 방위기관이었지만 동시에 탄압기구이기도 하였다.

이라 함)을 금록공채증명서(金禄公債証明書)로 교부하였다. 공채 액수는 화족1인당 평균 6만4000엔, 사족은 평균 500엔에 불과하였다. 그 이자로는 생활하기 곤란하며 대부분의 사족은 궁핍을 면치 못하였다.

21) 관리, 관·공립 전문학교 학생, 호주 및 장남, 대인료(代人料) 270엔을 지급하는 자도 면제되는 규정이 있었다. 이것은 실제로 병역의 의무가 지배자·유산자에게만 면제되어 형평성에 많은 문제가 있었다.

지조개정(地租改正)

정부는 재정적 기초를 확립하기 위해 조세징수 방법을 근대적으로 개혁하려고 했다. 1872년(明治5) 토지영대매매

▲ 1873년 지조개정조례에 기초해서 교부된 改正地券

금지령을 해제하고 지권(地券)을 교부하여 농민의 토지소유권을 인정하였다. 이어서 정부는 국가재정의 6할을 차지하고 있는 공조(貢租) 수입의 안정화와 조세의 징수방법을 통일시키기 위해 1873년 7월에 지조개정조례(地租改正条例)를 공포하였다. 그 내용을 보면, 전국의 토지를 측량하여 그 지가(地価)를 산정하고 수확량에 관계없이 일률적으로 지가의 3%를 지조(地租)로 정하고 납입방법은 현물로부터 화폐로 바꾸었다.

이상과 같은 지조개정이 실시된 결과 막부 및 각 번의 영유권이 부정되고 농민(지주·소작농)의 토지소유권이 인정되었다. 아울러 정부는 전국적인 조세 징수권을 장악하고 획일적인 조세제도를 확립하여 안정된 조세수입을 확보하였다.

그러나 새로운 지조는 종래의 세입액을 줄이지 않은채 결정되었기 때문에 농민의 부담은 이전과 변하지 않았다. 더구나 지조가 금납화되었어도 소작인이 지주에게 납부하는 소작료는 현물제였다. 또 농민이 공동으로 이용해 왔던 입회지(入会地, 山林·原野)와 장기간에 걸쳐 경작할 수 있는 영소작(永小作)의 특권도 취소되는 경우가 많았기 때문에 소작농의 생활은 오히려 불안정해 졌다.

이 지조개정에 대해서 농민의 불만은 점차 높아가고 지조의 경감을 요구하는 농민의 저항이 각지에서 일어났다. 1876년에는 이바라키현(茨城県)과 미에현(三重県)에서는 지조개정에 반대하는 대규모의 농민 소요가 일어나고 현

▲ 1872년에 개국한 日本橋 전신국

▲ 일본 최초의 철도

으로 까지 퍼져나갔다. 여기에 불평사족의 반정부운동도 높아져 갔기 때문에 1877년(明治10)에 정부는 지조를 2.5%로 인하하였다22).

| 근대산업의 발달 | 정부는 부국강병을 이룩하기 위하여 산업의 철저한 보호·장려책을 실시하였고 식산흥업정책을 추진하였다23). 우선 군사공업에 힘을 기울여 구막부의 시설을 접수하고 규모를 확대하여 관영공장으로서 경영하였다. 요코스카(橫須賀, 神奈川県의 남동부)·나가사키(長崎)의 조선소, 도쿄(東京)·오사카(大坂)의 포병 공장 등에서 병기를 생산하였다. 또 구막부가 관리했던 금은광산·석탄광산 등도 관영화하고 신기술을 도입하여 증산을 꾀했다.

1870년에 설치한 공부성(工部省)은 1872년에 도쿄(東京) - 요코하마(橫浜)간, 이어서 오사카(大阪) - 고베(神戸), 오사카 - 교토(京都)간 철도를 개설하고 개항

---

22) 지조가 지가의 3%였다는 것은 에도시대에 막부·제번이 징수했던 공조의 총액(전체수확의 약37%)과 거의 같은 액수(약34%)를 국가가 징수했음을 나타내고 있다. 지가를 2.5%로 인하한 결과 소작농의 생산미 중에서 국가가 징수하는 분이 1873년의 48%에서, 1881~89년에는 평균 22%, 1890년~92년에는 13%로 대폭 감소하였다.

23) 이 정책에는 선진적인 외국인을 고용하여 지도를 받았다. 정부가 고용한 외국인은 1875년에는 527명이고, 이중 기술자는 205명, 학교교사도 144명에 달하였다.

장과 대도시를 연결하였다. 전신도 1869년에 도쿄·요코하마간의 개통을 시작으로 5년후에는 나가사키와 홋카이도(北海道)에 까지 연결되고, 나가사키와 중국의 상하이(上海)간의 해저 케이

▲ 1872년에 개업한 富岡 제사공사

블도 설치하였다. 통신에서는 1871년 마에지마 히소카(前島密)의 건의로 관영의 우편제도가 시작하였다[24].

해운업은 정부의 적극적인 보호하에 발달하였다. 이와사키 야타로(岩崎弥太郎)가 경영한 미쓰비시(三菱) 기선회사의 발전이 두드러졌다. 미쓰비시·미쓰이(三井) 등과 같이 정부로부터 특권을 받아 독점적인 이익을 추구하는 민간 기업가를 정상(政商)이라 부른다. 농업과 목축에도 힘을 기울여 정부는 1869년에 에조지(蝦夷地)를 홋카이도(北海道)로 개칭하고 개척사(開拓使)를 두어 미국식 대농장제도를 이식하였다. 한편 수입초과의 무역수지를 개선하기 위해 수출의 중심이었던 생사 생산에 주력하여 군마현(群馬県)에 도미오카제사장(富岡製糸場)을 설치하고 기술의 도입과 여공의 양성에 노력하였다.

그리고 정부는 근대산업의 발전을 꾀하기 위해 화폐제도의 개혁과 금융제도의 정비도 추진하였다. 1869년 오사카에 조폐국을 설치하고 1871년에는 신화조례(新貨条例)를 정하여 십진법을 채용하였으며, 엔(円)·센(銭)·린(厘)의 신화폐를 주조하였다. 1872년에는 미국의 제도를 모방하여 시부사와 에이이치(渋沢栄一) 등이 중심이 되어 국립은행조례를 제정하였다. 여기에 기초하여 민간출자로 국립은행이 설립되고 화폐도 발행하였다.

---

24) 일본은 1877년에 만국우편연합조약에 가맹하고, 전화는 동년에 수입되었다.

▲ 明治 중기의 교실풍경

| 문명개화 | 정부의 근대화 정책이 전개됨에 따라 문화와 국민생활 전반에 걸쳐 서양의 근대사상과 문명·생활양식이 유입되어 커다란 영향을 주었다. 이러한 풍조를 당시에 문명개화라고 불렀다.

양복은 이미 막말에 군대 등에서 채용되었고, 정부에서는 1872년 양복을 예복으로 하는 등 솔선해서 착용했기 때문에 관리·군인·교원 등도 양복을 착용하게 되고 점차 일반에게도 퍼져 나갔다. 또 전통 두발 대신에 단발머리가 유행하고 관청·회사·은행 등에는 서양식 건축이 세워지고 서양요리점도 생겼다. 또 가스등·인력차·철도마차도 나타났는데 이들 모두가 문명개화의 상징이었다. 그리고 종래의 태음력에 대신하여 태양력을 사용하고 7요제(七曜制)도 실시되었다. 한편으로는 문명개화의 현상은 주로 도시와 상류층에게 한정되어 널리 지방에까지 퍼지지는 못하였고, 더구나 일본 전통문화를 무시하는 경향도 생겼다.

한편 부국강병·식산흥업 정책을 추진하기 위해서는 국민의 지적수준을 높일 필요가 있었다. 그래서 정부는 교육제도의 근대화를 추진하였다. 1871년에 문부성(文部省)을 신설하고 이듬해에는 학제를 발포하여 국민 모두에게 학교 교육을 받을 기회를 부여하였다25).

전문교육으로는 1877년에 도쿄(東京)대학을 설립하였고, 많은 외국인 교사를 초빙하여 각종 학술의 발달을 꾀하였다. 소학교의 교원양성기관인 사범학교와 여자학교·산업교육에 대해서도 제각기 전문학교가 설립되었다. 또 1868

---

25) 주로 프랑스의 학제를 모방하여 전국을 8대학구로 나누어 1대학구에 32중학구, 1중학구에 210소학구로 나누었다. 이는 현실적이지 못했기 때문에 1879년에 아메리카 제도를 도입하여 새로운 교육령이 발포되었다.

년에 후쿠자와 유키치
(福沢輸吉)의 게이오의
숙(慶応義塾), 1875년에
니이지마 죠(新島襄)의
도시샤(同志社), 1882
년에 오쿠마 시게노부
(大隈重信)의 도쿄전문
학교(1902년에 早稲田大

▲ 福沢諭吉과 그의 저서 『文明論之概略』

学으로 개칭)등 특색있는 학풍을 갖는 사학도 창설되었다.

| 사상·종교계의 동향 | 사상계에도 구미의 제사상이 일시에 유입해 왔다. 특히 자유주의·공리주의등 근대사상이 이제까지의 봉

건적 사상을 부정하는 것으로서 받아들여졌다. 모리 아리노리(森有礼)·후쿠자
와 유키치·나카무라 마사나오(中村正直)·니시 아마네(西周)·가토 히로유키(加藤
弘之)·니시무라 시게키(西村茂樹) 등은 1873년에 일본최초로 근대적 민간학회
인 명육사(明六社)를 결성하고 이듬해 『명육잡지(明六雑誌)』를 발행하여 자유
주의 ·공리주의 사상과 근대과학 사상을 활발하게 소개하였다. 그 중에서도
가장 크게 활약한 사람은 후쿠자와 유키치로서, 『서양사정(西洋事情)』『학
문의 장려(学問ノススメ)』『문명론의 개략(文明論之概略)』 등의 저서는 당시
의 사람들에게 많은 영향을 주었다. 또한 각종 잡지·신문과 서적도 간행되고
시사문제의 보도·평론만 아니고 새로운 사상과 문화를 전하는데 커다란 역
할을 하였다.

　종교계에도 변화가 나타났다. 신정부는 성립 당초 신도(神道)를 국교시하였
으나 1868년 3월 신불분리령(神仏分離令)을 내리고 후에 신사제도를 확립하였
다. 신불분리령이 내려지면서 사원·불상 등을 파괴하는 폐불훼석(廃仏毀釈)이
전국각지에서 격렬하게 행해졌지만, 그 후 불교는 이를 극복하고 국민신앙의

▲ 岩倉 사절단의 출항모습

중심으로 존속하였다.

기독교에 대해서는 정부의 금교방침은 변하지 않아 나가사키의 우라카미(浦上) 기독교신자 약 3400명을 적발하고 개종을 강요했기 때문에 많은 순교자가 나왔다. 이 때문에 외국으로부터 항의를 받아 1873년에는 기독교 금지의 고찰(高札, 게시판)을 철거하고 묵인하게 되었다. 이후 신구각파의 선교사들이 일본에 와서 포교활동을 비롯한 교육과 의료활동도 행하여 도시를 중심으로 신자가 증가하였다.

| 대외관계의 추이 |

신정부는 구막부가 외국과 맺은 안세이(安政)의 불평등조약의 개정을 추진하려고 하였다. 1871년 10월의 폐번치현 직후 이와쿠라 토모미(岩倉具視)를 특별전권대사로 하는 사절단을 편성하고[26], 미국와 유럽각국을 방문하여 조약개정을 타진하였다. 그러나 국제교섭에 대한 일본측의 지식의 결여 등으로 조약개정은 성사되지 못하였다. 2년여에 걸친 사절단의 시찰은 유럽의 근대국가의 여러 사정을 견문할 수 있었고 메이지 정부에게 근대화 정책이 불가결함을 통감시켰다.

메이지 정부는 주변제국과도 적극적인 외교정책을 추진하였다. 조선과의 관계는 1811년(文化8) 이래 통교가 중단되어 있었기 때문에 쓰시마의 소씨(宗氏)를 통해 조약의 체결을 요구하였다. 당시 조선은 대원군이 실권을 장악하고 쇄국정책을 쓰고 있었고, 일본이 개국하여 서양과 국교를 연 것에 대해 경계하고 있었기 때문에 일본의 요구를 거절하였다. 이에 정부 내부에서는 무력에 의해 개국을 요구하자는 정한론자(征韓論者)가 세력을 얻었다. 사이고

---

26) 우대신이었던 이와쿠라 토모미(岩倉具視)를 대사로 하고, 부사에는 참의(参議) 기도 타카요시(木戸孝允)·대장경(大蔵卿) 오쿠보 토시미치(大久保利通)·공부대보(工部大輔) 이토 히로부미(伊藤博文)등으로 사절단의 총수는 약 50명에 달하였다.

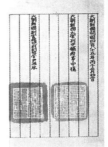
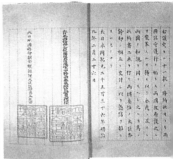

▲ 1876년 조일 양국이 조약에 조인하는 모습   ▲ 조일수호조규의 문서

타카모리(西鄕隆盛) · 에토 신페이(江藤新平) · 이타가키 타이스케(板垣退助) 등 참의들은 국내의 반정부 움직임을 조선침략으로 돌리려는 의도를 가지고 있었다. 요컨대 정한론은 불평사족의 움직임과 농민소요의 빈발에 의한 내란의 위기를 회피하기 위한 대외강경책이고, 동시에 조선침략을 통해 만국 대치의 국제상황하에서 일본의 국권을 신장시키려는 정책이었다.

그러나 구미제국을 견문하고 돌아 온 오쿠보 토시미치(大久保利通) · 기도 타카요시(木戶孝允)등은 내치 우선의 입장에서 이를 강하게 반대했기 때문에 정한은 취소되었다. 이에 불만을 품은 정한파는 1873년 일제히 참의를 사임하고 정부를 떠났다. 그 후 1875년에 일본의 군함 운양호(雲揚號)가 조선연안을 측량하고 있는 것을 조선측이 포격을 가하는 사건이 일어났다(江華島事件). 이는 명백히 일본측의 계획적인 도발이었지만, 일본은 이를 계기로 조선을 압박하여 이듬해 조일수호조규(朝日修好条規)를 맺었다[27]. 이에 의해 부산 · 원산 · 인천 등 3항이 개항되고 양국간에 정식 국교가 개시되어 일본은 대륙침략의 제1보를 내딛게 되었다.

청국은 이제까지 정식 국교관계가 없었으나 1871년에 일청수호조규(日淸修好条規)가 맺어져 양국은 거의 대등한 조건의 국교를 열었다[28].

---

27) 일본은 1876년 6척의 군함을 이끌고 구로다 키요타카(黑田淸隆) · 이노우에 카오루(井上馨)의 양 전권을 조선에 파견하여 일본측의 안을 일방적으로 체결시킨 불평등 조약이었다. 요컨대 일본이 서양열강에게 당한 것을 그대로 조선측에 강요, 성사시킨 것이다.

류큐(琉球)는 구막부시대의 사쓰마번의 지배를 받는 한편, 청국에도 조공해 왔다. 메이지 정부는 청국에 대해서 일본의 권리를 강하게 주장하여 1872년 류큐번(琉球藩)을 설치하고, 이어서 1879년에는 군대를 류큐에 보내 폐번치현(廃藩置県)을 강행하여 오키나와현(沖縄県)으로 하였다(琉球処分). 또 그 사이 청국과의 사이에 대만문제로 분쟁이 일어나 1874년에는 대만출병을 단행하였다.

러시아와는 가라후토(樺太, 현 사할린) 국경문제가 오랫동안 미해결되어 있었는데, 1875년 가라후토(樺太)·치시마(千島) 교환조약을 맺어 가라후토를 러시아령으로, 치시마 전도(千島全島)를 일본령으로 합의하고 해결하였다.

---

28) 메이지 정부는 다테 무네나리(伊達宗城)을 전권으로 하고 청국에서는 이홍장(李鴻章)을 전권으로하여 중국의 천진(天津)에서 조약을 맺었다.

제**12**장 　근대국가의 전개

┌─ 시대개관 ■─────────────────────────────

　　자유민권운동은 일본근대사상 최초로 민주주의를 요구하는 운동으로서 주목
된다. 동시에 민권운동의 탄압과 서로 표리를 이루면서 입헌제적 제도가 정비되
고 메이지 헌법이 성립하였다. 한편 메이지 정부는 근대적 국가의 체제를 정비
하면서 대외진출의 예봉을 조선으로 향하기 시작하였다. 임오군란(壬午軍乱)·갑
신정변(甲申政変)으로부터 청일전쟁(日淸戦争)에 이르는 과정은 조선을 둘러싼 청
국과의 주도권 싸움으로 이해된다.

　　일본의 자본주의의 확립에 의한 사회구조의 변질은 노동운동과 사회주의를
성장시켰고, 한편으로는 부르조아의 정치적 진출에 의해 정당정치를 발전시켰다.
이 사이에 일본은 조약개정을 수차에 걸쳐 진행시켰지만, 여기에는 민족의 독립
을 요구하는 민권운동에 대한 반대, 자본주의 발전과의 관계, 동아시아의 국제
관계 등 복잡한 문제가 걸려있었다. 특히 이러한 국제관계 속에서 조선에 대한
지배권을 확립하려고 하는 일본은, 자본주의를 위해 해외시장을 구하려고 하는
행동과 맞물려서 러일전쟁을 일으키게 되었고, 그 결과 조선의 식민지화와 만주
에의 진출의 교두보를 확보하였다.

　　메이지 시대의 문화는 사상면에서는 초년의 계몽사상, 10년대의 민권사상, 20
년대의 국수사상, 30년대의 사회주의가 주목된다. 학문에서는 수입된 근대적 학
술의 정착, 특히 자연과학이 발전하고, 예술면에서는 전통적인 것으로부터 근대
적인 것으로의 발전 내지는 상극의 과정이었다.

1 　자유민권운동과 입헌국가의 성립

사족(士族)의 반란	중앙집권에 의한 통일국가의 건설과 부국강병책의 강

행에 동반하여 신분상의 특권을 빼앗긴 사족(士族)은 정

▲ 西鄕隆盛의 화상

부에 강한 불만을 품었다. 여기에 조선출병을 둘러
싼 논쟁에서 패한 사이고 타카모리(西鄕隆盛) 등은
모두 사의를 표하고 정부를 떠났다. 정한론자들의
사임은 그를 지지하는 불평사족을 격분시켜 무력으
로 정부에 반항하는 자가 나타났다. 1874년 2월에
사가(佐賀)의 불평사족은 정한론쟁에서 패한 에토
신페이(江藤新平)를 수령으로 맞이하여 양이(洋夷)·정
한(征韓)을 주장하며 반란을 일으켰다(佐賀의 난). 이
어서 1876년 3월에 대도금지령(帶刀禁止令)이 내려지
고, 8월에는 가록(家祿)의 폐지가 결정되자 사족은 점점 궁지에 몰려, 10월에
는 구마모토(熊本)의 신푸렌(神風連)의 난, 후쿠오카(福岡)의 아키즈키(秋月) 난,
야마구치(山口)의 하기(萩) 난 등이 연이어 일어났다.

사족의 반란과는 별도로 이 시기에 부국강병책으로 인해 과중한 조세를
부담하고 있던 농민들은 징병제와 학교비(고액의 수업료) 부담에 반발하여 각
지에 신정부 반대의 격렬한 소요를 일으켰다. 더욱이 지조개정의 진행에 동
반하여 지가(地價)의 결정방법을 비판하고 지조의 경감을 요구하는 농민운동
이 활발해졌다.

1877년(明治10) 2월에 가고시마(鹿児島)에서는 사이고 타카모리(西鄕隆盛)를 옹
립한 불평사족들이 거병하였다[1]. 사학교당(私学校党)을 중심으로 불평사족 3만의
병력으로 큐슈(九州)를 북상하여 구마모토(熊本)에 이르렀지만, 정부군에 의해 결
국 패하고 사이고 타카모리는 자결하였다. 이 전란은 무력에 의한 최후의 불평
사족의 반란이었다(西南戦争). 이후 사족에 의한 무력반란은 종식되고 언론에 의
한 저항으로 바뀌어 갔다.

---

1) 정한론쟁에서 패한 사이고 타카모리(西鄕隆盛)는 가고시마(鹿児島)에 귀향하여 반정부
   적인 불평사족의 자제교육을 위해 사학교를 설립하여 활동하고 있었다. 당시 사쓰마의
   많은 사족들은 반정부적이었고, 이 지역은 거의 반독립적인 형태로 지조개정도 징병령
   도 실시되지 않았다. 그 때문에 정부는 이 지역의 사족에 대한 철저한 탄압을 추진하
   고 있었다.

▲ 板垣退助의 사진

국회개설의 요구 사족의 반란과 농민운동을 배경으로 일부의 사족은 입헌정치의 실현을 요구하며 자유민권운동을 일으켰다2). 정한론쟁에서 패한 전 참의(参議) 이타가키 타이스케(板垣退助)·고토 쇼지로(後藤象二郎) 등은 1874년 1월, 번벌(藩伐) 관료의 전제정치를 비난하고 인민의 여론을 국가의 정치에 반영시키기 위해 민선의원(民選議院)을 설립시코자 하는 건백서를 좌원(左院)3)에 제출하였다.

1874년 4월, 이타가키는 가타오카 켄키치(片岡健吉) 등과 함께 고치(高知)에서 입지사(立志社)를 설립하고 자유민권운동에 힘썼다. 또 각지에도 자유민권을 주장하는 정치결사(政社)가 나타나고, 1875년 2월에는 각 정치결사의 대표자가 오사카에 모여 애국사(愛国社)를 결성하였다.

이에 대해 정부의 오쿠보 토시미치(大久保利通)는 반정부 여론을 완화하기 위해 기도 타카요시(木戸孝允)·이타가키 타이스케(板垣退助)와 회담하였다(大阪会談). 그 결과 기도·이타가키는 참의(参議)로서 정치에 복귀하고, 4월에는 입헌정체를 점차로 수립한다고 하는 조서가 내려졌다.

한편 정부는 6월에 신문지조례(新聞紙条例)·참방률(讒謗律)을 공포하고 출판조례를 개정하여 반정부 여론을 강하게 통제하였다. 이 때문에 이타가키는 불만을 품고 참의직을 재차 사임하고 정부를 떠났다.

---

2) 자유민권운동은 영국의 의회정치와 프랑스의 민주주의 혁명의 원리가 된 정치사상의 영향을 받아, 일본인에게 천부인권의 사상과 정신을 자각시킨 계기를 제공했다. 이들 운동가들은 신문·잡지 등의 언론기관을 통해 자유민권론의 보급에 커다란 역할을 하였다.

3) 폐번치현 후 태정관제가 개혁되고, 입법상의 자문기관으로 놓여졌다. 태정관의 최고 관청인 정원(正院)에 종속되었다.

▲ 국회기성동맹의 결성회장이었던 太融寺

자유민권운동의 발전

1878년(明治11) 이타가키의 정부 복귀로 중단되어 있던 애국사의 재흥대회가 오사카(大阪)에서 열렸다. 자유민권운동은 처음에는 정부에 불만을 품은 사족이 중심이었으나, 이때부터는 지조의 경감을 요구하는 지주·부농과 정부의 정상(政商) 보호정책에 불만을 품은 중소자본가 등도 참가하여 운동은 급속히 발전하였다. 자유민권파는 1880년(明治13) 애국사대회 결의에서 새로이 국회기성동맹(国会期成同盟)을 조직하고 정부에 국회개설 청원서를 제출하는 운동을 진행하였다. 그러나 정부는 동년 집회조례(集会条例)를 공포하여 집회·결사의 활동에 대해 강력한 탄압을 가하였다.

정부 내부에서도 히젠(肥前) 출신의 참의 오쿠마 시게노부(大隈重信)가 헌법제정·국회개설의 조기실현을 주장하여 점진적인 개설을 주장하는 이토 히로부미(伊藤博文) 등과 대립하였다. 1881년이 되면 자유민권운동은 점차 고조되고 홋카이도(北海道)의 개척사관유물불하사건(開拓使官有物払下事件)[4]에 의해 더욱 비등되었다. 정부는 오쿠마(大隈)가 정부공격의 주범이라고 보고 그를 정부로부터 추방하였다(明治14년의 정변). 동시에 정부는 관유물 불하를 중시하고 국회개설의 조칙을 내렸다.

국회개설의 시기가 결정되었기 때문에 자유민권운동의 결사는 정당으로 발전하였다. 1881년(明治14) 이타가키 타이스케(板垣退助)를 총리로 하여 자유

---

4) 정부가 총액 1490만엔을 투자한 홋카이도 개척사의 관유물을, 개척사 장관 구로다 키요타카(黒田清隆)가 같은 사쓰마 출신의 정상(政商)인 고다이 토모아쓰(五代友厚)등에게 38만7000엔을 무이자로 30년 분할이라는 파격적인 조건으로 불하했기 때문에 국민의 정부에 대한 비판이 높아진 사건. 이 사실은 오쿠마계(大隈系)가 신문에 발표했다.

당(自由党)이 결성되고, 프랑스식 급진적인 자유민
권사상의 입장에서 지방과 농촌을 기반으로 활동
하였다. 이어서 이듬해 오쿠마 시게노부(大隈重信)
를 당수로 영국식의 온건한 입헌정치를 이상으로
하는 입헌개진당(立憲改進党)이 결성되어 주로 도시
의 실업가와 지식인의 지지를 얻었다. 이 외에 정
부의 어용정당으로 보수적인 입헌제정당(立憲帝政
党)도 만들어졌다.

▲ 松方正義의 사진

　자유민권 각파는 제각기 이상으로 하는 헌법안
을 만들고, 또 각 정당은 기관지를 간행하여 자당의 정책을 선전하고 당세의
확대를 꾀했다. 이리하여 국민의 정치의식은 높아가고 여성 중에서도 기시다
토시코(岸田俊子)와 가게야마 히데코(景山英子)와 같이 자유민권운동에 참가하
는 자도 있었다.

재정의 개혁　　메이지 정부는 서남전쟁(西南戦争)의 전비를 마련하기 위해
　　　　　　　　　다액의 불환지폐(不換紙幣, 본위화폐와 교환할 수 없는 지폐)를 남
발하였다. 이 때문에 인플레이션을 조장하고 물가의 급등을 초래하였으며,
정액인 지조 세입은 실질적으로 감소하여 정부는 재정난에 빠졌다. 또한 무
역도 메이지 초년 이래의 수입초과가 계속되어 정화(正貨)인 금·은의 유출이
멈추질 않았다.

　이에 정부는 1880년에 재정개혁에 착수하여 군사부문을 제외한 관영공장·
광산을 민간에게 불하하고[5], 지출을 절약함과 동시에 지방세를 증세하였다.
이듬해 마쓰카타 마사요시(松方正義)가 대장경(大蔵卿)에 취임하면서 국가재정
을 크게 변화시켰다(松方財政). 우선 불환지폐의 정리를 단행하고, 1882년에는

---

5) 정부는 재정부담이 큰 관영공장을 민간에게 불하했는데, 유력한 정상(政商)에게 싼 가
　격, 연 할부라는 유리한 조건이었다. 이것에 의해 미쓰이(三井), 미쓰비시(三菱) 등 정
　상은 대재벌로 성장하는 기반을 가졌다.

중앙은행인 일본은행을 창립하여 태환화폐(兌換貨幣, 본위화폐<은본위 태환권>와 교환할 수 있는 지폐)의 발행권을 주고 화폐의 통일을 꾀하였다. 그 결과 일본 은행은 금융의 중심이 되고, 화폐발행권을 몰수당한 국립은행은 보통은행으로 전환되었다.

재정개혁에 의해 정부재정은 회복하였고 통화도 수축했지만, 동시에 물가가 현저히 하락하여 심각한 불황에 빠져 중소상공업자의 도산이 속출하였다. 또 농촌에서는 증세와 쌀·누에고치의 폭락에 의해 농민층의 몰락이 급증하였고, 토지를 상실하여 소작농이 되거나 혹은 공장노동자나 도시빈민으로 전락하는 자도 나왔다. 한편으로는 토지를 확대하여 대지주가 된 자도 증가하였다.

자유민권운동의 격화

정부는 메이지14년의 정변을 계기로 자유민권운동에 대한 탄압을 더욱 강화하였다. 집회조례와 신문지조례를 고쳐서 집회·결사·언론을 엄격히 제한하고 그 위에 정당에 대한 회유와 분열공작도 빈번히 이루어졌다[6].

그 때문에 전제정치에 대한 자유당원의 저항도 격렬해지고, 각지에 관헌과 자유당원·농민과의 충돌사건이 일어났다. 재정개혁에 동반한 사회의 불황은 극에 달했다. 특히 1884년에 양잠지대인 사이타마현(埼玉県) 치치부군(秩父郡)에서는 곤궁한 농민들이 곤민당(困民党)을 결성하여 자유당원의 지도하에 채무의 연부변제·감세 등을 요구하며 고리대업자, 경찰서 등을 습격하였다(秩父事件).

이와같이 지주·고리대와 몰락농민·빈농의 대립이 심각하게 되자 지주층은 자유민권운동의 격화에 불안을 느끼고 점차 운동으로부터 이탈하는 경향을 보였다. 자유당 간부도 당원통제의 어려움을 이유로 1884년에 당을 해산하였다. 또 입헌개진당도 동년에 당수 오쿠마(大隈)가 탈당하여 당세는 쇠퇴하여

---

6) 자유당의 이타가키 타이스케(板垣退助)·고토 쇼지로(後藤象二郎) 등의 외유자금이 외무경(外務卿) 이노우에 카오루(井上馨)의 알선으로 미쓰이(三井)로부터 제공되어, 이를 둘러싼 자유당내의 대립이 생겼다. 개진당도 여기에 가세하여 양당은 서로 상대를 헐뜯기 시작하였다.

갔다. 거기에다 국내의 민권 확립을 꾀했던 민권론자의 대다수가 대외발전을 꾀하는 국권론(国権論)으로 기울어 무력으로 조선의 내정개혁을 기도하려는 자도 나타나(大阪事件), 민권운동은 더욱 혼미에 빠졌다.

그 후 1887년(明治20), 자유민권파는 각지의 동지를 규합·상경시켜 이노우에(井上) 외상의 조약개정안에 반대하고 외교실책의 만회(대등외교의 체결)와 지조감액·언론집회의 자유를 요구하였다(三大事件建白運動). 이에 대해 정부는 동년 보안조례(保安条例)[7]를 내려 반정부 분자를 도쿄로부터 퇴거시켰기 때문에 운동은 쇠퇴해져 갔다.

| 헌법의 제정 |

정부는 1881년(明治14), 주권재군(主権在君)의 헌법을 천황이 제정한다는 방침을 정하고 그 준비에 착수하였다. 이듬해 이토 히로부미(伊藤博文)를 유럽에 파견하여 각국의 헌법을 조사시켰다. 1883년 군주권이 강한 독일식 헌법이론을 배우고 귀국한 이토(伊藤)는 이노우에 코와시(井上毅)·이토 미요지(伊東巳代治)·가네코 켄타로(金子堅太郎) 등과 함께 헌법초안의 작성에 들어갔는데[8], 그 내용은 공포 때까지 비밀에 붙여졌다.

동시에 정부는 입헌정치의 개시에 대비하여 제도 및 관제를 고쳤다. 우선 1884년 화족령(華族令)을 정하여, 이제까지의 화족 및 유신의 공로자를 새로이 화족으로 하고, 그들에게 공(公)·후(侯)·백(伯)·자(子)·남(男)의 5단계의 작위를 수여하였다. 이어서 이듬해에는 태정관제를 폐지하고 내각제도를 채용하여 내각이 정치상의 책임을 지도록 했다. 초대 총리대신(首相)에는 이토 히로부미(伊藤博文)가 임명되었으며 각 성(省)의 사무는 국무대신이 담당하도록 했다[9]. 또 궁내성(宮内省)을 내각으로부터 분리하여 궁중과 행정부의 구별을

---

7) 내무대신·경시총감의 명의로 공포. 그 내용은 치안을 문란케 할 소지가 있는 자는 황거(皇居) 3리 밖으로 퇴거할 것을 명령하는 것이다. 이에 의해 요주의 인물 570명이 퇴거당했다.

8) 이토 히로부미(伊藤博文)는 주로 독일의 구나이스트(R.von Gneist), 오스트리아의 슈타인(L.von Stein) 등의 헌법학자로부터 배우고, 외국인 고문으로 독일인 법률학자인 뢰슬러(K.F.H.Roesler)의 지도를 받았다.

▲ 천황의 최고 자문기관인 추밀원의 회의장면

명확히 하고, 그외에 천황을 보좌하는 내대신(內大臣)을 두었다[10]. 1888년(明治21)에는 천황의 최고 자문기관으로서 추밀원(樞密院)을 설치하였다. 동시에 중앙조직의 정비와 병행하여 지방제도도 개혁되었다[11].

이토가 기초한 헌법초안은 추밀원에서 천황 임석하에 심의되어 1889년 2월11일 대일본제국헌법(明治憲法)으로서 발포되었다. 이 헌법은 주권은 천황에게 있고, 문무관의 임면(任免), 육해군의 통수·선전·강화·조약체결 등은 천황대권에 속한다고 하는 등 의회가 관여할 수 없는 많은 권한이 부여되었다. 정부의 권한은 의회의 그것보다 강하고, 국무대신은 천황에 의해 임명되어 천황에 대해서만 책임을 지고 의회에 대한 책임은 명확하지 않았다. 제국의회는 중의원(衆議院)과 귀족원(貴族院)[12]의 양원이 있었는데, 의회의 협의를 거치지 않고 입법되는 긴급칙령도 있었다. 국민은 천황의 신민이 되어 그 권리

---

9) 각 성의 대신에는 10명중 8명이 사쓰마(薩摩)·죠슈(長州) 출신이 차지하였다.

10) 황실의 경제적 기초를 강화하기 위해 황실재산이 설정되었다. 1881년에는 634정보였던 황실령지가 1885년에는 32000정보, 1890년에는 365만 4000정보로 급증했다. 그 외에 정부소유의 일본은행 주식등 유가증권도 황실재산으로 이전되었다.

11) 1888년에 시제(市制)·정촌제(町村制)가 정해지고, 1890년에는 부현제(府縣制)·군제(郡制)가 제정되어 많은 정촌(町村)이 합병·정리되었다. 정촌장(町村長)은 정촌회에서 선출했지만, 부현지사·군장(郡長)은 관리였고, 시장도 임명제였다.

12) 귀족원의 의원은 황족·화족과 학식자·다액 납세자 등이 천황의 칙명에 의해 임명되었다.

▲ 大日本帝國憲法. 헌법 제1조에 대일본제국은 만세일계의 천황이 이를 통치한다는 조문이 보인다.

도 규정되었는데, 법률의 범위내에서 재산권·신앙·언론·출판·결사의 자유가
인정되었다.

　이렇게 하여 제정된 헌법은 천황의 통수권하에 3권분립이 명확해지고, 국
민은 의회를 통하여 입법에 참여하고 국정에 발언할 권리를 얻어 일단 근대
적인 입헌정치의 형태를 갖추었다. 그러나 천황의 대권과 그 밑의 정부의 권
력이 너무나 강하고 국민의 권리에도 많은 제한이 가해진 것은 그 후 약 반
세기에 걸친 일본의 진로에 커다란 영향을 주었다.

초기의회　제국의회의 개설은 새로운 정치무대의 막을 올렸다. 정부는 이
미 헌법 발포 직후에 구로다 키요타카(黑田淸隆) 수상이 정부의
정책은 정당에 의해 좌우되지 않는다고 하는 초연주의의 입장을 표명했다.
그러나 1890년에 행해진 중의원 총선거에서 구 민권파가 대승하여 입헌자유
당과 입헌개진당 등의 민당(民黨)이 과반수를 차지하였다[13],.

　민당은 제1의회에서 경비절감·민력휴양(民力休養)을 주장하고 정부의 군비
확장비 예산안을 대폭 삭감할 것을 요구하였다. 그 결과 제2의회에서 제1차
마쓰카타 마사요시(松方正義) 내각은 의회를 해산하였다. 1892년의 제2회 총

---

13) 중의원 의원 선거권은 선거법에 의해, 만25세 이상의 남자로 직접국세 25엔 이상을 납
　　부한 자에 한정하여 유권자는 전인구의 약 1.1%에 불과했다.

선거에서 정부는 민당을 억누르고 정부지
지파(吏党)의 세력을 확대하기 위해 심한
선거간섭을 하였지만, 결과는 민당의 승리
로 끝나고 정부는 격렬한 비판을 받았다.
그러나 1894년(明治27)에 청일전쟁이 일어나
자 민당도 정부를 지지하는 태도를 취했다.

2 자본주의의 발전과 대륙정책의 전개

▲ 明治 14년 4월 5일의 제 9회 조약개정예회의에서
井上馨가 설명하고 있는 모습

조약개정의 교섭 │ 정부가 구미와 맺은 불
평등조약을 개정하는

일은 구미열강의 압력을 배제하여 주권을 회복하고 자본주의 경제의 발전을
위해서도 필요하였다. 정부는 우선 관세자주권의 회복을 위해 1878년에 외무
경 데라지마 무네노리(寺島宗則)가 미국과 교섭을 진행하여 조인에까지 이르
렀으나 영국과 독일의 반대에 부딪쳐 실패로 끝났다. 이어 외무경에 취임한
이노우에 카오루(井上馨)는 영사재판권의 철폐를 원칙적으로 한다는 개정안을
구미제국과의 회의에서 인정시켰다. 그러나 외국인을 피고로 할 경우 재판에
는 반수 이상을 외국인 판사로 해야 한다는 조건이 있어서 정부내에서도 국
가주권의 침해라는 비판이 일어 개정교섭은 중지되었다.

그 뒤를 이는 오쿠마 시게노부(大隈重信) 외상은 조약개정에 호의적인 국가
부터 개별적으로 교섭을 시작했지만 실패하고14), 이후 아오키 슈조(青木周蔵)
가 외상이 되어 교섭을 행했지만 역시 성공하지 못했다.

1892년 외상에 취임한 무쓰 무네미쓰(陸奥宗光)는 대등주의의 입장에 서서
우선 영국과의 교섭을 진행하였다. 영국은 이 시기에 시베리아 철도의 개설

---

14) 오쿠마안(大隈案)에도 대심원(大審院, 최고재판소)에 외국인 판사를 임용한다는 규정이
있기 때문에 역시 세론의 반대에 부딪치고, 오쿠마는 국권론자에 의해 피습되는 사건
이 일어나 교섭은 중지되었다.

로 러시아의 동아시아 진출을 경계하여 일본에 호의적인 입장을 취했다. 청일전쟁 직후인 1894년(明治27) 7월 처음으로 영사재판권의 철폐, 관세자주권의 일부회복을 정한 일영통상항해조약(日英通商航海条約)에 조인

▲ 정변에 실패한 김옥균이 1894년 조선국왕이 파견한 자객에 의해 上海에서 암살당하는 장면

하였다. 이어서 미국·프랑스·독일 등과도 같은 신조약을 맺었는데 1899년부터 발효되었다. 관세자주권의 완전한 회복은 1911년(明治44) 외상인 고무라 쥬타로(小村寿太郎) 때에 이르러 비로소 완료되어 일본은 조약상 열강과의 대등한 지위를 얻게 되었다[15].

조선문제와 청일전쟁

1876년 일본은 조일수호조규에 의해 조선을 개국시킨 후, 한양에 공사관을 설치하고 무역의 확대를 꾀함과 함께 내정개혁을 구하는 민씨(閔氏) 일파를 지지하였다. 그러나 이를 반대하는 대원군(大院君)이 군대의 지지를 얻고 여기에 호응한 민중이 민씨 일파의 저택과 일본공사관을 습격하는 사건이 일어났다(壬午軍乱). 그 결과 정권은 대원군에 의해 장악되었고 조일간에 제물포조약(済物浦条約)이 맺어져 일본은 배상금과 공사관 수비병의 주군권을 획득하게 되었다.

이후 조선에 있어서 청일양국의 대립은 깊어져 갔다. 조선 내부에서도 청국을 종주국으로 생각하는 민씨 일파를 중심으로 하는 세력과 김옥균(金玉均)

---

15) 조약개정에 즈음하여 일본법전의 미비함을 판단한 정부는 법전의 편찬에 착수했다. 프랑스인을 고문으로 하여 형법·민법의 제정에 착수하여 형법은 1882년에 시행되었다. 그러나 민법은 프랑스식을 모방하여 1890년에 공포했지만, 일본의 실정에 맞지 않는다는 비판에 따라 독일민법을 모범으로 하여 1898년에 다시 공포하여 시행하였다. 상법도 수정되어 1900년부터 시행되었다.

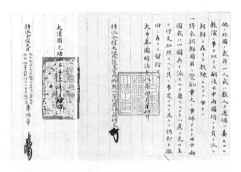

▲ 천진조약조인서. 우측에 伊藤博文, 좌측에 李鴻章의 서명이 보인다.

·박영효(朴泳孝) 등 국내개혁을 꾀하여 조선의 근대화와 독립을 확보하려는 개혁파가 대립하였다. 1884년에 개혁파는 청불전쟁(淸仏戰争)에서 청국의 패배를 호기로 판단하여 일본 공사관의 지원을 받아 정변을 일으켰으나, 출병해 온 청국군에게 패하여 이 정변은 실패로 끝났다(甲申政変).

이 사건으로 메이지정부는 관계가 악화된 청과의 관계를 타개하기 위해 1885년에 이토 히로부미(伊藤博文)를 중국 천진(天津)에 파견하여 청국의 전권 이홍장(李鴻章) 간에 천진조약(天津条約)을 성립시켰다. 이로부터 청일양국은 조선으로부터 철병하고 금후 조선에 출병하는 경우에 사전에 서로 통보하기로 하고 양국의 충돌은 일단 피하게 되었다.

천진조약의 체결후에도 일본정부는 조선에 대한 영향력을 회복하기 위하여 군사력을 증대시켰다. 이 시기 조선에서는 일본의 정치적·경제적 침략에 대한 반발이 강하였고16) 대일정책도 강경화하였다. 이러한 와중에서 1894년 조선에서는 배외적인 농민반란인 동학운동이 일어났다. 조선정부는 청국에 구원병의 파견을 요청하였고, 천진조약에 따라 일본에도 통보되어 일본군의 출병도 이루어져 동학농민운동은 진압되었다. 그러나 청일양국은 조선정부의 즉각적인 철병요구를 받아들이지 않아 조선의 내정개혁을 둘러싼 주도권 쟁탈로 정세는 긴박해졌다. 일본은 러시아의 간섭을 두려워했지만 영국과의 조약개정을 실현했기 때문에 간섭에 대한 영국의 견제를 기대하고 개전의 결의를 굳혔다. 1894년 8월 일본함대는 청국에 선전포고를 하여 청일전쟁은 시

---

16) 1889년에서 90년에 걸쳐 조선정부는 곡물의 수출을 금지하였다(防穀令). 이에 대해 일본정부는 이 영의 폐지와 이 기간 중에 입은 손해배상을 요구하여 1893년에 관철시켰다.

작되었다.

개전과 동시에 정당은 정부비판을 중지하고 의회는 전쟁관계의 예산·법률안을 모두 승인하였다[17]. 전쟁의 국면은 일본측에 유리하게 전개되어 결국 일본의 승리로 끝났다. 1895년 4월 일본전권 이토 히로부미(伊藤博文)·무쓰 무네미쓰(陸奧宗光)와 청국전권 이홍장간에 시모노세키(下關) 조약이 맺어져 강화가 성립하였다. 그 내용을 보면 ①청국은 조선의 독립을 인정하고 ②요동반도·대만·팽호제도(澎湖諸島)를 일본에 할양하고 ③배상금 2억엔을 일본에 지불하고 ④사시(沙市)·중경(重京)·소주(蘇州)·항주(杭州)의 4항을 개시·개항하기로 조인하였다.

그러나 요동반도의 할양은 만주에 이해관계가 있는 러시아를 자극하였고 러시아는 프랑스·독일 양국을 부추켜서 요동반도를 청국에 반환할 것을 일본측에 요구했다(三国干渉). 일본은 삼국에 대한 대항이 불가능함을 판단하여 이 요구를 수용했지만 국민의 러시아에 대한 적대감을 배경으로 군비의 확장에 박차를 가하였다.

자본주의 체제의 확립

1880년대 관영공업의 불하 등 정부의 식산흥업정책에 의해 보호·육성되어 온 민간산업은 1890년대에 들어가 근대적인 공장제 기계생산을 발흥시켰다. 그리고 청일전쟁을 계기로 일본의 자본주의가 확립되어 커다란 발전을 보게 되었다. 1897년(明治30)에는 거액의 배상금과 함께 금본위제가 확립되었다. 조선시장의 확보와 중국시장으로의 진출도 용이해졌다. 경제계는 호황을 맞이하고 은행·회사·공장이 각지에 설립되었다.

근대산업의 중심이 되었된 것은 섬유공업이었다. 그 중에서도 방적업의 발전이 두드러져 1883년에 조업을 시작한 오사카 방적회사와 같이 증기를 동력으로 이용한 공장이 각지에 생겨 기계방적이 종래의 인력이나 수차(水車)를 이용한 재래의 방식을 대신하게 되고 면사는 조선·중국의 시장에 까지 진출

---

17) 청일전쟁의 전비는 약2억엔에 달했다. 이액수는 당시 국가세입의 2배가 넘는 거액이었다.

하게 되었다. 제사업(製糸業)에서도 기계제사(器械製糸)가 종래의 좌조제사(座繰製糸)를 상회하여 구미에의 수출이 증가하였다. 이리하여 일본에서는 청일전쟁 전후에 경공업을 중심으로 하는 제1차 산업혁명이 전개되었다.

한편 중공업에서는 아직은 큰 발전을 보이지 않았지만 관영공장을 중심으로 병기의 생산에 중점이 두어지고 그 기초재료인 철강의 수요가 증가하였다. 이 때문에 청국과의 사이에 대야철산(大冶鉄山)의 철광석을 저가에 구입하는 계약을 맺어 석탄이 풍부한 북큐슈(北九州)에 야하타(八幡) 제철소를 설립하였다.

공업에 비하면 농업의 발전은 느렸지만 화학비료의 보급과 품종의 개량에 의해 단위면적의 생산량은 증가하였다. 면·마·콩 등의 생산은 저가의 수입품에 의해 위축되었으나 채소·보리 등의 생산은 증가하고 또 생사수출에 자극받아 뽕나무 재배와 양잠이 활발해졌다. 그러나 소농·소작농의 생활은 어려웠고 소작지는 더욱 증가하여 1900년대에는 소작지율이 45%에 달하고, 기생지주제가 널리 형성되었다.

정당의 동향   자본주의의 발전과 국민의 정치의식의 성장은 정당 세력을 증대시켰다. 1898년에는 오쿠마 시게노부(大隈重信)가 이끄는 진보당(進歩党)과 이타가키 타이스케(板垣退助)가 이끄는 자유당이 합당하여 헌정당(憲政党)을 결성하였다. 의석의 3분의 2를 갖는 정당의 출현으로 제3차 이토(伊藤) 내각의 퇴진은 불가피했고, 이해 오쿠마를 수상 겸 외상, 이타가키를 내상으로 하는 일본 최초의 정당내각이 성립하였다(隈板内閣).

그러나 얼마되지 않아 헌정당은 내부 분열을 일으키고 내각은 불과 4개월 만에 퇴진하였다. 이어 성립한 제2차 야마가타 아리토모(山県有朋) 내각은 정당의 진출을 극도로 꺼려 문관임용령(文官任用令) 개정과 문관분한령(文官分限令)의 제한에 의해 정당세력이 관료기구에 진출하는 것을 막고[18], 군부대신

---

18) 1893년의 문관임용령에서는 임용자격규정 중에 없었던 각 성(省) 차관 등의 고급관료에게도 규정을 만들어, 전문관료로서의 지식·경험이 없는 자가 정당 등의 힘으로 고급

현역무관제(軍部大臣現役武官制)를 정하여 군부대신을 현역으로 한정하는 등 군부의 지위가 확고해졌다[19]. 또 치안경찰법을 공포하여 정치·노동운동의 규제를 강화하였다.

한편 번벌(藩閥)의 거두 이토 히로부미(伊藤博文)는 정당과 대립하기 보다는 도리어 타협하고 그 세력을 자기의 수중에 넣어 정국을 안정시키려고 하였다. 이리하여 1900년(明治33) 이토는 헌정당과 이토계(伊藤系) 관료를 중심으로 입헌정우회(立憲政友会)를 결성하고 제4차 이토 내각을 조직하였다. 그 후 군부·관료세력을 대표하는 야마가타 아리토모(山県有朋) 직계의 가쓰라 타로(桂太郎)와 이토를 대신하여 정우회 총재가 된 사이온지 킨모치(西園寺公望)가 정계를 양분하였다. 야마가타와 이토는 정계의 일선에서 물러나긴 했지만 천황을 보좌하는 원로로서 내각의 배후에서 영향력을 행사하였다.

열강의 동아시아 침략

청일전쟁에서 청국의 패배에 의해 제국주의 열강의 중국분할 경쟁은 가속화되었다. 일본도 열강과 나란히 조선·중국에의 침략을 강행하는 과정에서 점차 제국주의를 형성해 나갔다.

청일전쟁 후 일본은 조선의 종속화를 획책하였는데 그것은 항상 조선의 민족적인 저항과 러시아의 조선진출과 충돌하였다. 1895년 민비(閔妃) 일파는 박영효 등 친일세력을 추방하여 반일적인 정권을 수립했지만, 이에 대해 미우라 고로(三浦梧楼) 공사는 일본수비병·경찰·민간인을 왕궁에 난입시켜서 민비를 시해하였다(閔妃弑害事件). 이 사건 후 조선은 다시 대원군이 집정하게 되었고, 반면 조선의 일본에 대한 감정을 자극시켜 각지에서 반일운동이 발발하는 원인이 되었다.

▲ 민비 시해범 三浦梧楼

관리가 될 수 없도록 하였다.
19) 군부대신(국방부 장관)을 현역의 대장·중장에 한정한다는 규정. 이 규정으로부터 군부는 뜻에 어긋나는 내각에 군부대신을 내지 않아 내각을 조종할 수 있게 되었다. 이리하여 군부는 정당과 정부에 대해 우세한 정치적 지위를 갖게 되었다.

이 때문에 고종(高宗)은 1896년 러시아 공사관으로 피신하여 관내에 친러정부를 수립하여 친일파를 추방해 버렸다. 이리하여 조선에서의 일본의 고립화는 결정적이 되고 러시아의 정치적 영향력은 증대하였다.

한편 열강의 청국에 대한 제국주의적 침략은 노골화하여 조차지(租借地)와 철도부설권 등 다양한 이권을 손에 넣었다[20]. 이 때문에 청국민의 생활은 곤란해지고 배외적인 기운이 높아져 의화단(義和団)이 난을 일으키고[21], 1900년에는 북경의 각국 공사관을 포위하였다. 영국·프랑스·러시아·미국·독일·이탈리아·오스트리아·일본 등 8개국은 일본군을 주력으로 하는 연합군을 조직하여 이를 진압하였다(北淸事変). 출병한 각국은 이듬해 청국과 북경의정서(北京議定書)를 맺고 거액의 배상금과 군대의 북경주둔권을 획득하였다.

러시아는 이를 기회로 만주의 요지를 점령하여 만주의 실권을 장악하려고 했다. 이 러시아의 남하책은 일본의 대륙정책과 대립하였다. 메이지 정부는 영국과 제휴해서 러시아의 남하정책을 저지하려 하였고[22] 영국도 극동정책상 일본과 제휴하는 것이 유리하다고 판단하여 1902년(明治35)에 가쓰라(桂)내각때에 일영동맹조약(日英同盟条約)을 맺었다[23].

러일전쟁 | 러시아의 남하정책은 그 후도 변하지 않고 만주에 병력을 증강시켜 점차 한반도에도 뻗쳐나갔다. 러일양국은 한국·만주에서 제각

20) 1898년 독일은 산동반도의 교주만(膠州湾)을, 러시아는 요동반도의 여순(旅順)·대련(大連)을, 영국은 구룡반도(九竜半島)·위해위(威海衛)를, 프랑스는 이듬해 광주만(広州湾)을 제각기 조차하였다.

21) 일종의 종교적 비밀결사로서 부청멸양(扶淸滅洋)을 외치며 배외운동을 일으켰다. 이 난이 진압된 후, 열국은 청국에 대해서 막대한 배상금과 열강의 군대를 북경에 주둔시킬 것을 요구해서 이를 실현시켰다.

22) 한편으로는 이토 히로부미와 같이 만주에서의 러시아의 행동을 묵인하고, 한국(1897년에 국명을 조선에서 大韓이라 고치고, 왕호를 皇帝라 함)에서의 일본의 권익의 확보를 러시아측에 인정시키려는 생각도 있었다.

23) 이 협약에는 양국이 상호 청국과 한국의 독립과 영토의 보존을 인정하고, 청국에 있어서의 양국의 권익과 한국에 있어서의 일본의 권익을 승인하며, 만약 동맹국인 한편이 타국과 교전했을 경우에는 다른 동맹국은 엄정중립을 지키고, 더욱이 제3국이 상대국측으로서 참전하는 경우에는, 다른 동맹국도 참전할 수 있도록 규정했다.

▲ 러일전쟁 때 위력을 발휘한 28센치 유탄포　　　　　　　▲ 러시아 태평양함대

기 권익을 둘러싸고 교섭을 진행하였지만 타협을 보지 못하였다. 이 때문에 일본에서는 개전론이 높아지고 정부도 개전의 결의를 굳혀 1904년(明治37) 2월에 드디어 선전포고를 하여 러일전쟁은 시작되었다.

러시아의 만주점령에 반대하는 영국·미국 양국은 일본에 호의적이었다. 게다가 러시아 국내에서는 혁명운동이 고조되어 전쟁의 국면은 일본측에 유리하게 전개되었다. 일본은 여순(旅順)을 함락시키고 이어 봉천(奉天)을 점령하였다. 한편 해상에서는 러시아가 자랑하는 발틱함대가 아시아로 향하고 있었다. 그러나 대서양·인도양·태평양을 반년이나 걸려 돌아 온 이 함대는 1905년 5월에 쓰시마 해협(対馬海峽)에서 도고 헤이하치로(東郷平八郎)가 이끄는 일본해군에 의해 격파되었다.

일본은 육상과 해상에서 승리를 거두었으나 장기에 걸친 전쟁으로 국력은 현저히 소모되어 더 이상의 전투는 불가능하였다. 러시아도 시베리아 철도의 완성에 전력을 쏟아 1905년에 6848㎞에 달하는 철도본선을 개통시켜 군대와 무기를 수송하려고 했다. 그러나 국내의 전제정부에 대한 저항운동은 사실상 전쟁을 계속하기 어렵게 하였다. 이러한 정세를 본 미국의 루즈벨트(T. Roosevelt) 대통령은 러일 균형책의 입장에 서서 강화을 알선하여, 1905년 9월에 미국의 포츠머드에서 일본과 러시아는 강화조약에 조인하였다(포츠머드 조약).

그 결과 일본은 한국에 있어서 정치·경제·군사상의 우월권을 인정받고 동청철도만주지선(東淸鉄道満洲支線, 南満洲鉄道)을 손에 넣었으며, 관동주(関東州)의 조차권24), 북위50도의 가라후토(樺太) 이남의 영유권, 연해주 등의 어업권

▲ 1907년 일본황태자의 한국방문 기념사진. 앞렬 왼쪽에서 3번째가
황태자 (후에 다이쇼천황), 4번째가 영친왕 李垠, 5번째가 伊藤博文

등을 얻었다. 한편 국민
은 엄청난 증세를 감당
하며 전쟁을 뒷받침했
으나[25], 강화조약에서
배상금을 전혀 받지못
한 것을 알고 격렬하게
정부를 비난하였고 강
화조약조인의 날에 열
린 국민대회는 폭동화
하였다(日比谷燒打事件).

한국병합　일본은 러일전쟁 직후 한국정부에 한국의 독립과 영토보전을 구
실로 한국을 정치적·군사적으로 지배하는 한일의정서(韓日議定書)
를 조인시켰다(1904.2). 그러나 일본이 한국을 식민지배하기 위해서는 구미열
강의 승인이 필요하였다. 거기에서 일본수상인 가쓰라(桂)와 미국 육군장관인
테프트 간에 밀약이 맺어져(가쓰라·테프트 밀약, 1905.7), 일본은 미국의 필리핀
지배를 인정하는 대신에 미국은 일본의 한국지배를 인정시켰다.

이리하여 일본은 1905년 11월 제2차 한일협약(乙巳保護条約)을 맺어 한국의
자주외교권을 박탈하고 보호국화 하였다. 그 결과 한양에 통감부를 설치하고
이토 히로부미(伊藤博文)가 초대 통감[26]이 되었다. 이러한 일본의 행동에 대
하여 한국의 전토에서는 반대투쟁이 일어나고, 고종황제는 1907년에 네덜란드

---

24) 요동반도의 일부. 1906년에 관동도독부(関東都督府)가 설치되고, 관동주와 남만주에 있
　　는 일본의 권익을 보호·관리하였다. 후에 이를 관동청이라 고치고 별도로 관동군을 두
　　었다.
25) 러일전쟁의 전비는 17억엔을 넘었는데, 이 액수는 전년도의 일반회계 세입 2억 6000천
　　만엔과 비교하면 엄청난 금액이다. 그 대부분은 지조·영업세 등의 증세에 의한 비상특
　　별세와 공채에 의해 조달되었다. 비상특별세는 국민에게 부담시켜 국민생활은 거의 파
　　탄에 가까웠다. 국채는 런던·뉴욕·베를린에서 발행되어 총8억엔에 달했다.

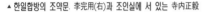
▲ 한일합방의 조약문. 李完用(右)과 조인실에 서 있는 寺内正毅

의 헤이그에서 열린 만국평화회의에 밀사를 파견하
여 한국의 독립유지를 열강에 호소하였다(헤이그 밀
사사건). 이 사건 이후 일본은 고종황제를 강제 퇴위
시키고 제3차 한일협약을 맺어 한국의 내정을 통감
의 지도·감독하에 놓고 비밀협정에서 한국군대를 해
산시켰다. 일본의 식민지화 정책에 대하여 한국내에
서는 의병운동 등 민족적 저항운동이 각지에서 일어
나고, 1909년에는 전 통감 이토 히로부미(伊藤博文)가
하얼빈에서 안중근에 의해 사살되었다[27]. 이토 히로
부미가 사살된 후, 일본의 한국합병은 급속히 진행
되어 1910년 8월 드디어 「한국합병에 관한 조약」

▲ 사형집행 직전의 안중근

이 조인되었다. 일본은 한국을 조선으로 명칭을 변경하고 통감부를 총독부라
고치고 초대총독에 육군대장인 데라우치 마사타케(寺内正毅)를 임명하였다. 조
선총독부는 헌병·경찰제도를 정비하여 치안을 유지하고 한국인의 권리·자유

---

26) 통감(統監)은 천황의 직속으로 한국의 외교권을 관장하고, 일본의 헌병·경찰을 감독하
고 또 치안유지의 명목으로 군대를 출동시키는 권한을 갖고 있었다.
27) 한국군대의 해산에 반대하는 군인들은 각지에서 저항운동을 일으켰다. 1907년 이후부
터 이듬해에 걸쳐서 한국의 내정은 마비상태가 되었다. 그 후 추밀원 의장으로 자리를
옮긴 이토 히로부미는 러시아로 가는 도중, 하얼빈에서 안중근에게 사살되었다.

를 엄격히 제한하였다[28]. 또 1910년부터 대규모의 토지조사사업을 행하여 촌의 공유지, 전 경지의 반 이상을 관유지로 접수하고[29], 그 일부를 동양척식회사(東洋拓植会社, 1908년 설립)와 일본인에게 싼 가격으로 불하하는 등 일본의 식민지 지배는 본격화 하였다. 그러나 병합 이후에도 한국민중은 일본의 지배와 탄압에 저항하여 국내외적으로 강한 투쟁과 독립운동을 전개해 나갔다[30].

| 자본주의의 발달 |

러일전쟁을 계기로 자본주의는 더욱 발전하게 되었다. 특히 군사공업을 중심으로 하는 중공업은 전후도 군비확장정책이 추진되었기 때문에 급속한 발전을 보였다. 이리하여 일본은 중공업을 중심으로 하는 제2차 산업혁명의 시대를 맞이하고 동력도 점차 증기에서 전기로 전환되어 갔다. 또 1906년에는 군사상의 필요에서 철도고유법이 제정되고, 17개사의 사철(私鉄)이 매수되어 대부분의 간선이 국유화 되었다.

무역도 한국·만주시장을 중심으로 발달하고 특히 생사·면사의 수출이 증가하여 섬유공업 등의 규모도 확대되었다. 해외투자도 행해져 1906년에는 반민반관(半民半官)의 남만주철도주식회사가 설립되어, 이를 중심으로 만주경영이 적극적으로 추진되었다.

이리하여 자본의 축적도 진행되고 많은 기업이 주식회사의 형태를 갖추게 되었으며, 또 은행이 산업계에 대해서 담당하는 역할도 커졌다. 그와 함께 거대한 산업자본에 의한 독점의 경향도 나타나 미쓰이(三井)·미쓰비시(三菱)·스미토모(住友)·야스다(安田) 등의 자본가가 재벌로 성장하는 기반을 구축하였다.

---

28) 초대총독 데라우치는 무단정치를 행했다. 총독부 지배의 중추는 헌병을 중심으로 하는 경찰망과 전국에 16000개의 헌병경찰기관, 22000명의 헌병과 20만명의 헌병보조원을 배치하고, 행정·사법관으로부터 초등학교 교원에 이르기까지 무장화시키고, 그외에 육군 1개사단을 배치했다.

29) 880만정보의 토지가 총독부 소유지가 되고 이를 동양척식주식회사에 출자하는 형식으로 양도되었다. 토지를 빼앗긴 한국인 중에는 망명과 혹은 구직을 위해 만주와 일본등지로 이주하여, 인구의 유출은 급증했다.

30) 이 시기 중국에서는 1911년, 이민족 청국의 지배에 반대하는 신해혁명이 손문(孫文)을 중심으로 각지에서 일어나, 이듬해 중화민국이 성립하고 청조는 멸망하였다.

공장제 공업이 발흥하고 자본주의가 발달함에 따라서 임금노동자가 증가하였다. 당시의 공장노동자의 대다수는 섬유산업이 차지하고 있었고 그 대부분은 여자였다. 여자 노동자의 대부분은 어려운 가계를 돕기 위해 외지에서 온 하층농가의 자녀들이고 싼 임금에 힘든 노동에 종사하고 있었다. 방직업에서는 하루 2교대제가 행해지고 제사업(製糸業)에서는 노동시간이 15시간 정도였으며 때로는 18시간에 달하는 경우도 있었다. 중공업의 남자 숙련공는 아직 많지 않았고 공장 이외에는 광산업·운수업에 남자 노동자가 종사하고 있었다.

청일전쟁 전후의 산업혁명기에는 각지에서 처우개선과 임금인상을 요구하는 공장노동자의 쟁의가 시작되고 1897년에는 전국적으로 40여건에 달했다. 이듬해 미국의 노동운동에 영향을 받은 다카노 후사타로(高野房太郎)·가타야마 센(片山潜)등이 노동조합기성회(労動組合期成会)를 결성하여, 철공조합과 일본철도교정회(日本鉄道矯正会) 등 숙련공을 중심으로 노동자가 단결하여 자본가에 대항하는 움직임이 나타났다.

이러한 움직임에 대해서 정부는 1900년에 치안경찰법(治安警察法)을 제정하여 노동운동을 억압하였다. 그 반면 정부는 계급대립의 격화를 방지하기 위해 사회정책의 입장에서 공장법의 제정을 꾀했다. 공장법은 자본가의 반대도 있어 1911년에야 제정되었고 1916년(大正5)부터는 실시되었지만 내용적으로는 극히 불철저한 것이었다.

한편 사회주의의 입장에서 자본가 계급에 대항하여 노동자의 생활을 옹호하는 운동이 일어났다. 아베 이소오(安部磯雄)·가타야마 센(片山潜) 등은 1898년에 사회주의연구회를 만들었는데, 1901년에 기노시타 나오에(木下尚江)가 가세하여 최초의 사회주의 정당인 사회민주당을 결성하였다. 그러나 치안경찰법에 의해 해산령이 내려졌다. 이어서 1903년에는 고토쿠 슈스이(幸徳秋水)·사카이 토시히코(堺利彦) 등은 평민사(平民社)를 창설하고 평민신문을 발행하여 사회주의를 주창하면서 러일전쟁 시기에는 반전론을 주장하였다. 또 1906년에는 사카이 토시히코 등에 의해 일본사회당(日本社会党)이 결성되었다. 그러나 정부는 사회주의 운동을 철저히 탄압하여 1910년의 대역사건(大逆事件)[31]을 계기로 한층 엄격히 통제했기 때문에 운동은 일시적으로 쇠퇴하였다.

3 근대문화의 발달

메이지(明治) 문화의 특색

메이지 문화는 에도시대 문화를 계승하면서 구미(欧美)로부터 서구문화를 적극적으로 섭취했기 때문에 예전에는 없던 광범위한 문화가 급속히 이식되어 일본 근대문화의 형성에 적지않은 영향을 미쳤다. 이 시기 메이지 문화의 하나의 커다란 특색은 부국강병·식산흥업을 위한 문화의 섭취였다. 따라서 자연과학과 기술적·제도적인 면에서의 문화 섭취가 중점이 되었고 사상면에서는 거의 제외되었다. 이 때문에 전통문화의 바탕 위에 서구의 물질문화가 이식된 형태가 되어 외견상의 변화에 비해서 내면적인 변화는 적었다. 또 도시의 상류층을 중심으로 섭취되었기 때문에 농촌에의 파급은 완만하였다. 이리하여 메이지 문화는 동양적인 것과 서양적인 것, 근대적인 것과 봉건적인 것이라는 2원적으로 존재하는 형태가 되고, 이것이 그후의 일본에 커다란 영향을 주었다.

그러나 메이지 중엽부터는 교육의 보급과 교통·통신·출판 등의 현저한 발달에 의해 국민의 자각이 진행되어 국민의 손에 의한 근대적인 문화의 발전이 나타나게 되었다.

---

31) 고토쿠 슈스이(幸徳秋水) 등 26명의 사회주의자와 무정부주의자가 천황 암살을 계획한 용의로 체포되었다. 대심원의 비공개로 특별재판(1심에서 종결)에서 전원 유죄로 판결되어 고토쿠등 12명이 사형에 처해진 사건.

1872년 학제(学制)의 발포 이래 초등교육의 보급은 두드러지고 제반 교육제도도 정비되어 갔다. 1886년에 초대 문부대신(文部大臣) 모리 아리노리(森有礼)에 의해 학교령(学校令)이 제정되었는데, 종래의 자유주

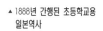

▲ 1888년 간행된 초등학교용 일본역사

▲ 역사교과서에 기술된 神功皇后의 三韓征伐 설화

의적인 교육방침을 국가주의적인 색채가 강한 교육방침으로 바꾼 것이다. 이어 1890년에 발포된 교육칙어(教育勅語)에 의해 충군애국(忠君愛国)이 교육의 기본임이 강조되어 널리 국민도덕상의 규범이 되었다.

청일전쟁후 자본주의의 급속한 발전에 동반하여 산업교육의 진흥이 현실적으로 요구되어 많은 실업학교가 신설되었다. 또 여자교육의 진흥도 꾀하여 1899년에는 고등여학교령(高等女学校令)이 공포되었다. 이듬해 1900년에는 심상소학교(尋常小学校) 4년의 의무교육제가 확립되고 수업료도 폐지되어 2년후에는 아동의 취학률이 9할에 달했다. 1907년에는 의무교육이 6년으로 연장되고 취학률은 97%에 육박하였다. 소학교 교과서는 1903년부터 교과서 검정제도가 실시되어 문부성 저작의 국정교과서 제도가 채용되었다.

그 사이 고등교육기관도 정비·확충되어 관립으로는 도쿄(東京) 제국대학 외에 교토(京都) 제국대학, 도호쿠(東北) 제국대학, 큐슈(九州) 제국대학 등이 신설되었다. 제국대학은 국가관료의 양성과 국가에 필요한 학문의 연구와 교수의 장으로써 기능하였다. 한편 민간에서는 게이오의숙(慶応義塾), 도시샤(同志社)에 이어서 도쿄전문대학(현 早稲田大学) 등 사립학교가 발달하여 관립학교와는 다른 학풍을 보였다.

대일본제국헌법은 신앙의 자유를 보장하고 있다. 그러나 정부는 황실과 관계가 깊은 일본 고래의 신도를 매개로 하여 천황의 신격화를 꾀하고 국민들 사이에 천황존숭의 관념을 심는데 주력하였다. 신도는 다른 종교·종파와는 달리 특별히 취급되어 그 제사는 국가가 주관하고 신사는 국가의 보호·통제하에 두었다. 한편 자본주의 모순의 격화에 어려움을 겪고 있던 민중들 사이에는 평이한 교리와 현세이익을 설교하는 막부말기에 일어난 교파신도(敎派神道)인 흑주교(黑住敎)·금광교(金光敎)·천리교(天理敎)와 신흥의 대본교(大本敎) 등이 퍼져나갔다. 정부에서는 이를 공인하였지만, 동시에 심한 감시와 탄압도 받았다.

불교는 메이지 유신의 변혁기에 일시 타격을 받았지만 전통성이 강한 국민적 신앙이었기 때문에 그 세력은 거의 쇠퇴하지 않았다. 메이지 후반기에는 시마지 모쿠라이(島地默雷)·이노우에 엔료(井上円了) 등에 의해 불교학의 연구와 불교재건 운동 등도 추진하였다.

기독교는 포교와 함께 교육·복지활동도 활발해져 점차 신자수가 증가했지만, 기독교의 박애주의는 교육칙어가 주장하는 충군애국의 사상과는 모순되는 점이 많아 점차 국가주의자로부터 공격을 받았다. 그러나 우치무라 칸조(內村鑑三)·우에무라 마사히사(植村政久)·에비나 단조(海老名彈正) 등이 기독교 사상가로서 활약하고 그 사상은 일본의 근대사상의 형성에 커다란 영향을 미쳤다.

학문·과학의 발달 구미제국의 인문과학계의 학문은 메이지 초년부터 적극적으로 수용되어 외국인 교사가 주로 제국대학 등 고등교육기관에서 활약하여 학문의 섭취에 크게 공헌하였다.

법률학·정치학·경제학에서는 주로 영국·독일의 학설이 수용되었다. 메이지 후기에는 마르크스의 사회주의 경제학도 소개되었다. 철학에서는 메이지 중기이래 독일철학이 주류를 이루고 있었는데, 그러한 중에서 니시다 키타로(西田幾多郎)는 동양의 선(禪) 사상에 독일철학을 융합시켜 독창적인 철학체계를 성립시켰다.

　서구의 인문과학이 적극적으로 이입·이식됨에 따라 철학·사학·유학·국학 등에 관한 동양과 일본의 학문에도 새로운 과학적인 연구방법이 받아들여졌 다. 이것은 국사학32)·국문학·동양사학·인도철학등으로 독립하여 발전해 나 갔다. 특히 역사학에서는 메이지20년대 독일의 랑케사학의 영향을 받아 실증 주의 사학이 발달하여 시게노 야스쓰구(重野安繹)·구메 쿠니타케(久米邦武)· 나카 미치요(那珂通世)·시라토리 쿠라키치(白鳥庫吉) 등 실증주의 선구적 사학 자가 나왔다. 그러나 정부의 정치적 의도와 당시의 사회적 풍조에 의해 이러 한 연구는 제약을 받는 일도 있었다33).

　자연과학의 분야는 직접적으로 부국강병·식산흥업정책에 결부되어 정부는 그 섭취에 적극적이었다. 많은 외국인 교사의 지도하에 신기술의 수입과 과 학교육의 진흥을 꾀하고, 또 유학생을 파견하여 서양의 기술과 과학의 연구 를 활성화시켰다. 이리하여 일본인 학자가 배출되고 독창적인 연구도 나타나 게 되었다.

| 근대문학의 전개 | 문학에서는 문명개화시대에 권선징악주의의 희작(戱作) 문학이 부활하고 이어서 정치운동 경험자에 의해 정치· 외교문제와 관련된 정치소설이 쓰여져 많은 인기를 끌었다. 1885년에 쓰보우 치 쇼요(坪内逍遥)는 소설신수(小説神髄)를 발표하여 창작에 있어서 심리적 관 찰과 객관적 태도의 존중을 설하고, 이제까지의 권선징악적인 수법을 부정하

---

32) 국사학에서도 실증적인 연구가 진행되었다. 도쿄제국대학에 사료편찬괘(史料編纂掛, 후에 史料編纂所)가 설치되어 「대일본사료(大日本史料)」「대일본고문서(大日本古文 書)」 등의 편찬사업이 시작되어 일본사 연구의 기초자료를 제공하였다.

33) 도쿄대 교수인 구메 쿠니타케(久米邦武)는 「神道는 祭天의 古俗」란 논문을 발표하 여, 신관(神官)·국학자를 중심으로 하는 국수주의자들에게 맹렬한 공격을 받았다. 그의 논문은 신도의 발생과 발달을 원시인의 태양신 신앙으로부터 합리적·진화론적으로 해 명했던 것인데, 국학자들은 이를 신도와 황실의 조상을 격하시키는 것이라고 비난하여 결국 구메는 도쿄대 교수직을 사직하였다.

여 근대문학의 진로를 제시하였다.

1880년에 들어가면 고전존중의 경향이 나타나 오자키 코요(尾崎紅葉) 등 연우사(硯友社) 일파는 사실주의를 표방하면서 문예소설의 대중화에 힘썼다. 고다 로한(幸田露伴)은 동양적인 관념주의를 주제로 한 작품을 발표하였다.

청일전쟁 직후 일본의 근대화가 진행됨에 따라 근대적 자아에 눈을 뜬 사람들도 늘어나, 그 중에서도 자기의 이상을 주장하려고 하는 낭만주의 문학이 전개되었다. 우선 기타무라 토코쿠(北村透谷)가 나타나고, 이어서 시마자키 토손(島崎藤村)·쓰치이 반스이(土井晩翠)·스스키다 큐킨(薄田泣菫) 등은 시의 세계에서, 요사노 텟칸(与謝野鉄幹)·요사노 아키코(与謝野晶子) 등은 단가의 세계에서 낭만주의 문학의 꽃을 피웠다. 또 마사오카 시키(正岡子規)는 사실주의를 강조하여 하이쿠(俳句)·단가(短歌)에 신풍을 일으키고 단가에서는 만엽집 가풍(歌風)의 부흥을 꾀했다.

러일전쟁기가 되면 유럽의 자연주의 문학의 영향을 받아 인간사회를 있는 그대로 관찰하려고 하는 문학이 탄생하였다. 그것은 당시의 일본의 사회적 분위기를 반영하여 오로지 사생활의 묘사를 중심으로 하는 사회적 시야가 좁은 것이었지만, 거기에 표현된 개인의식은 근대정신의 확립을 나타낸 것이다. 또 이러한 경향에 대하여 나쓰메 소세키(夏目漱石)는 지식인의 내면생활을 국가·사회와의 관계에서 묘사하고, 모리 오가이(森鴎外)는 역사소설의 새로운 경지를 열었다.

| 예술의 근대화 | 연극에서는 가부키(歌舞伎)가 민중과 가까워져 메이지 초기에는 가와타케 모쿠아미(河竹黙阿弥)가 문명개화를 그린 |

신작을 발표하고, 중기에는 쓰보우치 쇼요(坪内逍遥) 등이 서양연극의 영향하에 연극의 발전에 힘썼다. 이와 아울러 가부키 배우들의 사회적 지위도 향상되었다[34]. 청일전쟁 직후부터 신파극이라고 불리우는 현대극이 시작되고 러

---

34) 에도시대에는 가부키가 천한 것으로 간주되었으나, 메이지 시대가 되면 가부키자(歌舞伎座) 등의 대극장이 생겨 극장이 품격있는 서양풍의 사교장을 겸하게 되었다.

일전쟁 전후부터는 쓰보우치 쇼요(坪內逍遙)의 문예협회와 오사나이 카오루(小山內薰)의 자유극장 등에 의해 서양 근대극의 번역물이 상영되었다.

음악은 처음에는 군사용으로 서양음악을 받아들이고 이어서 이자와 슈지(伊沢修二)등의 노력에 의해 소학교 교육에 서양가요를 모방한 창가가 채용되었다. 1887년에 동경음악학교가 설립되어 전문적인 음악교육도 시작하였다. 전통적인 노가쿠(能楽)는 메이지 중기부터 부활하였다.

미술은 처음에 공부미술학교(工部美術學校)를 열어 외국인 교사에게 서양미술을 배웠으나, 그 후 전통미술의 육성으로 바뀌어 공부미술학교를 폐쇄하고 1887년에는 동경미술학교를 설립하여 일본화·공예 등을 가르쳤다. 이와같은 정부의 보호하에 가노 호가이(狩野芳崖)·하시모토 가호(橋本雅邦) 등에 의한 우수한 일본화가 창작되었다.

한편 서양화는 일시 쇠퇴하였으나 이윽고 아사이 츄(浅井忠) 등은 일본에서 처음으로 서양미술단체인 메이지 미술회(明治美術会)를 결성하고, 또 프랑스 인상파의 화풍을 공부한 구로다 세이키(黒田清輝) 등이 귀국함에 따라 더욱 활발해졌다. 1896년에는 미술학교에 서양과가 신설되고 구로다 등은 동년 백마회(白馬会)를 창립하였다.

조각 분야에서는 전통적인 목각과 서양의 조소가 대립·경합하면서 발달하였다. 공예도 서양의 기술을 가미하여 새로운 도기·칠보·유리·칠기 등의 제작이 시작되고, 특히 도기·칠기는 해외에도 수출되었다. 또 건축에서도 점차 서양건축이 받아들여져 메이지 말기가 되면 철근 콘크리이트 건물도 세워졌다.

제13장 근대일본과 아시아

┌─ 시대개관 ■ ─────────────────────────────

　20세기에 이르르면 세계열강의 제국주의적 대립은 점점 격화되어 드디어 제1
차 세계대전이 발발하였다. 일본도 여기에 참전했으나 대규모의 전투는 경험하
지 않았다. 그러나 이 세계대전은 일본의 정치·경제·사회·문화등 다방면에 걸쳐
커다란 영향을 주었다. 특히 일본 자본주의에 있어서 무역시장의 변화·확대, 산
업구조의 변화, 금융독점자본의 형성등이 두드러졌다.

　대전후 일본은 일단 미국·영국 등과 협조하는 외교방침을 취했는데, 이윽고
독일·이탈리아에서 베르사이유체제 타파운동이 일어나 일본에서도 대외진출론이
대두되었다. 일본은 드디어 군사행동을 일으켜 중국을 침략하고 장기간의 전쟁의
시대로 들어가 독일·이탈리아의 파시즘적인 움직에도 동조하게 되었다.

　독일은 이탈리아와 함께 유럽의 패권을 노려 영국·프랑스와 첨예한 대립을
벌이고 드디어 제2차 세계대전을 일으켰다. 이윽고 독일은 소련과도 전쟁을 시
작하였고 미국은 영국측에 가담하고 일본은 미국·영국과의 전쟁에 돌입하였다.
그 결과 일본 전국의 주요 도시는 파괴되었고 농촌도 황폐화되어 문화는 완전
히 어둠속에 빠져들어 참담한 상태에서 패전을 맞이하였다.

1 제1차 세계대전과 일본

다이쇼(大正) 정변　1911년에 성립한 제2차 사이온지(西園寺) 내각은 악화된
재정을 구하기 위해 행정·재정의 정리와 감세를 추진
하였다. 그러나 중국의 신해혁명에 자극받은 육군은 한국에 주둔시킬 2사단
의 증설을 정부에 강하게 요구하였다. 내각과 군부가 대립하는 중에 헌법학
자인 미노베 타쓰키치(美濃部達吉)는 정당내각을 지지하는 헌법론을 공간하
여 여론은 입헌정치의 중요성을 느끼고 육군의 횡포에 분노하였다. 또 메이지

▲ 1912년 山縣有朋 저택에서 大正천황(중앙)과　　　　　　　　▲ 大隈내각. 앞열 좌측에서 2번째가 大隈수상
　　山縣(左)·桂太郎(右)의 기념사진

천황이 사망하고 다이쇼 천황이 즉위하자 국민은 신시대에 맞는 정치의 민주화를 기대하였다.

　이러한 가운데 1912년 말에 2사단의 증설이 내각회의에서 거부되자 육군대신 우에하라 유사쿠(上原勇作)는 단독으로 사표를 천황에게 제출하여 사이온지 내각은 총사직이라는 사태에 빠지게 되었다. 이어서 들어선 제3차 가쓰라(桂) 내각은 천황의 권위를 빌어 정당을 억누르고 의회를 경시하는 태도를 보였다. 이러한 비입헌적인 행동에 대해 입헌국민당의 이누카이 쓰요시(犬養毅)와 입헌정우회의 오자키 유키오(尾崎行雄)를 중심으로 상공업자와 도시민중도 참가하여 족벌타파·헌정옹호를 내건 운동이 전국적으로 확산되었다(제1차 護憲運動). 가쓰라는 헌정동지회를 조직하여 이 운동에 대항했지만, 의회와 여론의 반대에 부딪혀 1913년(大正2)에 겨우 50여일만에 퇴진하였다(大正政變).

　가쓰라 다음에는 사쓰마(薩摩) 출신의 해군대장 야마모토 곤베에(山本權兵衛)가 정우회를 여당으로 조각하였다. 제1차 야마모토 내각은 행정의 정리와 문관임용령등을 개정하고, 또 군부대신 현역무관제를 고쳐 예비·후비역 장성에까지 확대하였다. 그러나 1914년 군함구입 등 오직사건으로 민중운동의 공격을 받아 퇴진하였다. 이윽고 제2차 오쿠마(大隈) 내각이 성립하였다. 오쿠마는 육·해군과 내각과의 조정을 꾀하여 동년말에 중의원을 해산하고 1915년의 총선거에서는 동지회 등의 여당이 정우회에 압승하여 현안의 2사단 증설안이 통과되었다.

| 제1차 세계대전과 일본 |

20세기에 들어서면서 제국주의 열강의 대립은 점차 격화되었다. 러일전쟁 이후 1907년에 영국을 중심으로 러시아·프랑스의 3국협상이 성립하여 1882년 이래의 독일을 중심으로 하는 오스트리아·이탈리아의 3국동맹과 첨예의 대립을 보이게 되었다. 그리고 양세력은 발칸반도를 둘러싼 대립으로 전쟁의 위기는 높아져 갔다. 1914년 6월 오스트리아 황태자가 세르비아의 한 청년에게 암살당하는 사건을 계기로 이해 7월 제1차 세계대전이 시작되고 전화(戰火)는 전 유럽으로 확산되었다. 영국·프랑스·러시아·이탈리아 등의 연합군과 독일·오스트리아 등의 동맹군과의 사이에 치열한 전쟁이 전개되었다.

일본은 일영동맹에 근거하여 연합군측에 가담하고 이해 8월 독일에 선전포고를 하였다1). 육군은 독일의 아시아 근거지인 중국의 산동반도의 교주만(膠州湾)을, 해군은 태평양의 독일령 남양군도를 점령하였다. 그러나 영국이 요청한 일본군의 유럽파병은 이루어지지 않았고, 1917년에 대독일전에서 승리한 후에 일본이 점령한 독일령 남양군도와 산동반도에서의 독일의 이권을 일본으로의 이양을 영불 양국이 승인하는 조건으로 소함대를 지중해 방면에 파견했을 뿐이었다.

| 중국침략과 시베리아 출병 |

산동성 일대를 점령한 일본은 중국의 철수요구를 거부하고 오히려 병력을 증강하였다. 더욱이 세계대전으로 유럽열강이 아시아에 눈을 돌릴 여력이 없는 것을 본 일본은 1915년 중국의 원세개(袁世凱) 정권에게 중국에서의 권익확대를 위한 21개조의 요구를 제출하였다2).

중국측은 이를 쉽게 용인하지 않았지만 일본은 최후통첩을 보내 강력하게

---

1) 참전의 목적은 가토 타카아키(加藤高明) 외상의 발언에서 알 수 있듯이 일영동맹의 약속과 독일의 근거지를 아시아로부터 일소하여 일본의 지위를 높힌다는 전략이었다.
2) 그 내용은 1)산동성의 구 독일권익의 이양 2)남만주 및 동부 내몽고의 권익강화 3)한야평공사(漢冶萍公司)를 중일합병사업으로 하고 4)중국연안과 섬을 타국에 할양하지 않는다는 등의 요구였다. 이로써 중국의 주권은 심하게 침해되었다.

요구하여 대부분을 승인시켰다. 이 때문에 중국에서
는 격한 배일운동이 일어났으며3) 열강도 일본의 이
러한 행동에 의심을 갖게 되었다. 그래서 일본은
1917년 11월 특별전권대사 이시이 키쿠지로(石井菊
次郎)와 미국의 국무장관 랜싱간에 중국에 대한 양
국의 행동을 규정하는 협정을 맺었다(石井-랜싱 協定).
그 내용을 보면 일본은 미국이 요구하는 중국에서
의 영토보존·문호개방·기회균등의 원칙을 지지

▲ 石井菊次郎

하고, 미국은 일본이 중국에서 갖는 특수권익 특히 만주에 있어서 그것을 인
정한다는 것이다.

한편 러시아에서는 세계대전의 와중에 사회주의 혁명이 일어나 1917년 3
월에 레닌의 지도하에 사회주의 소비에트정권을 탄생시켰다. 소비에트정권은
독일·오스트리아와 단독강화를 맺었다. 소비에트정권의 성립은 각국에 커다
란 충격을 주었다. 연합국측에서는 혁명이 자국에 파급될 것을 두려워하여
소비에트정권에 간섭하려고 하였다. 그래서 당시 시베리아에 있던 연합군측
의 체코슬로바키아군을 구원한다는 명목으로 1918년 시베리아에 출병하였다.
일본은 미국·영국과의 약속한 72000명이 넘는 병력을 파견하여 전비 10억
엔, 사망자 3500명, 부상자 2만명 이상의 대가를 치렀지만 혁명세력의 저항에
당초의 목적은 실현하지 못하였다. 각국은 전쟁 종결후에 철병했지만 일본만
은 계속 주둔해 오다가 열강으로부터 영토적 야심을 비난받아 1922년에 겨우
철병하였다. 그 후 1925년에 일본과 소련간에는 국교가 열렸다.

| 베르사이유조약과 국제연맹 | 미국의 참전으로 연합군측의 전력은 크게 증
강되었고 1918년 11월 드디어 독일·오스트
리아는 무조건 항복하였다. 이듬해 1919년 파리의 베르사이유궁전에서 강화회

---

3) 특히 파리강화회담이 열리던 1919년에 5·4운동이라 불리우는 격렬한 배일운동이 일
  어났다.

담이 열리고, 이해 6월에는 독일과 연합국간에 베르샤이유조약이 맺어졌다. 일본은 사이온지(西園寺)를 수석전권으로 참석시켰다. 연합국은 독일로부터 전 식민지와 본국의 일부를 할양시켜 지불불능이 명백한 1320억마르크라는 막대한 배상금을 부과하였다. 일본은 이 조약에 의해 중국 산동성에서의 독일의 권익을 계승하고 적도 이북의 독일령 남양제도의 위임통치권도 획득하였다.

이 회의에서 미국대통령 윌슨(W.Wilson)의 제창으로 국제분쟁의 평화적 처리를 위한 기관으로서 국제연맹의 설립이 결정되었다. 국제연맹은 제네바에 본부를 두고 1920년에 발족하였다[4]. 일본은 5대국의 하나로서 상임이사국이 되어 국제적 지위를 높였다. 이 조약에 의해 만들어진 세계체제를 베르사이유체제라고 한다.

| 전후의 국제정세 | 세계대전에 의해 전장화 되어버린 유럽제국은 커다란 타격을 받았지만, 일본과 미국은 급격한 발전을 이루었고 미국은 영국에 대신하여 자본주의 세계의 중심적 위치를 차지하게 되었다.

한편 세계대전 후 국제연맹이 성립되었지만, 각국은 군함건조 등 군비의 증강에 힘을 기울였기 때문에 국제정치상의 불안은 해소되지 않았고 국민의 생활도 압박되었다. 이러한 정세하에서 1921년 미국대통령 하딩(W.Harding)의 제안에 의해 워싱턴회의가 열리고 이듬해 미국·영국·일본·프랑스·이탈리아 5개국의 주력군함 보유톤수가 협정되었다(워싱턴 해군군축조약). 워싱턴회의에서는 이외에도 일본·미국·영국·프랑스 사이에 태평양 방면에서의 각국의 권익의 현상유지를 포함한 4개국조약이 맺어지고 일영동맹의 폐기 등이 결정되었다. 더욱이 1922년에 중국 주권의 존중·문호개방·기회균등 등을 약속하는 9개국조약도 맺어졌다. 이에 따라 일본은 동년 베르사이유조약에 의해 획득한 산동성의 구 독일권익을 포기하고 이듬해 이시이(石井)-랜

---

4) 제안국인 미국은 의회의 반대로 가맹하지 못하였다. 그러나 국제연맹은 전원일치제였기 때문에 열강제국간의 이해관계의 대립으로 성과를 거두지 못한채 제2차세계대전을 방지하지 못했다.

싱 협정도 폐기되었다.

이들 조약에 의해 중국에 대한 독점적
진출을 꾀하고 있던 일본의 행동은 상당한
제약을 받았고 반면 미국의 아시아에 대한
발언권이 점차 강해지게 되었다. 중국에서
는 세계대전 후 손문에 의해 국가통일사업
이 진행되어 반제국주의, 반군벌의 방침이
취해졌다.

▲ 야하다 제철소(1914)

▲ 폭동으로 파괴된 岡山정미소

| 경제의 호황과 쌀 소동 | 제1차 세계대
전 은 일 본 의

경제불황과 재정위기를 한번에 떨쳐내었
다. 유럽상품에 대신해서 면직물 등의 일
본상품이 아시아 시장에 진출하여 무역은
압도적인 수출초과가 되었다.

세계적으로는 선박의 부족으로 해운업·조선업은 공전의 호황을 누리게
되고 일본은 세계 제3위의 해운국이 되었다. 철강업에서는 야하타(八幡) 제철
소의 확장과 만철의 안잔(鞍山) 제철소의 설립외에 민간회사의 설립도 활발하
였다. 약품·염료·비료의 분야에서는 독일로부터 수입이 끊어졌기 때문에
화학공장이 발흥하였다. 세계대전 이전부터 발달하기 시작한 전력사업에서는
수력전기의 이나와시로(猪苗代)·도쿄(東京)간의 송전이 성공하였고 전기의 지
방보급과, 전기기계의 국산화도 진행되었다. 그 결과 중화학공업은 공업생산
액의 30%를 차지하게 되었다. 공업의 약진에 의해 공업생산액은 농업생산액
을 앞질렀다. 공업 노동자수는 100만명을 넘었고 특히 중화학공업의 발전을
반영하여 남자 노동자의 증가가 현저하였다.

한편 전쟁에 의한 호황은 자본가에게 막대한 이익을 주었지만 일반국민의 생활은 도리어 핍박되었다. 물가의 폭등과 인플레이션으로 인하여 노동자와 봉급생활자 등의 실질임금은 저하되었다. 1918년 7월, 도야마현(富山県)의 어촌 주민들이 쌀의 저가판매를 요구하며 일어났던 것이 계기가 되어 쌀 소동이 전국적으로 확산되고5) 민중은 매점으로 폭리를 취한 상점과 전쟁에서 이익을 취한 부유상인 등을 습격하였다. 당시 데라우치 마사타케(寺内正毅) 내각은 경찰과 군대를 각지에 출동시켜 진압했지만 사건의 책임을 지고 총사직하는 파국을 맞게 되었다. 쌀 소동은 민중의 자연발생적인 폭동이었지만 그 후의 일본사회운동에 커다란 자극을 주었다.

2 정당정치와 사회운동

정당내각의 성립 데라우치 내각이 퇴진한 후, 쌀 소동에서 동요된 원로(元老)는 수상을 화족도 번벌출신도 아닌 입헌정우회 총재인 하라 타카시(原敬)를 후계수상으로 밀었다. 하라는 육·해군대신과 외무대신을 제외한 전 각료를 정당원으로 임명한 내각을 조직하여 본격적인 정당내각이 성립하였다.

그러나 하라 내각은 당시의 국민적 요구였던 보통선거와 사회정책의 실시에는 냉담하였고, 선거법을 개정하여 직접국세 3엔 이상의 납세자에게 선거권을 확대하는 선에서 그쳤다. 보통선거를 요구하는 운동은 점차 높아지고 1920년에는 수만명의 대시위행진이 벌어졌다. 정부는 보통선거는 시기상조라 하여 중의원을 해산하였다. 보통선거에 반대하는 정우회는 철도의 확충과 고등교육기관의 증설 등 적극정책을 공약으로 내건 총선거에서 압승하였다. 그러나 이 재원을 충당하기 위해 과중한 증세와 거액의 공채를 발행하여 비난의 소리가 커지면서 하라 수상은 정당정치의 부패에 분노한 한 청년에 의해 1921년에 암살당했다. 이후 다카하시(高橋) 내각이 들어섰으나 단명으로 끝나

---

5) 9월 중순까지는 1도 3부 38현으로 확산되어 총70만명 이상이 참가했다고 추정되고 있다.

고 2년간에 걸쳐 다시 비정당내각이 계속되었다.

1924년 귀족원의 세력을 배경으로 하는 기요우라 케이고(清浦奎吾)가 내각을 조직하자 정우회(政友会)·헌정회(憲政会)·혁신구락부(革新倶楽部) 등 3당은 헌정옹호를 내걸고 결속하였다(제2차 憲政擁護運動). 정부는 중의원을 해산했지만, 선거의 결과는 호헌(護憲) 3파가 압승하여 헌정회 총재 가토 타카아키(加藤高明)가 3파 연립내각을 조직하였다. 가토 내각은 1925년에 이른바 보통선거법을 성립시켰다. 이로부터 만25세 이상의 남자는 모두 중의원의 선거권을 갖게되었고 유권자수는 4배로 증가하였다. 반면 가토 내각은 동 의회에서 치안유지법을 성립시켜 국체(国体)의 변혁과 사유재산제도의 부정을 목적으로 하는 결사의 조직자와 참가자를 처벌하도록 규정하였다.

그러나 호헌 3파의 제휴는 단명으로 끝나고 예전의 육군대신 다나카 기이치(田中義一)를 총재로 맞이한 정우회는 혁신구락부를 흡수하여 헌정회 단독의 가토 내각과 대립하기에 이르렀다.

| 세계대전후의 불황 |

제1차 세계대전에 의해 호황을 누리며 발전해 왔던 일본경제는 전쟁이 종결되자 점차 불황에 빠지게 되었다(戰後恐慌). 여기에 유럽제국의 생산력이 회복되면서 일본의 해외시장은 축소하고 1919년 이래 무역은 현저히 수입초과가 되었다. 주가는 폭락하고 공장·회사 등의 도산과 정리축소등이 줄을 이었고 노동자와 봉급생활자는 실업의 위기에 직면하였다. 거기다가 1923년 9월 1일 관동대지진[6]이 일어나 도쿄(東京)·요코하마(横浜)를 중심으로 한 상공업지대가 초토화되었다. 이 때문에 경제계는 더욱 커다란 타격을 받아 불황은 한층 심각하게 되었고 또

---

6) 관동대지진이 일어나자 정부는 계엄령을 내려 치안유지를 명목으로 사회운동에 탄압을 가하기 시작하였다. 지진발발의 당일 저녁, 조선인과 사회주의자가 폭동을 일으키기도 하고 방화하거나 우물에 독약을 넣었다는 루머가 퍼져나갔다. 정부는 이를 수습하기는 커녕 도리어 경찰의 정보망을 통해서 이 루머가 더욱 확산되고, 군대·경찰과 민간자위대에 의해 무고한 수많은 한국인이 학살당하는 이른바 '조선인학살사건'이 일어났다.

▲ 지진으로 파괴된 東京시가

▲ 「조선인 폭동」의 소문으로 일본도와 죽창으로 무장한
경비대

농촌에도 다대한 영향을 미쳐 농민생활을 압박하였다.

이러한 정세하에서 금융자본이 경제계를 지배하는 체제가 되고, 미쓰이(三井)·미쓰비시(三菱)·스미토모(住友) 등의 재벌은 제각기 은행을 중심으로 기업집중을 형성하여 중소기업의 심각한 불황은 도외시하고 독점적인 산업지배를 진행하여 갔다.

사회운동의 전개

정부의 엄중한 탄압으로 사회운동은 일시적으로 위축되었으나 다이쇼기(大正期)에 들어가면 다시 활발해지기 시작하였다. 1912년 스즈키 분지(鈴木文治) 등에 의해 우애회(友愛会)가 결성되었다. 이것은 노사협조를 주장하는 온건한 단체였다.

제1차 세계대전을 통해서 노동자 수가 급증하고 우애회도 전국적인 노동조합운동으로 발전해 갔다. 전후 불황기에 들어가면 노동자의 생활은 더욱 압박을 받게 되었고, 이에따라 점차 조합조직에 가입하여 갔다. 1919년 우애회는 대일본노동총동맹우애회(大全本労動総同盟友愛会)로 개칭하여 직업별 조합의 연합체로 재편성되었다. 이 회의체의 지도하에 대규모 스트라이크도 행해졌는데 그 중에서도 1920년의 관영 야하타제철소의 쟁의는 유명하다. 이듬해에는 일본노동총연맹으로 개칭되었다.

이러한 정세하에서 사회주의 운동도 활발해져 1920년에는 일본사회주의동맹이 출현하였다. 더욱이 1922년에는 마르크스·레닌주의에 입각한 일본공산당이 비합법적으로 조직되었다. 농촌에서도 소작쟁의가 격증하고 이해 일본농민조합이 결성되었다. 또 봉건적 신분차별과 빈곤에 고통받고 있던 피차별부락민들도 1922년에 전국수평사(全国水平社)를 결성하여 자력에 의한 차별철폐운동을 시작하였다. 부인해방운동도 메이지 말부터 활발해져 1911년에는 청탑사(青鞜社)가 결성되었고, 그 후 부인참정권 운동으로 발전하여 1920년에는 신부인협회(新婦人協会)가 만들어져 그 운동의 중심이 되었다.

한편 일본의 식민지하에 있던 한국에서도 민족자결의 세계적인 흐름속에서 1919년 3월 1일, 민족의 독립을 외치는 3.1운동이 일어나 전국적으로 확산되었다. 하라(原) 내각은 군대와 경찰을 동원하여 이를 철저하게 탄압하여 많은 희생자가 발생하였다.

대중문화의 등장

다이쇼기에서 쇼와 초기의 문화의 특색은 민중세력의 대두와 교육·내셔널리즘을 바탕으로 한 대중문화의 발전이 국민적으로 확산하였고, 사상과 학문의 분야에서의 자유주의적인 연구도 진행되었다. 러일전쟁후 의무교육이 철저하게 실시되어 국민의 거의가 문자를 읽을 수 있게 되었고, 또 학교의 학생수도 급증하고 고등학교 이상의 교육기관도 확충되었다.

신문은 부수가 확대되고 주간지와 『중앙공론(中央公論)』 『개조(改造)』를 비롯한 종합잡지가 급속하게 발전하였다. 쇼와기(昭和期)에 들어가면 문학전집 등을 1책 1엔으로 파는 엔폰(円本)과 이와나미 문고(岩波文庫)가 등장하여 저가·대량출판의 선구가 되었다. 당시 대중잡지인 『킹(King)』의 발행부수는 100만부를 넘었다.

▲ 『king』의 창간호(1925)

1925년에는 도쿄·오사카에서 라디오방송이 개시되고, 이후 방송망은 전국으로 확대되었다7). 또 영화도 다이쇼 말기로부터 관객수가 비약적으로 증가하여 외국을 인식하는데에 커다란 영향을 주었다. 레코드가 대량으로 팔리기 시작한 것도 다이쇼 중기이후이며, 이와 동시에 가요곡이 전국으로 유행되어 갔다. 이들 미디어를 통해서 새롭고 다양한 외국의 사상과 문학이 소개되었는데, 그 중에서 마르크스주의가 일본의 지식인층에게 강한 영향을 주었던 것은 이 시대의 하나의 특징이었다.

학문에서는 각 분야에 독창적인 연구가 진행되었다. 자연과학 방면에서는 전쟁에 의해 염료·약품 등의 수입이 막혔기 때문에 그제서야 독자의 연구가 시작되고 이화학(理化学)연구소를 비롯하여 도쿄제국대학의 항공연구소·지진연구소가 설립되었다. 인문과학 분야도 발전하여 철학에서는 니시다 키타로(西田幾太郎)가 독일의 관념론 철학에 동양사상을 가미하여 독자의 관념론적 체계를 세웠다. 『선(善)의 연구』는 그 대표적이다. 역사학에서는 쓰다 소우키치(津田左右吉)가 철저한 문헌 비판을 통해 일본고대사 연구에 새로운 장을 열었고 민족적 시야에 기초한 사상사도 연구하였다. 또 야나기타 쿠니오(柳田国男)는 일본민속학의 창시자로서 알려져 있다.

문학에서는 모리 오가이(森鴎外)·나쓰메 소세키(夏目漱石) 등을 지도자로 하여 많은 신작가가 등장하여 활기를 불어 넣었다. 탐미적인 작풍(作風)으로 알려져 있는 나가이 카후(永井荷風)와 다니자키 쥰이치로(谷崎潤一郎), 신사조파(新思潮派)로 불리우는 아쿠타가와 류노스케(芥川龍之介)와 기쿠치 칸(菊池寛), 인도주의를 특색으로 하는 백화파(白樺派)는 대표적인 작가들이다. 또 신문과 대중잡지를 무대로 대중소설이 많은 독자들을 확보해 갔다. 다이쇼(大正) 말부터 쇼와(昭和) 초에 걸쳐 사회·노동운동의 고양에 따라, 사회문제를 취급하는 프롤레타리아 문학도 일어났다.

연극에서는 1924년에 오사나이 카오루(小山内薫)가 도쿄에 쓰키지(築地) 소극장을 일으키고 신극(新劇)이 지식인층 사이에서 환영받게 되었다.

---

7) 개국한 해에 36만명이었던 계약자가 만주사변 이후에는 100만명을 넘어섰다.

3 경제불황과 파시즘의 대두

금융공황

일본경제는 제1차 세계대전 후 전후공황·지진공황에 휘말려 만성적인 불황에 빠져있었다. 이러한 일본경제의 불황과 모순은 금융공황이라는 미증유의 사태에 직면하게 되었다. 의회에서는 일부의 은행의 부실경영이 밝혀져 이것이 계기가 되어 각지에 중소은행이 신용을 잃고 휴업하는 은행이 속출하였다. 헌정회의 와카쓰키 레이지로(若槻礼次郎) 내각은 파산한 대상사인 스즈키상점(鈴木商店)에 거액의 부실대출을 하고 있었던 대만은행8)을 구제하기 위해 긴급칙령으로 일본은행이 비상대출을 하도록 했지만, 추밀원이 이 칙령안을 부결시켰기 때문에 총사직에 직면하게 되었다. 고객의 인출소요가 재차 확대해서 대만은행을 비롯한 대은행과 중소은행의 휴업·도산하여 경제계는 대혼란에 빠졌다. 이어서 성립한 입헌정우회의 다나카 기이치(田中義一) 내각은 지불유예의 칙령을 발하고 일본은행의 비상대출을 행하는 등 긴급조치를 취하여 겨우 금융공황은 수습되었다. 이 공황을 계기로 중소은행은 통폐합되어 재벌의 대은행에 대한 지배력은 더욱 강화되었다. 미쓰이(三井)·미쓰비시(三菱)·스미토모(住友)·야스다(安田)·다이이치(第一) 등 5대

8) 대만은행은 1897년에 대만의 개발과 그 자본주의 발전을 위해 설립된 국책은행이다. 본래 이 은행은 일본의 남방진출을 위한 금융적 지주였지만, 제1차 세계대전후 내지의 금융시장에도 스즈키상점에 융자도 시작했던 것이다.

▶ 대만은행 도쿄지점의 휴업게시판을 보고 있는 사람과 은행의 외관

은행이 특히 커다란 힘을 갖게 되었고 일본의 경제계는 소수의 거대재벌의 독점자본에 강한 지배를 받게 되었다. 이것은 그 후 정치·사회 등 다방면에 걸쳐 커다란 영향을 주게 되었다.

| 세계대공황과 일본 |

1929년 10월24일, 뉴욕의 월가에서 주식의 대폭락이 일어나 이것이 계기가 되어 세계를 사상 최대의 공황으로 몰아넣었다. 세계대전 후 미국은 세계공업 생산력과 금보유의 절반 가까이를 차지하게 되고 세계자본주의의 중심국이 되었다. 그러나 미국부터 과잉생산의 공황이 시작되어 이듬해에는 전세계 자본주의 국가로 퍼져 나갔다. 공황은 수년간 계속되어 세계공업생산은 약 40%나 저하되었고 공황전 수준으로의 회복은 1936년까지 7년이나 걸렸다. 이 사이 금본위제는 붕괴하고 세계는 관리통화제도의 단계에 들어섰다.

1930년의 공황은 일본에도 파급되었다. 하마구치(浜口) 내각의 금수출 해제(金解禁)9)에 의한 무역확대책은 오히려 불황의 늪에 빠지게 했다. 정화(正貨, 금)는 해외로 유출되고 무역액은 30~40%나 감소하였다. 또 국내물가도 전년에 비하여 60~50%나 하락하였다. 이 때문에 생산은 크게 위축되어 기업의 폐쇄·축소가 급증하였고 임금의 삭감·해고 등 구조조정이 강행되어 300만명으로 추정되는 실업자가 발생하였다. 정부는 구제자금을 방출하여 대공황의 수습을 꾀하고, 1931년 4월 이른바 중요산업통제법을 제정하여 카르텔(기업연합)·트러스트(독점적 기업합동) 결성을 촉진하여 국가에 의한 자본의 집중·독점화를 추진하였다. 재벌의 기업집중이 진행됨과 더불어 국가에 의한 경제통제가 가능해져 국가와 독점자본가와의 결합이 더욱 강해졌다.

대공황은 공업뿐만 아니라 농업부문에도 파급되어 일본경제를 근저로부터

---

9) 일본은 제1차 세계대전중의 1917년에 금 수출을 금지하였다. 전후 각국은 그 금지를 해제했지만, 일본은 불안정한 경제사정 때문에 이를 해제하지 않고 있었다.

흔들어 놓았다. 농산물 가격의 하락은 공업제품보다 심하였다. 특히 수출이 감소한 생사가격의 폭락에 영향받아 양잠농가의 경제에 심각한 타격을 주었다. 또 1930년도의 풍작은 도리어 쌀값의 폭

▲ 田中내각의 관료들(중앙이 田中수상)

락을 초래하였고, 이듬해 흉작에는 농가를 더욱 빈곤케 하였다. 여기에 농촌은 도시 실업자의 귀농처가 되어 대공황의 부담을 가중시켰다.

한편 대공황 중에 산업의 구조조정에 반대하는 노동쟁의가 빈발하였다. 또 농촌에서도 몰락의 위기에 직면한 중소지주가 소작지를 회수하여 자작농화하려는 경향이 나타났다. 여기에 지주의 토지회수에 반대하여 소작계약의 계속과 소작권의 확인을 요구하는 등 경작권을 둘러싼 소작쟁의가 증가하였다.

| 외교정책의 전기 | 다나카 기이치(田中義一) 내각은 1927년(昭和2), 제네바 군축회의에 참가하고 그 이듬해 부전조약(不戰条約)에 조인

하는 등 종래의 협조외교의 방침을 계승하고 있었다. 그러나 대륙외교에서는 적극적인 외교책으로 중국에 강경한 태도를 취하였다.

중국에서는 손문의 사후 장개석(蔣介石)이 그 뒤를 이어 1927년에 남경(南京)에 반공의 국민정부를 세웠으며10) 이듬해 북방군벌의 타도를 위해 이른바 북벌을 개시하고 그 해의 말까지 중국 전지역을 거의 통일하였다. 북벌이 개시되자 다나카 내각은 산동성에서의 일본의 권익옹호와 거류민 보호를 이유

---

10) 중국에서는 신해혁명후 군벌할거 · 혼전 중에서 손문 등이 광동에 군정부를 수립하고 (1917년), 2년후 중국국민당을 결성하였다. 한편 5 · 4운동의 영향을 받아 1921년에 중국공산당이 결성되었고, 24년에는 양당은 군벌타도 · 제국주의 타도라는 공동의 목표로 제휴하였다. 그러나 장개석은 이를 파기하고 공산당을 탄압하였다.

▲ 장작림 폭살사건의 현장

로 1927~8년 사이에 3번에 걸쳐 산동출병을 단행하였다. 이 때문에 일본군은 북상해 온 국민정부군과 제남(濟南)에서 충돌하였다(濟南事件). 또 이해에 관동군의 일부 장교는 만주의 군벌 장작림(張作霖)이 반일적 태도를 취하려고 했기 때문에 그가 타고 있던 열차를 봉천(奉天) 교외에서 폭파하였다. 다나카 내각은 그 진상을 은폐하려고 했으나 의회에서 만주모종대사건으로서 그 책임을 추급당하여 결국 내각은 총사직하였다.

뒤를 이은 하마구치 오사치(浜口雄幸) 내각은 적극적인 협조외교의 방침을 취했다. 1930년에는 런던군축회의가 영국·미국·일본 3국간에 보조함의 보유톤수를 협정하는 조약이 성립하였다[11]. 이 조약에 군부·추밀원등이 강하게 반대하였지만, 정부는 국제협조의 방침을 관철시켜 비준을 끝냈다. 그러나 그 후 협조외교는 연약하다는 비판이 군부·우익을 중심으로 제기되어 중국에 대해서도 무력을 배경으로 하는 강력한 적극외교를 취해야 한다는 의견이 높아져 갔다. 이리하여 협조외교는 새로운 전기를 맞이하게 되었다.

군부의 대두와 만주사변

일본의 심각한 경제공황은 사회불안을 야기시켰다. 이러한 정세속에서 재벌의 독점적 지배체제는 강화되었고 정당도 재벌과 유착관계를 맺어 국민생활은 도외시한 채 당리당략만을 일삼았기 때문에 국민의 불신감은 높아갔다. 이러한 국민감정을 배경으로 우익세력과 일부 청년장교는 정당의 부패와 재벌의 노골적인 이익

---

11) 미국의 10에 대하여, 영국10.29, 일본6.97의 비율로 정해졌다. 보조함은 순양함·구축함·잠수함 등이다.

추구를 공격하고 이들을
타도하고 군부중심의 정
치체제를 수립하여 국가
를 개조해야 한다고 주장
하였다. 이리하여 군과
우익의 발언력은 점차 강
화되어 갔다.

▲ 장학량과 장개석(右)

◀ 청조의 마지막황제 부의

1930년 하마구치 수상
은 우익세력의 저격을 받아 이듬해 사망하였다. 군부 중에는 적극적으로 대
륙에 진출하여 국내 경제의 위기를 타개해야 한다는 의견이 강했다.

한편 중국에서는 장작림의 사후 그의 아들 장학량(張学良)이 만주의 지배자
가 되었는데, 그는 국민정부와 제휴하여 배일·항일의 입장을 취했다. 이에
관동군은 만주의 지배를 강화하기 위해 1931년 9월에 봉천교외의 유조호(柳
条湖)에서 남만주철도폭파사건을 일으켜 군사행동을 개시하였다(満州事変)[12].
이 때 제2차 와카쓰키(若槻) 내각은 전쟁 불확대 방침을 취했지만 군부는 이
에 따르지 않고 즉각 전 만주를 점령하였다[13].

일본 군부는 만주에 괴뢰정권을 조직하여 독립시킬 방침을 세웠다. 이리하
여 1932년 3월, 청조(清朝)의 폐제였던 부의(溥儀, 宣統帝)를 집정으로 맞아 만
주국의 독립을 선언하였다[14]. 이어 9월에 일본은 일만의정서(日満議定書)에
조인[15]하여 만주국을 승인함과 함께 일본의 완전한 지배하에 두었다.

---

12) 사변이라고 부르지만, 실제는 전쟁이었고 이 해로 부터 1945년의 패전까지의 전쟁을
총칭해서 15년전쟁이라고 부른다.

13) 일본군의 만주에서의 군사행동은 상해(上海)에 까지 뻗쳐 점령하려 했으나, 중국군의
강한 항전과 열강들의 압력으로 중국정부와 협정조약을 맺어 철군하였다(上海事変).
이 상해사변은 중국에서의 항일운동을 제압하고 만주로부터 열강들의 눈을 돌리기 위
해 일으킨 것이다.

14) 청조의 폐제 부의가 집정(후에 황제)이 되고, 국무총리 및 각부 대신은 만주인이 취임
했지만, 관동군사령관의 지배하에 있던 일본인 관리가 실권을 장악하였다. 의회는 설치
하지 않고 관동군사령관의 지배하에 중국침략의 전진기지가 되었다.

▲ 기자회견하는 美濃部達吉

천황기관설의 공격팜플렛 ▶

중국의 국민정부는 만주사변 직후, 일본의 군사행동을 침략이라고 비난하고 국제연맹에 제소했기 때문에 연맹은 리튼 조사단[16]을 현지에 파견하여 조사시켰다. 그 결과 조사단의 보고에 기초하여 일본군의 철병과 만주국 승인의 취소를 권고하는 결의안이 1933년 2월에 연맹총회에 상정되었다. 이것이 가결되자 일본은 이해 3월에 국제연맹을 탈퇴하고 이제까지의 협조외교를 포기하고 고립외교로 나아가게 되었다.

파시즘의 대두

만주사변을 계기로 군부와 우익의 움직임이 활발해지고 정계·재계의 요인에 대한 테러행위가 일어났다. 이는 파시즘이 등장하는 계기가 되었다. 1931년에는 육군장교와 우익이 군사정권 수립을 위한 쿠데타를 계획했지만 미수에 그친 사건이 일어났다(3월사건, 10월사건). 더욱이 이해 5월 15일에는 해군 청년장교를 중심으로 하는 세력이 수상 이누카이 쓰요시(犬養毅)를 암살하는 사건이 일어났다(5·15사건). 이 사건 후 해군대장으로 전 조선총독이었던 사이토 마코토(斎藤実)는 1932년 5월에 군부·정당·관료의 타협에 의한 거국일치 내각을 조직하였다. 여기서 정당내각은 태평양전쟁 후까지 단절되었다.

이후 정당의 정치력은 약해지고 군부와 혁신을 주장하는 세력이 정치적 발

---

15) 조인의 날(9월15일) 밤에 무순탄광을 습격한 항일 게릴라부대가 통과했을 뿐인 평정산촌(平頂山村)을 게릴라와 내통하고 있다고 간주하여 일본군은 전촌민 3000여명을 학살하였다(平頂山사건).

16) 영국의 리튼경을 단장으로 하고, 프랑스·이탈리아·독일·미국의 각국 대표로 구성되었다.

언력을 증대시켜 나갔
다. 1934년에 오카다
케이스케(岡田啓介) 내
각이 성립하자, 육군성
은「국방의 본의와 그
강화의 제창」이라는
문건을 발행하여 육군
이 정치·경제에 직접

▲ 2.26사건을 촉발시킨 장본인 相沢三郎 中佐와 경시청을
점거한 반란군

관여할 의향을 표시하였다. 이듬해 귀족원에서는 미노베 타쓰키치(美濃部達吉)
의 이른바 천황기관설[17]이 반국체(反国体)적이라 하여 커다란 정치문제가 되
었다. 군부와 우익은 천황은 통치권의 주체라 하여 미노베 학설을 격렬히 공
격하였다. 오카다 내각은 굴복하여 국체명징성명(国体明徴声明)을 내어 미노베
학설을 부인하고 자유주의적인 언론도 반국체적인 것으로 배척하였다.

이러한 중에 오카다 내각하에서 정치적 발언력을 강화한 육군내에 주도권
쟁탈전도 얽혀 쿠데타 사건이 일어났다. 즉 1936년 2월 26일에 일부 청년장교
들이 우익과 결탁하여 군사정권의 수립을 주장하며 약 1400여명의 병력을 동원
하고 수상관저·경찰청·신문사 등을 습격하여 내대신(内大臣)·대장대신(大蔵大
臣)·육군교육총감 등을 암살했던 것이다(2·26사건). 이 반란은 진압되었지만
오히려 이를 계기로 군부의 정치세력은 한층 더 강화되었다[18].

한편 이 시기에 독일과 이탈리아에서는 제1차 세계대전 이후에 패전과 식
민지의 상실에 의한 심각한 사회문제가 생겨났다. 이런 틈을 타서 극단적인
국가주의적, 군국주의적, 민족주의적인 주장을 내건 파시즘 세력이 대두하였

17) 미노베 타쓰키치의 헌법학설은 국가를 법인(法人)으로 보고, 통치권은 국가에 있으며
천황은 통치권의 총람자로서 국가의 최고기관이므로, 헌법에 따라 통치권을 행사해야
한다고 설명하고 있다.
18) 이 사건후에 들어선 히로타 코키(広田弘毅) 내각 때에 군부대신의 현역제가 부활되어
군부는 내각을 좌지우지하게 되었다.

다. 이탈리아에서는 1922년에 무솔리니(B.Mussolini)가, 독일에서는 1933년에 히틀러(A.Hitler)가 정권을 장악하여 독재정치를 행하였다. 양국 모두 대내적으로는 공산주의를 배격하고 대외적으로는 베르사이유체제의 타파를 주장하여 군비를 증강하여 주변제국에 위협을 증대시켰다. 국제연맹을 탈퇴한 일본은 독일·이탈리아와 급속히 접근하여 1936년에 히로타 코키(広田弘毅) 내각은 일독방공협정(日独防共協定)을 맺고, 이듬해에는 이탈리아도 여기에 참가하였다. 이후 일본은 파시즘적 국가체제로 나아가게 되었다[19].

중일전쟁 1933년 8월 만주사변은 종결했지만, 그 후에도 군부는 화북에 침략할 기회를 엿보아 1936년 히로타 내각은 화북 5성을 일본의 세력하에 놓을 방침을 세웠다. 1937년 7월에 일본군은 북경 교외에서 중국군의 발포를 받았다고 해서 군사행동을 개시(盧溝橋 사건)하여 양국군은 전면적인 전쟁에 돌입하였다. 당시의 고노에 후미마로(近衛文麿) 내각은 처음에는 불확대 방침을 발표했지만, 전투는 확대하고 전화는 화북에서 화중으로 파급하였다. 이리하여 선전포고가 없는 전쟁이 이후 중국의 전 지역으로 전개되었다(中日戦争). 중국측에서는 1936년 서안사건(西安事件)[20]을 계기로 이듬해 9월에 국민당과 모택동이 지도하는 공산당과 제휴하여(제2차 国共合作) 항일민족통일전선을 결성해 일본의 침략에 대항하였다.

---

19) <파시즘> 일반적으로 위기에 빠진 독점자본주의의 반동적·탄압적 정치지배 체제를 말한다. 자본주의의 위기중에서 몰락해 가는 중산계층을 사회기반으로 하고 있다. 민주주의 전통도 없고 자본축적도 적은 독일·이탈리아에서 대두하였는데, 독일에서는 중산층의 사회적 불만을 이용하여 조직한 나치스(국가사회주의 독일노동당)가 급속히 세력을 얻어 1933년에 정권을 획득했다. 그러나 자본주의적 경제력이 비교적 강한 미국·영국·프랑스등에서는 파시즘의 성립은 허용되지 않았다. 일본에서는 독일과 같이 대중적인 정당운동을 통해서 파쇼적 독재체제가 확립한 것은 아니고 군부 쿠데타의 움직임 속에서 군부가 관료·재벌과 맺어 종래의 천황제 기구를 그대로 독재체제로 전화시켜 갔다.
20) 장학량이 서안에서 장개석을 감금하고, 내전의 정지, 항일을 요구한 사건. 공산당의 주은래(周恩来)의 조정으로 장개석은 석방되고 내전정지는 실현되었다.

일본군은 1937년 12월 수도 남경(南京)을 점령하였다[21]. 중국 정부는 수도를 중경(重京)으로 옮기어

▲ 일본군의 南京入城

南京대학살의 현장 ▶

철저한 항전 태세를 갖추었으며 영국·미국 등도 무기와 군수물자를 지원했기 때문에 전쟁은 장기전으로 돌입하였다. 고노에 내각은 1938년 1월, 지금부터는 「(장개석의) 국민정부를 상대하지 않는다」는 성명을 내어 평화교섭의 길을 막아버렸다. 일본은 1940년에 남경에 친일적인 왕조명(汪兆銘) 정권을 수립시켜 전쟁을 종결하려고 하였다. 그러나 왕 정권은 민족적 기반이 거의 없는 괴뢰정권이었기 때문에 이 전략은 실패하였다.

국내에서는 전시체제의 장기화에 대비하여 1938년에 국가총동원법을 제정하였다. 이 법률은 전쟁수행을 위해 정부가 의회의 승인을 거치지 않고 국내의 인적·물적자원을 동원할 수 있도록 정하여 경제와 국민생활 전반에 걸쳐 통제할 수 있게 하였다. 이듬해에는 국민징용령(国民徵用令)에 의해 일반 국민을 군수산업에 동원할 수 있게 되었다. 기존의 재벌계 대기업도 군수품을 적극적으로 생산하고 재벌 대표가 내각에 참가하는 등 대기업은 국책(国策)에의 협력을 강화해 나갔다.

---

21) 1937년 12월, 당시의 중국수도인 남경을 점령한 마쓰이 이와네(松井石根) 대장이 이끄는 일본군은 2개월에 걸쳐 수많은 중국인 포로·민간인을 무차별·무목적으로 살해하였다. 남경 성내외의 시가지와 농촌 등지에서 유아에서 노인에 이르기까지 강간·살해·방화를 자행하였다. 희생자는 20~30만명이라 일컬어지고, 시가지의 30~40%가 소실되었다고 한다. 당시 이 사건은 세계에 크게 보도되었지만, 일본에서는 극동재판에서 비로소 알려졌다(희생자수는 판결에서 11만9천명, 최근의 중국측 발표는 34만명이라고 한다).

| 문화·사상의 통제 | 만주사변을 거쳐서 전시체제로 나아감에 따라 문화와 사상의 통제도 강화되어 갔다. 국가총동원체제의 |

추진으로 통제는 더욱 엄중해지고 공산주의·사회주의에 대해 철저히 탄압하였으며 또 자유주의자에 대해서도 압박이 가해졌다. 1935년 미노베 타쓰키치(美濃部達吉)의 천황기관설이 문제가 되어 그의 저서는 발매금지 처분을 받았다. 이밖에도 군부·우익의 공격을 받아 검거·대학추방 등의 탄압을 받은 학자도 적지 않았다[22]. 더욱이 1940년에는 이 해가 일본기원(日本紀元) 2600년이라고 하여 대대적인 기념축전이 개최되었고 이듬해에는 소학교를 국민학교로 개칭하는 등 학문·교육의 면에서 국가주의·충군애국주의를 강요하였다.

이러한 정세하에서 예술·문화 등의 자유로운 활동은 억압되었다. 쇼와(昭和) 초기에는 프롤레타리아 문학 등도 활발하였으나 이것도 모습을 감추었다. 또 한때 신감각파가 나타나 도회적·시민적인 감각의 작품을 발표했지만 이 역시 발매금지되었고 전쟁색이 강한 문학이 대두하였다. 예술계에서도 전쟁색이 농후한 전쟁화 등이 활발히 묘사되기도 하였다 이리하여 군국주의, 국수주의의 풍조가 이 시대를 만연했던 것이다.

4 제2차 세계대전

| 제2차 세계대전의 발발과 일본 | 중일전쟁이 장기화되어 갈 무렵, 유럽에서는 독일의 노골적인 침략행위가 시작되 |

었다. 1938년에 오스트리아를 병합하고 이듬해에는 체코를 병합하고 슬로바키아를 보호국화하여 폴란드로 진출을 꾀했다. 이탈리아도 1939년 알바니아

---

22) 『고사기(古事記)』 『일본서기(日本書紀)』 등의 일본고전에 대한 문헌비판과 사료의 합리주의적 해석을 통해 일본고대사를 연구해 온 와세다대학 교수 쓰다 소우키치(津田左右吉)는 국수주의자들로부터 황실을 모독하였다고 하여 공격을 받았다. 1940년에는 그의 저서 『神代史의 研究』 『古事記 및 日本書紀의 研究』 등 주요 4책이 발매금지되었고, 42년에는 출판법위반으로 일부의 내용에 대해서는 유죄판결을 받았다.

를 점령하였다. 독일은 이해에 이탈리아와 군사동맹을, 소련과는 불가침조약을 맺었다. 여기에 이르러 영국과 프랑스가 독일에 선전포고를 하여 제2차 세계대전이 시작되었다.

독일군은 1940년 덴마크·노르웨이·벨기에·네덜란드를 침공하고, 이어서 프랑스도 항복시켜 영국군을 본국으로 철퇴시켰다. 이해에 이탈리아도 독일측에 가담하여 영국·프랑스에 선전포고를 하게되자 독일의 승리는 결정적인 것처럼 보였다.

아베 노부유키(阿部信行)·요나이 미쓰마사(米内光政) 양 내각은 유럽의 전쟁에 개입하지 않기로 방침을 취했다. 그러나 육군은 이에 불만을 품고 육군대신 단독으로 사표를 제출하여 내각은 퇴진하였다. 이해에 제2차 고노에(近衛) 내각은 세계정세에 대응하는 체제를 정비하여 장기화한 중일전쟁에 대체하기 위해 국민의 총력을 결집하는 신체제운동을 추진하였다. 기성의 각 정당은 해산되고 그 대신에 관제단체인 대정익찬회(大政翼贊会)[23]가 출현하였다. 또 노동조합도 해산되고 대일본산업보국회(大日本産業報国会)가 만들어짐에 따라 군부·관료와 일부의 경제인에 의해 산업통제가 강력히 추진되었다. 이리하여 군부를 중심으로 하는 독재적 정치체제가 확고히 갖추어져 의회는 무력화되었다.

프랑스·네덜란드를 독일이 점령한 것을 기회로 일본은 양국의 아시아 식민지로 침탈해 들어가는 남진정책[24]을 취하여 1940년 9월 프랑스령인 인도차이나 북부에 병력을 진주시켰다. 한편으로는 미국을 견제하기 위해 일본·독일·이탈리아 3국동맹을 맺었으며, 북방 소련의 위협을 피하기 위해 이듬해 4월에는 일소중립조약을 체결하였다.

이러한 일본의 진출과 외교정책에 대해 미국·영국·중국·네덜란드 등 4

---

23) 그 조직은 총리대신을 총재로 하고, 전국의 각 도·부·현에 지부를 두고, 후에 각 지사가 그 지부장을 겸임했다. 동년 정(町)·촌(村)에 설치된 인조(隣組)가 대정익찬회의 말단조직이 되었다.

24) 전쟁수행에 필요한 석유·고무·주석 등의 군수물자를 획득함과 함께 동 지역을 경유하는 영국·미국의 대중국 원조물자의 수송로를 차단하려는 목적이었다.

▲ 東条英機 내각(1941), 앞렬 군복차림이 東条 수상

▲ 야스쿠니(靖国) 신사에 참배하는 일본 근위보병대

개국은 이른바 ABCD 라인을 결성하여 중국을 원조하는 한편, 석유 등 대일수출을 금지하고 일본에 대한 경제봉쇄를 강화하였다. 그 때문에 일미간에 대립이 격화되고 전쟁의 위기가 고조되었다. 국면을 타개하기 위해 1941년 4월 이래 미국과 교섭을 하였지만 거의 진전되지 않았다. 9월 6일 어전회의에서 일미교섭을 계속해도 일본의 요구가 관철되지 않는다면, 대미국(영국·네덜란드) 개전을 결의한다고 하는 제국국책수행요령(帝国国策遂行要領)이 결정되었다.

태평양전쟁　　1941년 10월에 미국이 중국으로부터의 일본군의 철병, 삼국동맹의 실질적인 무효화를 요구하자 내각의 의견이 분열하여 고노에(近衛) 내각은 퇴진하고 육군대장 도죠 히데키(東条英機)가 신내각을 조직하였다. 군부는 이미 개전을 결의하고 그 준비를 착착 진행시켜 나갔다. 11월 5일의 어전회의는 12월 초에 개전하기로 결의했다. 일본의 개전 결의를 탐지한 미국은 만주사변 이전의 상태로 되돌아 가라는 내용의 최후통첩을 하였다. 이에 일본은 12월 1일의 어전회의에서 개전을 결의하였다. 12월 8일에 일본군은 말레이반도에 상륙하고 하와이 진주만을 기습공격한 뒤, 미국·영국에 선전포고를 하였다. 이리하여 태평양전쟁은 시작되었다.

한편 유럽에서는 독일·이탈리아도 삼국동맹에 따라 미국에 선전(宣戦)했기 때문에 추축국과 연합국간의 전면적인 세계전쟁이 전개되었다[25]. 일본군은

---

25) 일본·독일·이탈리아는 추축국(枢軸国), 미국·영국·중국 등(후에 소련이 참가)은

▲ 1943년 東京에서 열린 대동아회의. 중앙이 東条英機 수상

이듬해 여름까지 말레이반도[26]·미얀마·네덜란드령 동인도제도·필리핀제도 등을 점령하였으며 나아가 뉴기니아·인도방면까지 침공하여 군정을 실시하였다. 일본은 이 전쟁의 목표가 구미열강의 지배로부터 아시아를 해방·독립시켜 '대동아공영권(大東亜共栄圏)'[27]을 건설하는데 있다고 선전하였다.

연합국이라 불렀다.

26) 일본군이 말레이반도를 점령했을 즈음, 항일의 혐의가 있는 화교를 현재의 싱가포르에서 약 1만5천명, 말레이지아에서 1만명 이상을 학살하고, 또 필리핀에서도 약 9만명이라고 하는 일반 주민을 학살하였다.

27) 1943년에 일본·만주·중국의 왕정권과 타이·필리핀·미얀마 등의 대표자를 도쿄에 불러 일본의 점령지역을 하나로 묶는 전쟁협력체제를 수립·강화하는 대동아회의(大東亜会議)가 열렸다. 일본군의 점령지는 예전에 구미제국의 식민지였다. 일본은 구미의 지배로부터의 해방과 대동아공영권(大東亜共栄圏)의 건설을 호소하였다. 이 때문에 전쟁 초기에는 구미제국의 식민지 지배로부터의 해방군으로 평가되어 현지에서는 환영을 받은 일도 있었다.

그러나 일본의 당면의 목표는 전쟁수행을 위한 군수물자의 획득이었기 때문에 철·석유·고무 등의 자원을 약탈적으로 조달하기 시작하면서, 현지의 경영은 혼란에 빠지고 일본에의 반감이 높아져 갔다. 또 군정 당국은 현지 주민의 역사·문화·생활양식 등을 무시하고 일본어의 학습, 신사에의 참배, 천황의 숭배, 토목공사에의 노역 등을 강요했기 때문에 현지 주민의 반발은 더욱 높아져 갔다.

일본군은 점령지 지배의 과정에서 잔학행위도 행했다. 필리핀에서는 미국군 포로와 함께 필리핀병 포로를 죽음에 빠뜨리기도 하고, 싱가포르에서는 반일활동의 혐의로 대량의 중국계 주민을 살해하였다. 미얀마에서는 군사목적으로 건설이 행해진 철도공사에 구미인의 포로와 현지주민을 강제로 노역시켜 많은 희생자를 내었다. 자바 섬에서도 강제연행에 의한 노무자의 징발이 행해지고 각지의 일본점령지에서 혹사당했다.

이러한 비인도적인 지배는 점령지의 항일운동을 격화시켜 상황을 악화시키고, 일본군은 각지에서 주민들의 저항에 부딪치게 되었다.

▲ 가미카제(神風) 특공대. 출격에 앞서 일장기의 띠를 두르는 모습. 우측은 불타는 미 항공모함

　그러나 1942년 6월의 미드웨이해전을 전기로 하여 미군의 반격이 시작되고 풍부한 자원과 거대한 생산력을 바탕으로 강대한 군사력을 발휘하여 점차 일본군이 점령한 지역들을 탈환해갔다. 1944년 7월에는 사이판 섬이 함락하고 이곳을 기지로 하여 미국 공군이 일본 본토의 주요 도시를 폭격하였다.

　한편 유럽에서는 독일군이 소련영내 깊숙히 침입했지만 이윽고 소련군의 강한 반격을 받아 패퇴하였다. 또 미국·영국 등의 연합군도 반격작전을 개시하여 북아프리카·이탈리아·프랑스에서 승리를 거두었다. 1943년 9월에 이탈리아가 항복하고 1945년 5월에는 독일도 드디어 무조건 항복하여 유럽의 전화(戰火)는 종결하였다.

　전쟁의 국면은 날로 악화되어 독재적 권력을 휘두르던 도죠(東条) 수상에 대한 비판이 높아지자 1944년 7월 내각은 퇴진하고 그 대신 육군대장 고이소 쿠니아키(小磯国昭)·해군대장 요나이 미쓰마사(米内光政)가 협력하는 고이소 내각이 성립하였다. 그러나 전국(戰局)은 점점 불리해질 뿐이었고 미군은 1944년 10월에 필리핀에 상륙하였으며[28] 이어서 1945년 1월에는 루손 섬, 2월에는 이오(硫黄) 섬에 상륙, 드디어 3월에는 오키나와전(沖繩戰)이 개시되었다. 오키나와의 일본군은 6월에는 전멸하였고, 약 10만명이나 되는 오키나와 주민들이 사망하였다[29]. 본토 공습은 날로 격화되어 전국의 주요 도시는 점차

---

28) 일본해군은 필리핀 해전에서 연합함대의 주력을 잃었다. 이 때 처음으로 비행기와 함께 미국함대에 몸을 던지는 해군의 가미카제(神風) 특공대가 기용되었다. 이로인해 많은 일본군이 희생되었다.

초토화되었다. 4월에 고이소 내각은 총사직하고 해군대장 스즈키 칸타로(鈴木貫太郞)가 내각을 조직했지만, 이미 전쟁의 수행은 불가능하게 되었다.

▲ 종군위안부와 위안소라고 쓰여진 건물 앞에 일본군의 모습이 보인다.

전시하의 국민생활

전쟁이 진행됨에 따라 모든 생산은 군수품이 우선이 되고 비행기·선박 등의 군수생산은 현저히 발전했지만 모든 평화산업은 극도로 통제되었다. 그러나 군수산업도 철·석탄·알루미늄 등의 기초재료의 부족으로 1944년에는 생산이 감소하기 시작하였다. 처음에 계획된 동남아 지역과 대륙으로부터의 자재 수입도 전쟁의 국면이 불리해짐에 따라 거의 불가능하게 되고 항공기 연료 등에 필요한 가솔린도 극도로 부족하였다.

대부분의 남자들은 전선으로 보내지고 학도출진도 행해졌다. 1943년에는 한국[30], 1945년에는 대만에서도 징병제가 시행되었다. 1939년 공포한 국민징용령 등에 의해 기술자·학생·여자[31] 등도 군수공장에 동원되었고, 더욱이 한국인 외에 중국인도 강제연행되어 가혹한 노동을 강요받았다[32]. 중소기업과 중소상

---

29) 전 주민이 전화에 휘말려 일반주민은 적어도 9만4천명이 사망하였고, 오키나와(沖繩) 출신의 군인·군속이 2만8천인이었다. 오키나와의 희생은 전 주민의 3분의 1에 해당하는 15만명을 상회한다고 일컬어진다. 이들 희생 중에는 일본군에 의해 집단자결을 강요받은 주민과 학살된 주민도 포함되어 있는데, 확인된 사례만도 상당수에 이른다.

30) 한국에서는 황민화정책의 미명하에 신사참배와 창씨개명이 강요되었고, 학교와 관청등에서는 한국말의 사용을 금지시켰다.

31) 미혼여자의 경우는 여자정신대(女子挺身隊)로 편성하여 군수공장 등에 동원되고, 심지어는 한국인·대만인 등 아시아제국의 여자들은 전장의 군 위안부 시설에 수용되어 일본군의 성적욕구 해소의 대상이 되는 일도 있었다.

32) 국민징용령의 공포에 의해 한국인은 강제적으로 집단연행되었다. 한국인 노동자의 강제연행수는 1939년부터 45년 사이에 일본정부의 「일본인의 해외활동에 관한 역사적 조사」에서는 72만 4727명이고, 재일한국인 연구자 금병동(琴秉洞)씨에 의하면, 154만 9142명이 달하며, 아시아·태평양전쟁 중에 약 80만명의 한국인이 연행되었다고 한다.

▲ 원폭 투하 후의 히로시마

점 등은 원료부족으로 폐점되고 농촌에서도 남자의 일손과 비료 등의 부족으로 생산은 저하되었다. 이 때문에 주식인 쌀을 비롯한 식료와 의료 등 생필품이 결핍하여 국민의 일상생활은 극도로 어려워졌고 모든 물자는 거의 배급제가 되었다.

공습이 격화됨에 따라 대도시를 비롯한 많은 중소도시도 큰 피해를 입어 공장과 주택의 태반이 파괴되었다. 정부는 공습이 시작되자 가옥을 강제 철거하고 군수공장을 지방으로 이전하였다. 또 노인·부녀자를 지방으로 이주시키고 초중고학생들을 집단대피시키는 등 일본경제와 국민생활은 점

▲ 일본의 항복 소식을 라디오로부터 듣고 야스쿠니 신사 앞에서
울고있는 일본 국민들

차 붕괴하기 시작하였다.

패전 1945년 2월에 미국의 루즈벨트 대통령, 영국의 처어칠 수상, 소련의 스탈린 수상 등 3국 수뇌는 크리미아반도의 얄타에서 회담을 열어 (얄타회담)[33], 소련의 대일참전[34]과 대전후의 처리안을 결정하였다. 이어서 7

박경식(朴慶植)씨에 의하면, 1939년에 재일한국인은 이미 96만 1591명이고, 1945년 5월에는 210만명에 달했다고 한다. 이들 한국인은 광산·탄광·비행장 건설·지하공장 건설등 군사시설이나 군수산업 현장에 투입되어 혹독한 노동조건하에서 부역되었다. 지역적으로는 사할린, 홋카이도(北海道)에서 남으로는 오키나와, 태평양제도에까지 각지에 배치되었다.

33) 이보다 앞서 1943년 11월에는 이집트의 카이로에서 루즈벨트·처어칠·중국정부 수석인 장개석이 회담하여 일본에 대한 작전과 영토처분의 방식을 결정하는 이른바 카이로 선언을 발표하였다.

34) 소련은 미국의 강한 요구에 따라 치시마(千島)·사할린을 소련이 영유하는 조건으로 독일의 항복으로부터 2~3개월이 지난 시점에서 대일참전을 비밀리에 약속하였다.

월에 베를린 교외의 포츠담에서 회담이 개최되었다. 일본군의 무조건항복 권유와 일본의 전후처리 방침을 내용으로 하는 미국·영국·중국의 3국공동선언(포츠담선언)이 발표되었다.

▲ 미주리호에서 일본의 항복조인식

이 포츠담선언에 대해 일본정부는 묵살하는 태도를 취하는 한편 내부에서는 이를 받아들여야 할 것인가 어떤가 하는 대응책에 고민하던 중, 미국은 1945년 8월 6일 히로시마(広島)에 원자폭탄을 투하하고, 9일에는 나가사키(長崎)에 투하하였다. 두 도시는 순식간에 파괴되고 히로시마에서는 20여만명, 나가사키에서는 14만여명이 희생되었다. 또 이달 8일에 소련은 얄타협정에 의해 일소중립조약을 파기하고 대일 선전포고를 하여 소련군은 일거에 만주에 진입하였다.

군부는 본토결전을 부르짖고 전쟁을 계속하려고 했으나, 정부는 8월14일에 천황의 재가를 받아 드디어 포츠담 선언을 수락하기로 하였다. 다음날 천황은 라디오를 통하여 전국에 항복선언을 발표하였다. 9월 2일 도쿄만(東京湾)에 정박중인 미군함 미주리호에서는 연합국 군대표와 일본대표 사이에 항복문서의 조인식이 열렸다.

이리하여 장기간에 걸친 전쟁의 시대는 끝났다. 일본이 패전에 이르기까지 한국·중국을 비롯한 타국민, 타민족에 준 고통과 희생은 막대하였다. 15년간의 전쟁으로 다대한 희생을 입은 아시아 제민족의 희생자수는 2000만명이 넘는 것으로 추정되고 있다. 한편 일본국민이 받은 손해도 엄청났다. 태평양전쟁만으로도 군인·군속의 사망자가 155만명, 부상·행방불명 31만명, 일반국민의 사망도 30만명을 넘었다. 전쟁 말기의 식량사정이 극도로 악화되어 전후 일본국민의 상당수는 기아상태에 빠졌다.

시대개관 ■

　　패전후 미국을 중심으로 한 연합국은 일본에 진주하면서 군국주의의 해체와
민주주의를 목표로 점령정책을 추진하였다. 일련의 민주화 지령(농지개혁·재벌해
체·교육개혁)이 그것이고, 그 집약적인 결과가 평화주의·주권재민·기본적 인
권의 존중을 원칙으로 하는 일본국 헌법의 제정이었다. 그 후 일본의 진로는 세
계정세의 변화에 따라 커다란 영향을 받았다. 미국과 소련을 양극으로 하는 자
본주의 진영과 사회주의 진영간에 대립의 격화는 한국전쟁을 야기시켰다. 그러
한 중에서 평화조약을 체결한 일본은 동시에 일미안보조약을 맺었고, 독립 후에
도 미국의 핵우산 속에 놓여졌다. 아시아·아프리카에서는 다수의 신생국가가
탄생하여 제3세력을 형성했는데, 이들 지역에서는 끊임없이 국지적인 전쟁이 벌
어져 일본에 다대한 영향을 주는 경우도 적지 않았다.

　　한편 일본은 한국전쟁의 특수를 계기로 독점자본주의 체제를 재편성하고
1956년에는 국제연합에도 가맹하여 국제사회에 복귀하였다. 그리고 1960년에는
일미안전보장조약을 개정하였다. 그 직후부터 일본은 과학기술을 시작으로 세계
의 문물을 적극적으로 도입하는 등 고도경제성장정책을 추진하였다. 그 결과 일
본은 경제대국이 되고 국민생활은 크게 변하였다. 반면 국내적으로는 공해, 대
외적으로는 일본의 경제진출에 대한 반발 등 많은 곤란한 문제를 발생시켰다.
문화적 성과도 충분하다고는 할 수 없고, 문화국가로서의 진실한 성장은 앞으로
남은 과제이다.

1 전후의 민주화와 개혁

점령과 전후(戰後) 처리

　　　　포츠담 선언에 기초하여 미군을 중심으로 한 연
합국군은 일본본토에 진주하여 점령정치를 개시
하였다. 1945년 9월에 도쿄에 연합국군최고사령관 총사령부(聯合国軍最高司令

官総司令部, GHQ)가 설치되고, 또 워싱턴에는 점령정책의 최고결정기관으로서 극동위원회(極東委員会)가, 도쿄에는 연합국군최고사령관의 자문기관으로서 대일이사회(対日理事会)가 설치되었다. 연합국은 직접 군정을 펴지않고 총사령관의 지도·감독하에 일본정부를 통해서 점령정책을 실시하는 간접통치의 형태를 취했다.

일본의 주권이 미치는 범위는 혼슈(本州)·큐슈(九州)·시코쿠(四国)·홋카이도(北海道) 및 연합국이 정한 부속도서로 한정되었다. 한국은 일본의 식민통치로부터 해방되었고, 대만과 해체된 만주국은 중국의 통치하에 복귀하였다.

점령정책은 실질적으로는 미국의 단독점령에 가까운 형태로 전개되었고 그 기본방침은 민주화의 촉진과 일본의 군국주의의 배제에 있었다. 총사령부는 이해 10월에 부인의 해방, 노동조합의 결성, 교육의 민주화, 압제적인 제도의 폐지, 경제의 민주화를 위한 5대개혁의 지령을 발포하였다. 포츠담 선언에 기초하여 일본군은 무장 해제되고 전쟁을 지도한 군부·정부의 수뇌부는 전범 용의자로 체포되었으며, 그 중에서도 주요 인물들은 극동국제재판소에서 심의되어 처형되었다[1]. 또 치안유지법이 폐지되었고 정치범이 석방된 반면, 극단적인 국가주의자와 지도적인 지위에서 전쟁에 협력한 자는 공직으로부터 추방되었다. 또 총사령부는 천황에 대한 국민의 자유로운 비판을 장려하고 국가와 신도의 분리를 지령하였다. 1946년 1월에는 천황 스스로 이른바 「인간선언」을 하여 천황의 신격화를 부정하였다.

---

[1] 1946년 5월3일에 「극동에 있어서 중대 전쟁범죄인의 공정하고 동시에 신속한 심리 및 처벌」를 위해 미국·영국·중국·소련 등 11개국이 원고가 되어 도쿄에서 군사재판소가 개정되었다. 만주사변 이래 침략전쟁의 최고지도자로 지목된 도죠 히데키(東条英機)를 비롯한 A급 전범 28명의 피고에게 2년반에 걸친 심리가 행해졌다. 그 결과 1948년 11월 전원 유죄판결이 내려져 그해 12월 사형판결을 받은 도죠등 7명은 교수형, 16명은 종신형 등에 처해졌다. A급 전범 이외의 B·C급은 미국·영국등 관련국 50개소의 재판소에서 5400명이 기소되고 937명이 사형, 358명이 종신형을 받았다. 그러나 중국·호주·인도 등이 요구한 천황의 전쟁책임론은 원활한 점령정책을 추진하게 위해 추궁하지 않았다.

정치의 민주화와 신헌법의 제정

사상 · 언론 · 집회 · 결사의 자유가 통제되어 정치운동과 사회운동을 억압해 왔던 여러 규정이 폐지되자 그동안 해산당했던 정당이 부활되어 1945년까지는 일본자유당 · 일본진보당 · 일본사회당 · 일본협동당이 결성되었고, 또 일본공산당은 합법정당으로 활동을 재개하였다. 이 사이에 중의원 선거법이 개정되어 만20세 이상의 남녀는 모두 선거권을 갖게 되었으며 비로소 부인 참정권이 실현되었다. 1946년 4월에 패전후 최초의 총선거가 실시되어 일본자유당이 제1당이 되고, 요시다 시게루(吉田茂)를 총리로 하는 정당 내각이 성립하였다.

이보다 앞서 총사령부는 대일본헌법(大日本憲法)의 개정을 권고하였다. 처음에 정부는 제국헌법을 부분적으로 수정한 초안을 입안했지만, 결국 총사령부의 강력한 요구로 민주주의 정신에 기초한 새로운 헌법초안이 만들어졌다. 이 초안은 제국의회의 심의를 거쳐 1946년 11월 3일, 일본국헌법으로서 공포되고 이듬해 5월 3일부터 시행되었다.

일본국헌법은 전문과 11장 103조로 되어있다. 그 주요 내용을 보면 주권은 국민에게 있고(主權在民), 천황은 일본국민통합의 상징이며 전쟁을 영원히 포기하고 모든 전력을 보유하지 않으며(平和主義), 모든 국민에게 기본적인 인권을 보장하며(人權尊重), 국회를 국권의 최고기관으로 한다는등 민주주의적이고 평화주의적인 것이었다.

신헌법의 제정에 따라 법률도 대폭 개정되었다. 민법은 헌법의 남녀동등의 정신에 기초하여 부인의 권리 제한을 삭제하고 호주제가 폐지되었으며 재산상속법2)도 개정되었다. 또 행정조직과 지방제도 등도 크게 개정되었다.

경제의 민주화와 재건

총사령부는 일본의 민주화를 추진하기 위해 경제면에서 중요한 지령을 내렸다. 우선 1945년 11월에

---

2) 배우자는 항상 상속권을 갖고, 자녀의 상속권도 남녀 · 나이에 구별없이 균등하게 되었다.

미쓰이(三井)·미쓰비시(三菱)·스미토모(住友)·야스다(安田) 등 4재벌과 11개 재벌의 자산을 동결하여 재벌의 해체를 명하고[3], 이듬해에는 지주회사정리위 원회(持株会社整理委員会)를 발족시켜 재벌소유의 주권(株券)을 처분하여 주식 소유에 의한 재벌의 산업지배를 해소시키려 하였다. 1947년에는 독점금지법 ·과도경제력집중배제법 등을 제정하고 새로이 독점형성에 대한 예방조치와 기존의 독점기업의 분할을 추진하였다.

또 총사령부는 일본의 지주·소작제도가 사회의 민주화를 방해하고 있다 고 판단하여 농지개혁을 명령하였다. 이 개혁으로 많은 소작지가 지주로부터 강제적으로 매수되어 소작인에게 우선적으로 저가에 이양되었으며, 이로서 많은 자작농이 나타나 농촌의 민주화가 진행되었다[4].

패전후 일본경제는 생산력의 파탄하에서 일어난 격심한 인플레이션에 의 해 심각한 위기에 빠졌다. 정부는 인플레이션을 억제하기 위해 1946년에 금 융긴축조치령을 내려 예금의 봉쇄와 신구(新旧) 은행권의 교환을 명하여 통화 의 수축을 꾀했지만 일시적인 효과밖에 없었다.

또 정부는 미국으로부터 원료와 식량 등의 원조를 받으면서 석탄·철강 등의 기간산업에 중점적으로 자금과 자재를 공급하는 방식을 취하여 경제부 흥을 꾀했다. 그 결과 생산력은 상승하기 시작하였고 일본의 경제는 미국경 제와의 결합이 한층 공고해졌다. 이리하여 1948년에 총사령부는 일본경제의 안정·자립을 꾀하기 위해 경제안정 9원칙을 정하였고 정부는 이 방침에 따 라 다양한 정책을 실시하였다. 그 결과 일단 인플레이션은 수습되었지만 중 소기업의 도산, 실업자의 증가가 현저해져서 경제계는 심각한 불황에 빠지게 되었다.

---

3) 총사령부는 일본의 재벌은 이제까지 군국주의자에게 협력하여 전쟁을 추진해 왔을 뿐아 니라, 현실적으로도 전쟁을 일으킬 최대의 잠재력을 갖고 있고, 또 그 산업지배가 일본 경제의 민주화를 방해하고 있다고 생각했다.

4) 부재지주의 소작지 보유는 인정하지 않고 재촌지주(在村地主)의 보유면적도 1정보(北海 道는 4정보)로 제한되어 전국의 소작지 약 260만정보의 8할이 해체되었다.

| 사회운동의 전개 | 전후의 민주화 정책은 사회운동의 면에서도 전개되었다. 총사령부의 지령에 따라 노동조합법이 제정되고 이어 노 |

동관계조정법·노동기준법이 만들어져서 1947년까지는 이른바 노동3법이 정비되었다. 이것에 의해 노동자의 단결권·단체교섭권·쟁의권 등이 인정되고, 또 노동조건의 최저기준 등이 정해졌다.

이리하여 노동조합이 결성되고 여기에 경제혼란에 의한 생활난으로 노동운동은 더욱 활발해졌다. 총사령부는 처음에는 노동운동을 적극적으로 권장하는 방침을 세웠으나 미소의 대립이 격화됨에 따라 미국이 일본의 점령정책을 전환하기 시작하면서 노동운동을 억제하였다. 1947년 2월 1일의 제네스트(제네럴 스트라이크)를 금지한 것은 그 전환의 계기가 되었다. 1949년에는 심각한 불황하에 노사간의 대립이 깊어졌는데, 이해 여름에 시모야마(下山) 사건, 미타카(三鷹) 사건·마쓰카와(松川) 사건 등의 괴사건이 일어나 노동운동은 커다란 타격을 입었다5).

또 농민조합과 부락해방운동도 부활하고 곤궁한 국민생활을 배경으로 각종의 사회운동이 활발하게 진행되었다.

| 종교와 교육 | 총사령부는 종교·교육계의 민주화도 지령을 내렸다. 우선 신도(神道)와 국가를 분리시켜 국가신도는 폐지되고 신사(神 |

社)는 국가의 보호밖에 놓이게 되어 다른 종교단체와 지위가 동등해졌다. 천황도 1946년 1월에 천황의 신격(神格)을 부정하는 조서를 공포하여 이른바「인간선언」을 하였다. 또 군국주의 교육의 폐지를 명하고 군국주의자·극단의적인 국가주의자로 간주된 자를 교단으로부터 추방하였다.

---

5) 시모야마 사건은 국철 총재인 시모야마 사다노리(下山定則)가 열차에 치어 사체로 발견된 사건, 미타카 사건은 무인전차가 폭주하여 6인이 사망한 사건, 마쓰카와 사건은 열차가 전복하여 3인이 사망한 사건으로, 조사당국은 국철노동조합원과 공산당원의 소행으로 보고 다수의 혐의자를 체포했지만, 후에 피고 전원의 무죄판결이 확정되었다. 사건의 진상은 지금도 불명이다.

또 미국교육사절단의 보고서에 기초하여 1947년에는 교육기본법·학교교육법이 제정되었다. 이것에 의해 민주적인 인간의 육성이 교육목표로 되고 또 의무교육이 연장되어 9년제가 되었으며 남녀공학이 원칙으로 되는 등 교육내용과 제도가 대폭적으로 개혁되었다. 이듬해에는 교육의 민주화·지방분권화를 꾀하기 위해 도(都)·도(道)·부(府)·현(県)과 시(市)·정(町)·촌(村)에 선거제의 교육위원회6)가 설치되는 등 교육행정도 개혁되었다.

2 국제사회에의 복귀와 고도경제

동서대립과 한국전쟁 1945년 4월에 연합국 50개국 대표가 샌프란시스코에 모여 국제연합헌장을 심의하고 이를 채택하여 이해 10월에 국제연합을 발족시켰다. 국제연합에서는 미국·영국·프랑스·소련·중국 등 5대국이 안전보장이사회의 상임이사국으로써 5대국의 협조하에 국제평화와 안전을 유지하는 체제가 성립하였다.

그러나 그 후 이제까지와는 다른 새로운 국제적 대립이 생겨났다. 전후 미국과 소련의 국제적 지위가 현저히 높아졌지만, 주의와 체제를 달리하는 양국간의 대립은 점차 격화되어 갔고 미국을 중심으로 하는 자본주의 진영과 소련을 중심으로 하는 사회주의 진영간에 냉전이라고 하는 심각한 대립관계가 나타났다.

아시아에서는 전후 많은 민족이 점차 독립국을 수립하였다. 중국에서는 항일전을 통하여 모택동(毛沢東)이 지도하는 공산당의 세력이 강해지고 전후 장개석(将介石)이 이끄는 국민당과의 대립이 격화되어 내전이 일어났다. 민중의 지지를 얻은 공산당군은 각지에서 국민당군을 격파하여 1949년 10월에 모택동을 주석으로 하는 중화인민공화국(中共)을 수립하였다. 국민당군은 대만으로 피신하여 국민정부를 세웠다.

---

6) 1956년에 선거제가 폐지되고 교육위원은 지방자치단체장에 의한 임명제로 바뀌었다.

한반도에서는 1948년에 북위 38도선을 경계로 남에는 대한민국이, 북에는 이른바 북한공산정권(조선민주주의인민공화국)이 수립되었다. 양자간의 심각한 대립 속에서 북측의 기습, 선제공격에 의해 1950년 6월 25일 한국전쟁이 발발하였다. 재일미국군을 중심으로 하는 국제연합군(国際聯合軍)[7]은 한국을 원조하기 의해 출병하였고, 중국도 이에 대항하여 북한에 인민군을 파병하였다. 이 전쟁은 한때 세계전쟁으로 번질 위기에 빠지기도 했으나 1953년 7월 휴전협정에 의해 전쟁은 중단되었다.

| 평화조약과 국제사회로의 복귀 | 한국전쟁이 시작되자 점령하의 일본은 미군의 기지가 되고 대량의 군수물자의 조달과 수송에 많은 공장과 수송기관이 동원되었다. 이 때문에 일본경제는 이른바 특수경기(特需景気)로 호황을 누려[8] 심각한 불황으로부터 탈출했을 뿐만 아니라 광공업 생산도 전쟁 이전 수준을 상회할 정도가 되었으며 미국과의 관계가 더욱 강화되었다.

한국전쟁을 계기로 미국은 자본주의 진영의 일원으로서 일본을 자립시켜 그 협력을 얻을 필요를 느껴 대일평화조약의 체결을 서둘렀다. 이에 소련과 인도 등은 미국의 평화조약안은 사실상 주요 교전국인 중국을 제외하고 있으며 강화후에도 미군의 일본주둔을 인정하는 것이라고 비난하였다. 또 일본 국내에서는 모든 교전국과의 전면강화를 요구하는 운동이 각 방면에서 일어났다. 이러한 외중에서 1951년 9월 샌프란시스코 강화회의가 열렸다. 일본과

---

7) 한국전쟁이 발발하자 미국은 즉시 육해공군을 한반도에 출병시키고, 또 국제연합의 안전보장이사회는 당시 소련대표가 결석하고 있었기 때문에 북한비난 결의를 채택하여 국제연합의 경찰행동을 취하기로 결정하였다. 이에 따라 16개국이 출병하고, 미국은 그 주력이 되었다.

8) 한국 전선에 출동하는 미군은 일본의 기지를 사용하고, 군수물자의 보급과 수리도 일본에서 하게 되어 전쟁중 4년간의 총발주액은 23억달러를 넘었다. 일본자본주의는 1951년에 전쟁 이전의 생산수준을 회복하고 급속히 발전하여 55년의 국민총생산은 전쟁 이전의 2배에 달했다.

48개국과의 사이에 평화조약이 조인되었다. 이 조약은 이듬해 4월 발효되고 연합국군의 점령은 종료하여 일본은 독립을 회복하였다.

이 평화조약의 체결과 동시에 미군이 계속해서 일본에 주둔하는 것을 인정하는 일미안전보장조약(日美安全保障条約)이 체결되었으며, 1952년에는 미군 주둔의 구체적 조건을 정한 일미행정협정(日美行政協定)이 맺어졌다. 이들 조약에 의해 일본 각지에 미군 기지가 설치되었다.

미국은 처음에는 일본의 군국주의의 부활을 경계하여 재군비를 인정하지 않았지만, 1950년에 한국전쟁이 일어나자 맥아더(D.Macarthur)의 지령에 의해 경찰예비대가 창설되었다. 강화 후 그것은 보안대·해상경비대로 개편·강화되었다. 1954년에 미국과 일본 사이에는 미국의 상호안정보장법(MSA)에 기초한 상호방위원조협정(MSA協定)이 맺어져 일본은 방위원조를 받는 대신 방위비 분담의 의무를 지게되고, 이해 육·해·공군으로 구성되는 자위대(自衛隊)와 방위청이 발족하였다. 일본의 방위력은 그 후 미국의 원조·지도하에 점차 강화되어 자위대는 실질적으로 군대와 거의 차이가 없다.

샌프란시스코 조약이 발효한 1952년에는 일본은 인도 등과 평화조약을 맺고, 1956년에는 소련과의 전쟁상태를 종결하는 일·소공동선언도 조인하여 국교를 회복하였다. 이리하여 이해 말에 일본은 국제연합에 가맹이 인정되어 국제사회의 일원으로서 책임을 갖게 되었다.

| 보수·혁신세력의 대립 | 일본과 미국은 긴밀한 관계를 맺으면서 공산주의 운동에 강한 제동을 걸었다. 1950년에는 총사령부의 지령에 의해 공산당 중앙위원을 공직에서 추방하고 2년후에는 파괴활동방지법이 제정되어 극좌·극우의 활동을 통제하였다. 54년에는 자치체경찰을 폐지하고 경찰청의 지휘하에 도(都)·도(道)·부(府)·현(県) 경찰로 일원화 하였다.

이러한 움직임에 대해 혁신세력은 점령하에서의 민주화를 부정하는 것이

▲ 신안보조약에 반대하는 데모
(국회의사당 앞)

라 하여 반대운동을 전개하였고 각지에서도 미군기지반대투쟁이 나타났다.

한편 평화조약의 체결은 국내 정치세력의 재편을 가져왔다. 전범의 석방과 공직추방의 해제로 구 정치가가 정계에 복귀하고 패전후의 보수세력을 리드해 온 요시다(吉田) 수상에게 반발하는 세력이 증가하였다. 이러한 세력이 결집하여 1954년 하토야마 이치로(鳩山一郎)를 총재로 하는 일본민주당이 결성되어 정권을 담당하였다. 일본사회당은 평화조약의 체결을 둘러싸고 1951년에 좌파와 우파로 분열하였지만 1955년에 사회당으로 재통합되었다. 이에 대해 보수정당에서도 자유당과 일본민주당과의 보수합동이 이루어져 자유민주당이 결성되어 보수정당의 절대우위가 장기간 계속될 소지를 만들었다.

평화조약과 동시에 맺은 일미안전보장조약(日美安全保障条約)은 대등한 이익을 보장했던 것이 아니며 미비한 점이 적지 않았다. 단명으로 끝난 이시바시 탄잔(石橋湛山) 내각의 뒤를 이은 자유민주당의 기시 노부스케(岸信介) 내각은 일미의 군사적 상호협력체제를 강화하기 위해 일미안전보장조약의 개정에 착수하였다. 신안보조약은 일미군사동맹의 성격을 갖는다고 하여 혁신진영을 중심으로 격렬한 저지운동(安保反対闘争)이 전개되었다9). 그러나 1960년 6월에

---

9) 평화조약과 동시에 체결된 구 안보조약은 강화후의 비무장 일본을 방위한다는 명목으로 점령군에서 주둔군으로 개칭된 미군이 일본국내 및 주변에 배치되는 것을 규정하였다. 이 조약은 상호방위조약이 아니고, 조약기간·국제연합헌장과의 관계·주둔미군에 대한 일본측의 발언권 등이 불명확하여 종속적인 성격이 강하였다. 그러나 신조약은 구 조약에 보이는 일본의 종속성을 형식상으로는 대등성·쌍무성인 것으로 개정하여 아시아에 있어서의 강력한 반공군사·경제체제를 구축하는 것으로 한 것이다. 이 개정에 대하여 사회당 등의 100여 단체가 결집하여 안보개정저지국민회의를 결성, 신조약이 국제긴장의 완화에 역행하는 점을 우려하여 격렬한 반대운동을 전개하였다.

신안보조약은 자연 성립하고 기시(岸) 내각은 그 직후 총사퇴하였다.

정국의 안정과 오키나와(沖繩)의 반환

일본에서는 경제성장과 국회 내에서의 자유민주당의 절대다수를 배경으로 정국은 비교적 안정을 유지하였다. 기시(岸) 내각의 뒤를 이은 이케다 하야토(池田勇人) 내각은 경제정책에 역점을 두면서 혁신세력과의 충돌을 피했다. 외교에서는 신안보조약 하에서 미국과의 관계를 한층 밀접히 하고, 중국과도 정경분리의 방침에 따라 무역의 확대를 꾀하였다. 이어서 1964년에 성립한 사토 에이사쿠(佐藤栄作) 내각은 우선 한일국교정상화를 추진하였다. 한일회담은 1952년에 개시되어 난항을 거듭한 끝에 1965년 한일기본조약10)이 체결되었다. 1970년에는 일미안보조약이 자동연장 되었고, 또 오카나와(沖繩) 반환의 대미외교를 진행하였다. 패전 후 사반세기에 걸쳐 미국의 군정하에 놓여져 극동의 군사거점이 되어 온 오키나와에서는 점차 현주민의 조국복귀운동이 높아져 갔다. 이를 배경으로 반환을 위한 외교가 진행되어 1971년에 반환협정이 조인되고 이듬해 5월 오키나와의 일본복귀가 실현되었다11).

보수정당의 장기집권이 계속되는 가운데 야당측에서는 1960년에 사회당의

---

10) 1965년 6월22일 체결된 이 조약은, 전문과 본문 7조로 구성되어 1)외교관계의 재개 2) 한국병합조약의 무효 3)한국정부를 한반도에서 유일한 합법정부의 승인 4)유엔헌장의 준수 5)통상관계의 재개 등을 규정하고 있다. 이 외에 주요한 쟁점인 어업권 문제·대일배상청구권·경제협력문제 등에 대해서도 동시에 별도협정이 맺어졌다.

11) 오키나와에서는 전쟁이 끝난 후에도 비극이 계속되었다. 1952년 4월, 일본은 샌프란시스코 평화조약의 발효에 의해 독립을 회복했지만, 오키나와현은 본토로부터 분리되어 미국의 군정이 계속되었다. 미국은 오키나와를 아시아전략의 거점으로서 중시하고 있었고, 특히 1960년 후반에는 베트남전쟁의 격화와 함께 오키나와의 역할은 한층 높아졌다. 이에 대해서 오키나와의 본토복귀를 요구하는 운동이 확대되었고, 군사시설의 확충을 위한 토지수용과 인권침해사건 등을 계기로 하여 더욱 촉진시켰다.

   1969년 사토(佐藤) 수상은 방미하여 닉슨대통령과 회담하여 일미안보체제를 견지하고 1972년에 오키나와를 반환한다고 하는 공동성명을 발표하였다. 이리하여 1972년에 오키나와는 27년만에 일본본토로 귀속되었다. 현재 일본에 있는 미군기지시설의 75%가 여기에 집중되어 있고, 일본 전토의 1%에 불과한 오키나와의 총면적의 12%를 차지하고 있다.

일부가 탈당하여 민주사회당(후에 民社党)이 결성되고, 1964년에는 창가학회(創價学会)를 기반으로 공명당(公明党)이 만들어졌다. 공명당은 급속히 세력을 확대하고 공산당도 점차 세력을 뻗쳐 야당의 다당화 현상이 나타났다.

| 아시아의 긴장 | 한국전쟁의 휴전이 성립한 1953년경부터 아시아 · 아프리카의 신흥 독립국이 국제사회에 등장하였다. 1955년 이들 신흥 독립국대표는 인도네시아에 모여(반둥회의), 평화10원칙을 선언하고 미소 대립에 대해 중립비동맹의 입장을 표명하였다.

이리하여 국제긴장의 완화를 위한 움직임도 나타났지만, 동서 양진영의 대립은 여전히 계속되었고 특히 아시아에서는 인도차이나를 둘러싼 서측 · 동측 양세력의 대립항쟁으로 끊임없는 분쟁이 일어났다. 그 중에서도 제네바협정후12) 남북으로 나눠진 베트남의 분쟁13)은 1965년에 미군이 본격적으로 개입했기 때문에 대규모 전쟁으로 발전하였다(베트남전쟁). 미군은 대규모의 군대를 파견하여 북베트남에 맹렬히 포격하였고 오키나와는 그 전략기지가 되었다. 그러나 전세를 유리하게 이끌지 못하고 1973년 1월 파리에서 평화협정이 맺어져 미군은 철수하였다. 그 후 전투는 계속되어 1975년에 북베트남이 지원하는 남베트남 해방군이 사이공을 함락시키고 남북베트남은 통일되었다.

또 1960년경부터 중국과 소련 사이에 공산주의 운동을 둘러싼 논쟁(中蘇論爭)이 표면화하고 점차 격화되어 여기에 양국간의 국경분쟁도 일어나 아시아의 긴장은 높아져 갔다.

---

12) 구 프랑스령 인도차이나에서는 1945년에 독립한 베트남공화국과 프랑스간에 장기간의 전투가 계속되었는데, 1954년의 제네바국제회의에서 북위 17도선을 군사경계선으로 하는 휴전협정이 성립하였다.

13) 제네바협정 이후 프랑스에 대신하여 미국이 남부 베트남공화국을 지원한 것에 대하여, 북부의 베트남인민공화국은 베트남공화국내에서 반미 · 반정부운동을 일으킨 남베트남해방민족전선을 지원하여 분쟁은 점차 격화되었다.

| 고도경제성장 | 일본의 경제는 고도성장을 계속한 결과 1970년초에는 국민 |

일본의 경제는 고도성장을 계속한 결과 1970년초에는 국민 총생산(GNP)이 미국에 이은 규모가 되었고 일본경제는 세계경제의 중심적 지위를 차지하게 되었다. 철강·기계·화학 등의 부문이 미국의 기술혁신의 성과를 받아들여 설비를 갱신하고 석유화학·합성유지 등의 부문도 급속히 발전하였다. 그와 함께 기업규모의 거대화와 독과점도 진행되어 유력은행을 중심으로 한 대기업집단이 형성되어 강한 힘을 갖게 되었다.

한편 중소기업과 농업부문에서는 근대화가 뒤떨어져 대기업 노동자에 비하여 중소기업과 농업 종사자는 일반적으로 혜택을 받지 못하는 상태가 계속되었다. 정부는 특히 농업의 근대화에 힘을 기울이고 식량관리제도의 유지, 생산자 미가의 인상 등에 의해 농업수입의 안정과 증가를 꾀했다. 이리하여 농업생산은 상당히 증가했지만 영세한 농업경영이 많았기 때문에 공업화의 진전과 함께 농업인구의 감소·노령화·겸업농가의 증대, 외지에의 취로등 심각한 사회문제가 발생하였다.

노동문제도 고도경제성장과 함께 소비자 물가가 등귀하고 만성적 인플레이션의 상태가 되었기 때문에 대우개선 등을 둘러싸고 노사간의 대립이 계속되었다[14]. 또 새로운 산업의 급격한 진출에 따른 변혁으로 실업과 전업의 문제 등도 일어나 사회보장제도의 확립 등이 강하게 요망되었다.

| 문화의 동향과 국민생활 | 동서 세계의 대립은 일본의 진로에 커다란 영향 |

동서 세계의 대립은 일본의 진로에 커다란 영향을 주었다. 그러한 중에서도 민주주의의 사상은 점차 국민들 사이에서 정착되어 갔다. 교육 분야에서는 대학의 확충·창설이 진행되는 과정에서 학원의 민주화를 요구하는 운동도 활발해지고 특히 1968년경 심한 대학분쟁이 일어났다.

---

14) 1955년 이래 일본노동조합총평의회(総評)를 중심으로 일제히 임금인상을 요구하는 투쟁이 행해지는 춘투(春鬪) 방식이 정착되어 갔다.

매스컴의 발달도 국민의 사상형성에 커다란 영향을 주었다. 1953년부터 시작된 텔레비전 방송은 1960년에는 칼라방송으로 바뀌고 텔레비전의 보급도 급속히 확대되어 갔다. 신문과 잡지·서적 등의 출판물 발행도 현저하게 증가하였다.

학문연구도 발전하여 자연과학에서는 1965년 도모나가 신이치로(朝永振一郎)가 물리학에서 노벨상을 받은 것을 비롯하여 여러 명의 자연과학 노벨상 수상자가 나오고 의학·수학 등도 크게 발전하였다. 인문·사회과학의 연구도 진전되어 역사학에서는 고대사와 지방사 등에 많은 성과가 나왔다. 문학에서는 가와바타 야스나리(川端康成)가 노벨상을 받았다.

경제의 고도성장과 함께 국민생활은 크게 변하였다. 1964년 도쿄(東京)·오사카(大阪)간에 신칸센(新幹線)이 개통되고, 이어서 큐슈의 후쿠오카(福岡) 까지 연장되었다. 한편 자동차 산업의 발전과 함께 고속도로의 건설이 전국적으로 진행되고 공항도 각지에 건설되어 항공망이 정비되었다. 그러나 이와 동시에 고도경제성장은 여러 방면에서 심각한 사회문제를 발생시켰다. 대기·수질오염·소음·지반침하 등의 공해문제도 심각해지고 이에 대한 주민의 반대운동도 높아졌다. 이러한 공해문제에서 보이듯이 과학기술의 발전이 반드시 인간생활의 행복과 결부되지 않는다는 것이 지적되어 이에 대한 다양한 대비책이 요망되고 있다.

부 록

일본사 연표

時代	年代	天皇	事　　　件
〈小国分立〉	B.C.		기원전 1세기경, 왜 소국으로 분립
	A.D.		
	57		왜의 奴国王, 後漢에 입공. 金印을 받음
	100		
	107		왜국왕 帥升, 후한에 입공. 生口(노예)를 헌상
	147		이때부터 왜국에 대란이 일어남
〈邪馬台国〉	200		
	239		卑弥呼, 魏에 견사. 親魏倭王의 칭호를 받음
	266		왜의 여왕 壱女, 晉에 견사
	300		
	369		大和政権의 형성과정. 왜와 가야제국간의 통교가 활발해짐
〈古墳時代〉	391		왜병, 한반도 전란에 백제측에 가담하여 참전 시작
	400		
	413		왜국, 東晉에 견사
	421	讃	왜왕 찬, 宋에 견사
	438	珍	왜왕 진, 송에 견사. 安東将軍의 칭호를 받음
	443	済	왜왕 제, 송에 견사. 안동장군의 칭호를 받음
	462	興	왜왕 홍, 안동장군의 칭호를 받음
	478	武	왜왕 무, 송에 견사하여 상표 안동대장군의 칭호를 받음
	500		
〈飛鳥時代〉	527	継体	筑紫国造, 磐井의 난
	538	欽明	백제로부터 불교가 전래
	587	用明	蘇我馬子, 物部守屋을 멸함
	592	崇峻	蘇我馬子, 崇峻천황을 암살
	595	推古	고구려승 혜자, 왜국에 옴(聖德太子의 스승이 됨)
	596	〃	飛鳥寺 준공(일본 최초의 절)

時代	年代	天皇	事　　　件
飛　鳥　時　代	600	推古	최초의 遣隋使 파견
	603	〃	관위12계 제정
	604	〃	헌법17조 제정
	607	〃	小野妹子를 견수사로 파견
	608	〃	隋使 裵世清, 왜국에 옴. 小野妹子 유학생으로 재차 수에 감
	610	〃	고구려승 담징, 오경과 채색법, 지묵을 전해줌
	630	舒明	제1차 견당사 파견
	643	皇極	蘇我入鹿, 山背大兄王 일족을 멸망시킴
	645 大化1	〃	乙巳의 정변(蘇我氏 멸망). 大化改新
	646 　　2	孝德	개신의 조 선포 国博士 高向黒麻呂를 신라에 파견
	658	斉明	阿倍比羅夫, 에미시를 토벌
	663	天智	백제부흥군 파견. 백촌강 전투에서 나당연합군에 패배
	667	〃	近江 大津宮으로 천도
	670	〃	庚午年籍을 작성
	672	弘文	壬申의 난. 飛鳥浄御原宮으로 천도
	684	天武	8色의 姓 제정
	694	持統	藤原京 천도
	700 --		
〔　奈　良　時　代　〕	701 大宝1		大宝律令 완성
	708 和銅1	元明	和同開珎 주조
	710 〃 3	〃	平城京 천도
	718 養老2	元正	養老律令을 제정
	720 〃 4	〃	日本書紀를 편찬
	723 〃 7	〃	3世1身법을 시행
	724 神亀1	聖武	陸奥国에 多賀城을 설치
	727 〃 4	〃	발해사, 처음으로 일본에 옴
	729 天平1	〃	長屋王의 변. 光明子 황후가 됨
	740 〃 12	〃	藤原広嗣의 난. 恭仁京으로 천도
	743 〃 15	〃	간전영세사유법 시행. 대불조영의 詔
	752 天平勝宝4	孝謙	東大寺 대불개안
	756 〃 8	〃	聖武天皇의 유품을 東大寺에 헌납
	757 天平宝字1	〃	養老令을 시행. 橘奈良麻呂의 변

時代	年代	天皇	事　件
奈良時代	764　〃 8	淳仁	藤原仲麻呂의 난
	784 延暦3	桓武	長岡京으로 천도
	794　〃 13	〃	平安京으로 천도
平	800 --------		
	804　〃 24	〃	最澄·空海, 入唐
	810 弘仁1	嵯峨	藤原冬嗣, 蔵人頭가 됨. 薬子의 변
	823　〃 14	淳和	大宰府 관내에 公営田制를 실시
	842 承和9	仁明	承和의 변
	858 天安2	清和	藤原良房, 최초의 摂政이 됨
	866 貞観8	〃	応天門의 변
	884 元慶8	光孝	藤原基経, 최초로 関白이 됨
	894 寛平6	宇多	菅原道真의 건의로 견당사 중지
安	900 --------		
	901 延喜1	醍醐	菅原道真을 大宰権帥로 좌천. 延喜의 治
	902　〃 2	〃	延喜의 장원정리령, 班田기록의 최후
	935 承平5	朱雀	承平·天慶의 난 시작
	947 天暦1	村上	天暦의 治
	969 安和2	冷泉	安和의 변
時	1000 --------		
	1017 寛仁1	後一条	藤原道長 태정대신이 됨. 藤原頼通 섭정으로 취임
	1028 長元1	〃	平忠常의 난
	1045 寛徳2	後冷泉	寛徳의 장원정리령
	1051 永承6	〃	前九年의 싸움
	1069 延久1	後三条	延久의 장원정리령. 기록장원권계소 설치
	1083 永保3	白河	後三年의 싸움
	1086 応徳3	堀河	白河上皇, 院政을 시작
代	1100 --------		
	1156 保元1	後白河	保元의 난
	1159 平治1	二条	平治의 난
	1167 仁安2	六条	平清盛 태정대신이 됨. 平氏 天下
	1179 治承3	高倉	平清盛, 後白河法皇을 유폐
	1180 治承4	安徳	源頼政·以仁王 거병, 패사. 源頼朝·源義仲 거병
	1183 寿永2	〃	平氏의 都, 함락. 源頼朝의 동국지배 확립

時代	年代	天皇	将軍/執権	事　　件
	1185 文治1	後鳥羽	将軍	平氏 멸망. 源頼朝, 守護·地頭의 임명권 획득
	1192 建久3	〃	頼朝	源頼朝, 征夷大将軍이 됨
	1199 正治1	土御門	頼家	源頼朝 사망. 頼家 장군계승. 13인 합의제
鎌	1200 -----------------		執権	
	1203 建仁3	〃	時政	源頼家, 장군직에서 폐해짐. 弟 実朝가 장군이 됨
	1204 元久1	〃	〃	源頼家, 수선사에서 北条時政에 의해 살해당함
	1219 承久1	順徳	義時	장군 源実朝, 公暁에게 살해당함(源氏 장군 단절)
	1221 〃 3	仲恭		承久의 난. 3上皇 유배
	1224 元仁1	後堀河	泰時	北条泰時, 執権이 됨
	1225 嘉禄1	〃	〃	連署를 설치
倉	1226 〃 2	〃	〃	藤原頼経, 장군이 됨(최초의 藤原氏 장군)
	1232 貞永1	〃	〃	貞永式目(御成敗式目) 제정
	1252 延長4	後深草	時頼	宗尊親王, 장군이 됨(최초의 황족장군)
	1268 文永5	亀山	政村	몽고의 사자, 국서를 갖고 옴
	1274 〃 11	後宇多	時宗	文永의 전쟁(元·高麗연합군 九州에 내침)
	1275 建治1	〃	〃	異国警固役番을 결정
時	1276 〃 2	〃	〃	博多湾에 방벽을 구축
	1281 弘安4	〃	〃	弘安의 전쟁(麗·元·南宋 연합군 재침)
	1297 永仁5	伏見	貞時	徳政令 발포(永仁의 덕정령)
	1300 -----------------			
	1317 文保1	花園	高時	文保의 和談. 両統迭立을 결정
	1321 元亨1	後醍醐	〃	원정을 폐지. 後醍醐천황 친정
	1324 正中1	〃	〃	正中의 변
代	1331 元弘1	〃	守時	元弘의 변
	1332 〃 2	〃	〃	後醍醐천황 隠岐로 유배. 護良親王 거병
	1333 〃 3	〃	〃	鎌倉막부 멸망. 後醍醐천황 京都로 귀환
南	1334 建武1	〃	〃	建武의 新政
北	1335 〃 2	〃	将軍	足利尊氏 반란
朝	1336 延元1			建武式目 제정. 後醍醐천황 吉野로 이동
時	(建武3)	光明		
代	1338 延元3 (暦応1)	〃	尊氏	足利尊氏, 정이대장군이 됨

時代	年代	天皇	將軍	事　件
	1342 興国3	後村上	〃	足利尊氏, 天龍寺船을 원에 파견
	(康永1)	光明		
	1352 正平7	後村上	〃	半済令 발포
	(文和1)	後光厳	〃	
	1371 建徳2	長慶	義満	九州探題, 今川了俊의 부임
	(応安4)	後円融		
	1378 天援4	〃	〃	足利義満, 室町에 花의 御所를 조영
	(永和4)	〃		
	1392 明徳3	後小松	〃	南北朝 合一
	1394 応永1	〃	義持	足利義満, 태정대신이 됨
室	1399 〃 6	〃	〃	応永의 난
	1400 ---------			
町	1401 〃 8	〃	〃	足利義満, 제1회 견명선 파견
	1404 〃 11	〃	〃	勘合무역 시작
時	1411 〃 18	〃	〃	명과의 국교 일시 단절
	1419 〃 26	称光	〃	応永의 外寇(조선의 対馬 정벌)
代	1429 永享1	後花園	義教	尚巴志, 琉球王国을 세움
	1432 〃 4	〃	〃	足利義教, 명에 견사, 국교재개
	1441 嘉吉1	〃	〃	嘉吉의 난(義教 암살)
	1467 応仁1	後土御門	義政	応仁의 난 시작
戦	1477 文明9	〃	義尚	応仁의 난 종결
	1496 明応5	〃	義稙	蓮如, 石山本願寺를 창건
国	1500 ---------			
	1510 永正7	後柏原	〃	조선의 3포에서 왜인 반란(3포왜란)
時	1512 〃 9	〃	〃	壬申約条(일본과 조선의 무역협정)
	1543 天文12	後奈良	義晴	포르투칼인 種子島에 표착, 철포전래
代	1551 〃 20	〃	義輝	大内氏 멸망. 감합무역 단절
	1560 永禄3	正親町	〃	桶狭間의 전투
	1568 〃 11	〃	義昭	織田信長, 足利義昭를 장군으로 받들고 京都에 입성
	1573 天正1	〃	〃	室町幕府 멸망
	1576 〃 4	〃		織田信長, 安土城 완성
	1582 〃 10	〃		本能寺의 변
	1585 〃 13	〃		羽柴秀吉 四国 평정. 関白이 됨

時代	年代	天皇	將軍	事件
安土·桃山時代	1586 〃 14	後陽成		豊臣秀吉, 태정대신이 되고, 豊臣 姓을 하사받음
	1587 〃 15	〃		豊臣秀吉, 九州 평정
	1588 〃 16	〃		刀狩令
	1590 〃 18	〃		德川家康, 関東으로 移封. 奥州 평정(전국통일)
	1592 文禄1	〃		文禄의 役(임진왜란)
	1597 慶長1	〃		慶長의 役(정유재란)
	1598 〃 2	〃		豊臣秀吉 사망
	1600 ------			
	1600 慶長5	〃		세키가하라(関ヶ原) 전투
江戸時代	1603 〃 8	〃	家康	德川家康, 정이대장군으로 즉위
	1607 〃 12	〃	秀忠	조선의 공식사절 파견됨
	1609 〃 14	〃	〃	島津氏, 琉球출병. 平戸에 화란상관 설치. 기유조약
	1614 〃 19	後水尾	〃	大坂冬의 陣
	1615 元和1	〃	〃	大坂夏의 陣(豊臣氏 멸망)
				武家諸法度·禁中並公家諸法度 발포
	1616 〃 2	〃	〃	유럽선의 기항지를 平戸·長崎로 제한
	1635 寛永12	明正	家光	일본인의 해외도항·귀국 금지
	1637 〃 14	〃	〃	島原의 난
	1641 〃 18	〃	〃	平戸의 화란상관을 長崎出島로 이전
	1649 慶安2	後光明	〃	慶安의 触書
	1651 〃 4	〃	家綱	由井正雪의 난. 末期養子의 금지를 완화
	1685 貞享2	霊元	〃	生類憐의 令
	1700 ------			
	1709 宝永6	中御門	家宣	막부, 新井白石을 등용(正徳의 治)
	1715 正徳5	〃	家継	海舶互市新例(長崎新令·正徳新令)
	1716 享保1	〃	吉宗	德川吉宗, 장군이 됨(享保의 개혁~1745)
	1721 〃 6	〃	〃	인구조사 개시. 評定所에 目安箱 설치
	1722 〃 7	〃	〃	参勤交代를 완화

時代	年代	天皇	將軍	事　　　　件
江	1723 〃 8	〃	〃	足高의 制
	1932 〃 17	〃	〃	享保의 기근
	1767 明和4	後桜町	家治	田沼意次, 側用人이 됨(田沼의 시대~1786)
	1782 天明2	光格	〃	天明의 기근(~1887)
	1783 〃 3	〃	〃	浅間山의 대분화
	1787 〃 7	〃	家斉	松平定信, 老中이 됨(寛政의 개혁~1893)
	1790 寛政2	〃		人足寄場 설치
	1798 〃 10	〃	〃	近藤重蔵, 千島 탐사
戸	1800 ----------			
	1804 文化1	〃	〃	러시아 사절, 長崎에 내항하여 통상요구
	1825 文政8	仁孝	〃	異国船打払令(외국선 추방령)
時	1833 天保4	〃	〃	天保의 기근(~39)
	1837 〃 8	〃	家慶	大塩平八郎의 난
	1841 〃12	〃	〃	天保의 개혁(~1843). 株仲間의 해산령
	1846 弘化3	孝明	〃	아메리카의 동인도함대, 浦賀에 내항하여 통상요구
	1853 嘉永6	〃	〃	아메리카의 페리제독, 浦賀에 내항
代	1854 安政1	〃	家政	일미화친조약, 영국·러시아와도 화친조약
	1858 〃 5	〃	家茂	일미수호통상조약(蘭·露·英·仏과도 조약, 安政의 5개국조약)
	1863 文久3	〃	〃	洋夷 결행, 薩·英 전쟁
	1864 元治1	〃	〃	제1차 長州 정벌
	1865 慶応1	〃	〃	제2차 長州 정벌
	1866 〃 2	〃	〃	薩摩·長州 연합
	1867 〃 3	明治	慶喜	大政奉還. 왕정복고의 대호령. 소어소회의
	1868 明治1	〃	太政大臣	무진전쟁. 5개조의 서약. 1世1元의 制
	1869 〃 2	〃		東京천도. 판적봉환
	1871 〃 4	〃	三条	폐번치현. 일청수호조규
	1873 〃 6	〃	〃	징병령. 지조개정조례. 정한론자 패배
	1874 〃 7	〃	〃	민선의원 설립건백

時代	年代	天皇	總理	事　　件
明 治 時 代	1875 〃 8	〃	〃	元老院·大審院 설치. 樺太·千島 교환조약. 강화도사건
	1876 〃 9	〃	〃	조일수호조규. 廃刀令. 秩祿処分
	1877 〃 10	〃	〃	서남전쟁
	1879 〃 12	〃	〃	琉球藩 폐지, 沖縄県 설치
	1881 〃 14	〃	〃	明治14년의 정변. 자유당 결성. 松方財政 개시
	1882 〃 15	〃	総理	개진당 결성. 壬午사변
	1884 〃 17	〃		갑신사변
	1885 〃 18	〃	伊藤	천진조약. 내각제 발족
	1888 〃 20	〃	黒田	市制·町村制 공포. 추밀원 설치
	1889 〃 22	〃	〃	대일본제국헌법 발포
	1890 〃 23	〃	山県	府県制·郡制 공포. 제1회 제국의회 개설
	1891 〃 24	〃	松方	大津사건
	1894 〃 27	〃	伊藤	청일전쟁(~95)
	1895 〃 28	〃	伊藤	시모노세키 조약. 삼국간섭
	1899 〃 32	〃	山県	개정조약 실시
	1900			
	1900 〃 33	〃	〃	치안경찰법. 북청사변. 입헌정우회 결성
	1901 〃 34	〃	桂	사회민주당 결성. 야하타 제철소 조업개시
	1904 〃 37	〃	〃	러일전쟁. 제1차 한일협약
	1905 〃 38	〃	〃	제2차 일영동맹협약. 포츠머드조약. 제2차 한일협약
	1906 〃 39	〃	西園寺	일본사회당 결성
	1907 〃 40	〃	〃	헤이그 밀사사건. 제3차 한일협약
	1909 〃 42	〃	桂	伊藤博文, 안중근에 의해 사살됨
	1910 〃 43	〃	〃	한일합방조약
	1911 〃 44	〃	〃	일미신통상항해조약 조인
大 正 時 代	1912 大正1	大正	西園寺	友愛会 창립
	1914 〃 3	〃	山本	제1차 세계대전에 참전
	1917 〃 6	〃	寺内	石井·랜싱 협정
	1919 〃 8	〃	原	3.1운동. 베르사이유조약 조인

時代	年代	天皇	總理	事　　件
	1923 〃 12	〃	山本	관동대지진
	1925 〃 14	〃	加藤(高)	일소국교회복. 치안유지법. 보통선거법 성립
	1927 昭和2	昭和	若槻	금융공황. 山東 출병
	1928 〃 3	〃	田中	최초의 보통선거 실시. 張作霖 폭살사건
	1932 〃 7	〃	犬養/斎藤	上海 사변. 만주국 건국 선언
	1933 〃 8	〃	斎藤	국제연맹 탈퇴선언
	1935 〃 10	〃	岡田	천황기관설 문제가 됨
昭	1937 〃 12	〃	近衛	중일전쟁
	1938 〃 13	〃	〃	국가총동원법 실시
	1940 〃 15	〃	〃	日・独・伊 3국동맹 결성
	1941 〃 16	〃	近衛/東条	하와이 진주만 공격(태평양 전쟁)
	1943 〃 18	〃	東条	대동아회의. 학도출진
和	1944 〃 19	〃	東条/小磯	東条내각 총사직. 본토폭격 본격화. 여자정신대근로령
	1945 〃 20	〃	近衛/鈴木	東京대공습. 미군 沖縄 점령. 広島・長崎에 원폭 투하
			東久迩	포츠머드조약을 수락. 항복문서조인
	1946 〃 21	〃	幣原/吉田	천황인간선언. 농지개혁 개시. 극동국제군사재판 개시. 일본국 헌법 공포
時	1947 〃 22	〃	吉田	일본국 헌법 시행
	1948 〃 23	〃	芦田/吉田	극동국제군사재판 판결
	1950 〃 25	〃	吉田	경찰예비대 신설
	1951 〃 26	〃	〃	샌프란시스코 평화조약
	1954 〃 29	〃	〃	방위청・자위대 발족
代	1956 〃 31	〃	鳩山	일소공동선언・국제연합 가맹
	1960 〃 35	〃	岸	안보투쟁 격화
	1964 〃 39	〃	池田/佐藤	OECD가맹
	1968 〃 43	〃	佐藤	국민총생산 자본주의 국가 제2위
	1971 〃 46	〃	〃	沖縄반환 협정 조인
	1972 〃 47	〃	田中	沖縄반환 실현. 일중국교정상화

일본사 일람표

<歷代天皇 I > ※ 초대～32대까지는『日本書紀』전승에 의해 천황명만을 기록

代数	諡号	尊　　　号
1	神武	神日本磐余彦尊(가무야마토이와레히코)
2	綏靖	神渟名川耳尊(가무누나카와미미)
3	安寧	磯城津彦玉手看尊(시키쓰히코타마데미)
4	懿德	大日本彦耜友尊(오야마토히코스키토모)
5	孝昭	観松彦香殖稲尊(미마쓰히코카에시네)
6	孝安	日本足彦国押人尊(야마토타라시히코쿠니오시히코)
7	孝霊	大日本根子彦太瓊尊(오야마토네코히코후토니)
8	孝元	大日本根子彦国牽尊(오야마토네코히코쿠니쿠루)
9	開化	稚日本根子彦大日日尊(와카야마토네코히코오히히)
10	崇神	御間城入彦五十瓊殖尊(미마키이리히코이니에)
11	垂仁	活目入彦五十狭茅尊(이쿠메이리히코이사치)
12	景行	大足彦忍代別尊(오타라시히코오시로와케)
13	成務	稚足彦尊(와카타리시히코)
14	仲哀	足仲彦尊(다라시나카쓰히코)
15	応神	誉田別尊(혼타와케)
16	仁徳	太鷦鷯尊(오사자키)
17	履中	大兄去来穂別尊(오히네노이자호와케)
18	反正	多遅比瑞歯別尊(다지히노미즈하와케)
19	允恭	雄朝津間稚子宿禰尊(오아사쓰마와쿠코노스쿠네)
20	安康	穴穂尊(아나호)
21	雄略	大泊瀬幼武尊(오하쓰세와카타케)
22	清寧	白髪武広国押稚日本根子尊 (시라카타케히로쿠니오시와카야마토네코)
23	顕宗	弘計尊(오케)
24	仁賢	億計尊(오케)
25	武烈	小泊瀬稚鷦鷯尊(오하쓰세와카사자키)
26	継体	男大迹尊(오오도)
27	安閑	勾大兄尊(마가리노오이네)
28	宣化	桧隈高田尊(히노쿠마노타카다)
29	欽明	天国排開広庭尊(아메쿠니오시히라키히로니와)
30	敏達	渟中倉太珠敷尊(누나쿠라후토다마시키)
31	用明	橘豊日尊(다치바나노토요히)
32	崇峻	長谷部若雀尊(하세베노와카사자키)

<歴代天皇Ⅱ> *표시는 여성천황

代数	諡号	諱	在 位 期 間	寿命
33*	推古	額田部(누카타베)	592~628	75
34	舒明	田村(다무라)	629~641	49
35*	皇極	宝(다카라)	642~645	
36	孝徳	軽(가루)	645(大化 1)~654	59
37*	斉明(皇極)		655~661	68
38	天智	中大兄(나카노오에)	668~671	46
39	弘文	大友(오토모)	671~672	25
40	天武	大海人(오오아마)	673~686(朱鳥 1)	56
41*	持統	讃良(사라라)	686(朱鳥 1)~697	58
42	文武	珂瑠(가루)	697~707	25
43*	元明	安閇(아베)	707(慶雲 4)~715(霊亀 1)	61
44*	元正	氷高(히다카)	715(霊亀 1)~724(神亀 1)	69
45	聖武	首(오비토)	724(神亀 1)~749(天平勝宝 1)	56
46*	孝謙	阿倍(아베)	749(天平勝宝1)~758(〃 宝字2)	
47	淳仁	大炊(오이)	758(天平宝字2)~764(〃 宝字8)	33
48*	称徳(孝謙)		764(天平宝字8)~770(宝亀 1)	53
49	光仁	白壁(시라카베)	770(宝亀 1)~ 781(天応 1)	73
50	桓武	山部(야마노베)	781(天応 1)~806(大同 1)	70
51	平城	安殿(아테)	806(大同 1)~809(大同 4)	51
52	嵯峨	神野(가미노)	809(大同 4)~ 823(弘仁14)	57
53	淳和	大伴(오토모)	823(弘仁14)~833(天長10)	55
54	仁明	正良(마사라)	833(天長10)~ 850(嘉祥 3)	41
55	文徳	道康(미치야스)	850(嘉祥 3)~ 858(天安 2)	32
56	清和	惟仁(고레히토)	858(天安 2)~ 876(貞観18)	31
57	陽成	貞明(사다아키라)	876(貞観18)~ 884(元慶 8)	82
58	光孝	時康(도키야스)	884(元慶 8)~ 887(仁和 3)	58
59	宇多	定省(사다미)	887(仁和 3)~ 897(寛平 9)	65
60	醍醐	敦仁(아쓰기미)	897(寛平 9)~ 930(延長 8)	46
61	朱雀	寛明(유타키라)	930(延長 8)~ 946(天慶 9)	30
62	村上	成明(나리아키라)	946(天慶 9)~ 967(康保 4)	42
63	冷泉	憲平(노리히라)	967(康保 4)~ 969(安和 2)	62
64	円融	守平(모리히라)	969(安和 2)~ 984(永観 2)	33
65	花山	師貞(모로사다)	984(永観 2)~ 986(寛和 2)	41
66	一条	懐仁(야스히토)	986(寛和 2)~1011(寛弘 8)	32
67	三条	居貞(이야사다)	1011(寛弘 8)~1016(長和 5)	42
68	後一条	敦成(아쓰히라)	1016(長和 5)~1036(長元 9)	29
69	後朱雀	敦良(아쓰나가)	1036(長元 9)~1045(寛徳 2)	37
70	後冷泉	親仁(지카히토)	1045(寛徳 2)~1068(治暦 4)	44
71	後三条	尊仁(다카히토)	1068(治暦 4)~1072(延久 4)	40
72	白河	貞仁(사다히토)	1072(延久 4)~1086(応徳 3)	77

代数	諡号	諱	在 位 期 間	寿命
73	堀河	善仁(다루히토)	1086(応徳 3)~1107(嘉永 2)	29
74	鳥羽	宗仁(무네히토)	1107(嘉永 2)~1123(保安 4)	54
75	崇徳	顕仁(아키히토)	1123(保安 4)~1141(永治 1)	46
76	近衛	体仁(나리히토)	1141(永治 1)~1155(久寿 2)	17
77	後白河	雅仁(마사히토)	1155(久寿 2)~1158(保元 3)	66
78	二条	守仁(모리히토)	1158(保元 3)~1165(永万 1)	23
79	六条	順仁(노부히토)	1165(永万 1)~1168(仁安 3)	13
80	高倉	憲仁(노리히토)	1168(仁安 3)~1180(治承 4)	21
81	安徳	言仁(도키히토)	1180(治承 4)~1185(寿永 4)	8
82	後鳥羽	尊成(다카히라)	1183(寿永 2)~1198(建久 2)	60
83	土御門	為仁(다메히라)	1198(建久 2)~1210(承元 4)	37
84	順徳	守成(모리나리)	1210(承元 4)~1221(承久 3)	46
85	仲恭	懐成(가네나리)	1221(承久 3)~1221(承久 3)	17
86	後堀河	茂仁(유타히토)	1221(承久 3)~1232(貞永 1)	23
87	四条	秀仁(미쓰히토)	1232(貞永 1)~1242(仁治 3)	12
88	後嵯峨	邦仁(구니히토)	1242(仁治 3)~1246(寛元 4)	53
89	後深草	久仁(히사히토)	1246(寛元 4)~1259(正元 1)	62
90	亀山	恆仁(쓰네히토)	1259(正元 1)~1274(文永11)	57
91	後宇多	世仁(요히토)	1274(文永11)~1287(弘安10)	58
92	伏見	熙仁(데루히토)	1287(弘安10)~1298(永仁 6)	53
93	後伏見	胤仁(다네히토)	1298(永仁 6)~1301(正安 3)	49
94	後二条	邦治(구니하루)	1301(正安 3)~1308(延慶 1)	24
95	花園	富仁(도미히토)	1308(延慶 1)~1318(文保 2)	52
96	後醍醐	尊治(다카하루)	1318(文保 2)~1339(延元 4)	52
97	後村上	義良(노리나가)	1339(延元 4)~1368(正平23)	41
98	長慶	寛成(유타나리)	1368(正平23)~1383(弘和 3)	52
99	後亀山	熙成(히로나리)	1383(弘和 3)~1392(元中 9)	78
北朝	光厳	量仁(가즈히토)	1331(元弘 1)~1333(元弘 3)	52
〃	光明	豊仁(도요히토)	1336(建武 3)~1348(貞和 4)	60
〃	崇光	興仁(오키히토)	1348(貞和 4)~1351(観応 2)	65
〃	後光厳	弥仁(이야히토)	1352(観応 3)~1371(応安 4)	37
〃	後円融	緒仁(오히토)	1371(応安 4)~1382(永徳 2)	36
100	後小松	幹仁(모토히토)	1382(永徳 2)~1412(応永19)	57
101	称光	実仁(미히토)	1412(応永19)~1428(正長 1)	28
102	後花園	彦仁(히코히토)	1428(正長 1)~1464(寛正 5)	52
103	後土御門	成仁(후사히토)	1464(寛正 5)~1500(明応 9)	59
104	後柏原	勝仁(가쓰히토)	1500(明応 9)~1526(大永 6)	63
105	後奈良	知仁(도모히토)	1526(大永 6)~1557(弘治 3)	62
106	正親町	方仁(미치히토)	1557(弘治 3)~1586(天正14)	77
107	後陽成	和仁(가즈히토)	1586(天正14)~1611(慶長16)	47

代数	諡号	諱	期　　間	寿命
108	後水尾	政仁(고토히토)	1611(慶長16)~1629(寛永 6)	85
109*	明正	興子(오키코)	1629(寛永 6)~1643(寛永20)	74
100	後光明	紹仁(쓰구히토)	1643(寛永20)~1654(承応 3)	22
111	後西	良仁(나가히토)	1654(承応 3)~1663(寛文 3)	49
112	霊元	識仁(사토히토)	1663(寛文 3)~1687(貞享 4)	79
113	東山	朝仁(아사히토)	1687(貞享 4)~1709(宝永 6)	35
114	中御門	慶仁(야스히토)	1709(宝永 6)~1735(享保20)	37
115	桜町	昭仁(데루히토)	1735(享保20)~1747(延享 4)	31
116	桃園	遐仁(도오히토)	1747(延享 4)~1762(宝暦12)	22
117*	後桜町	智子(도시코)	1762(宝暦12)~1770(明和 7)	74
118	後桃園	英仁(히데히토)	1770(明和 7)~1779(安永 8)	22
119	光格	兼仁(도모히토)	1779(安永 8)~1817(文化14)	70
120	仁孝	恵仁(아야히토)	1817(文化14)~1846(弘化 3)	47
121	孝明	統仁(오사히토)	1846(弘化 3)~1866(慶応 2)	36
122	明治	睦仁(무쓰히토)	1867(慶応 3)~1912(明治45)	61
123	大正	嘉仁(요시히토)	1912(大正 1)~1926(大正15)	48
124	昭和	裕仁(히로히토)	1926(昭和 1)~1989(昭和64)	89
125	今上	明仁(아키히토)	1989(平成 1)~	

<院政>

上皇	院政下의 天皇	期　　間	年数
白　河	堀河, 鳥羽, 崇徳	1086(応徳 3),11~1129(大治 4), 7	43년
鳥　羽	崇徳, 近衛, 後白河	1129(大治 4), 7~1156(保元 1), 7	27년
後白河	二条, 六条, 高倉	1158(保元 3), 8~1179(治承 3),11	21년
高　倉	安徳	1180(治承 4), 2~1180(治承 4),12	1년
後白河	安徳, 後鳥羽	1181(治承 5), 1~1192(建久 3), 3	11년
後鳥羽	土御門, 順徳, 仲恭	1198(建久 3),11~1221(承久 3), 7	24년
後高倉	後堀河	1221(承久 3), 7~1223(貞応 2), 5	2년
後堀河	四条	1232(貞永 1),10~1234(文暦 1), 1	2년
後嵯峨	後深草, 亀山	1246(寛元 4), 1~1272(文永 9), 2	26년
亀　山	後宇多	1274(文永11), 1~1287(弘安10),10	14년
後深草	伏見	1287(弘安10),10~1290(正応 3), 2	2년
伏　見	後伏見	1298(永仁 6), 7~1301(正安 3), 2	3년
後宇多	後二条	1301(正安 3), 1~1308(延暦 1), 8	8년
伏　見	花園	1308(延慶 1), 8~1313(正和 2),10	5년
後伏見	花園	1313(正和 2),10~1318(文保 2), 2	4년
後宇多	後醍醐	1318(文保 2), 2~1321(元亨 1),12	4년
後伏見	光厳	1331(元弘 1), 9~1333(元弘 3), 5	2년

<摂政・關白>

氏 名	職名	在 職 期 間	年数
藤原 良房 <857(天安 1)신하로서 최초의 太政大臣이 됨>			
藤原 良房 <866(貞観 8)천하의 政을 摂行시킴>			
藤原 基経 <876(貞観18) 〃>			
藤原 基経 <887(仁和 3)천하의 政을 関白시킴(関白의 시작)>			
藤原 忠平	摂政	930(延長 8)～ 941(天慶 4)	11년
藤原 忠平	関白	941(天慶 4)～ 949(天暦 3)	9년
藤原 実頼	関白	967(康保 4)～ 969(安和 2)	2년
藤原 実頼	摂政	969(安和 2)～ 970(天禄 1)	1년
藤原 伊尹	摂政	970(天禄 1)～ 972(天禄 3)	2년
藤原 兼通	関白	972(天禄 3)～ 977(貞元 2)	5년
藤原 頼忠	関白	977(貞元 2)～ 986(寛和 2)	9년
藤原 兼家	摂政	986(寛和 2)～ 990(正暦 1)	4년
藤原 兼家	関白	990(正暦 1)～ 990(正暦 1)	3일
藤原 道隆	関白	990(正暦 1)～ 990(正暦 1)	18일
藤原 道隆	摂政	990(正暦 1)～ 993(正暦 4)	3년
藤原 道隆	関白	993(正暦 4)～ 995(長徳 1)	2년
藤原 道兼	関白	995(長徳 1)～ 995(長徳 1)	11일
藤原 道長	内覧	1015(長和 4)～1016(長和 5)	1년
藤原 道長	摂政	1016(長和 5)～1017(寛仁 1)	1년
藤原 頼通	摂政	1017(寛仁 1)～1019(寛仁 3)	2년
藤原 頼通	関白	1019(寛仁 3)～1068(治暦 4)	50년
藤原 教通	関白	1068(治暦 4)～1075(承保 2)	7년
藤原 師実	関白	1075(承保 2)～1086(応徳 3)	11년
藤原 師実	摂政	1086(応徳 3)～1090(寛治 4)	4년
藤原 師実	関白	1090(寛治 4)～1094(嘉保 1)	4년
藤原 師通	関白	1094(家保 1)～1099(康和 1)	5년
藤原 忠実	関白	1105(長治 2)～1107(嘉承 2)	2년
藤原 忠実	摂政	1107(嘉承 2)～1113(永久 1)	6년
藤原 忠実	関白	1113(永久 1)～1121(保安 2)	8년
藤原 忠通	関白	1121(保安 2)～1123(保安 4)	2년
藤原 忠通	摂政	1123(保安 4)～1129(大治 4)	6년
藤原 忠通	関白	1129(大治 4)～1141(永治 1)	11년
藤原 忠通	摂政	1141(永治 1)～1150(久安 6)	9년
藤原 忠通	関白	1150(久安 6)～1158(保元 3)	8년

藤原 基実	関白	1158(保元 3)~1165(永万 1)	7년
藤原 基実	摂政	1165(永万 1)~1166(仁安 1)	1년
藤原 基房	摂政	1166(仁安 1)~1172(承安 2)	6년
藤原 基房	関白	1172(承安 2)~1179(治承 3)	7년
藤原 基通	関白	1179(治承 3)~1180(治承 4)	1년
藤原 基通	摂政	1180(治承 4)~1183(寿永 2)	3년
藤原 師家	摂政	1183(寿永 2)~1184(元暦 1)	1년
藤原 基通	摂政	1184(元暦 1)~1186(文治 2)	2년
藤原 兼実	摂政	1186(文治 2)~1191(建久 2)	5년
藤原 兼実	関白	1191(建久 2)~1196(建久 7)	5년
藤原 基通	関白	1196(建久 7)~1198(建久 9)	2년
藤原 基通	摂政	1198(建久 9)~1202(建仁 2)	4년
九条 良経	摂政	1202(建仁 2)~1206(建永 1)	3개월
近衛 家実	摂政	1206(建永 1)~1206(建永 1)	9개월
近衛 家実	関白	1206(建永 1)~1221(承久 3)	15년
九条 道家	摂政	1221(承久 3)~1221(承久 3)	3개월
近衛 実家	摂政	1121(承久 3)~1223(貞応 2)	2년
近衛 実家	関白	1223(貞応 2)~1228(安貞 2)	5년

<鎌倉幕府의 將軍>

代数	氏 名	在 職 期 間	寿命
1	源 頼朝	1192(建久 3)~1199(正治 1)	53
2	源 頼家	1202(建仁 2)~1203(建仁 3)	23
3	源 実朝	1203(建仁 3)~1219(承久 1)	28
4	藤原 頼経	1226(嘉禄 2)~1244(寛元 2)	39
5	藤原 頼嗣	1244(寛元 2)~1252(建長 4)	18
6	宗尊親王	1252(建長 4)~1266(文永 3)	33
7	惟康親王	1266(文永 3)~1289(正応 2)	63
8	久明親王	1289(正応 2)~1308(延慶 1)	55
9	守邦親王	1308(延慶 1)~1333(元弘 3)	33

<鎌倉幕府의 執權>

代数	氏名	在職期間	死亡年
1	北条 時政	1203(建仁 3)～1205(元久 2)	1215
2	北条 義時	1205(元久 2)～1224(元仁 1)	1224
3	北条 泰時	1224(元仁 1)～1242(仁治 3)	1242
4	北条 経時	1242(仁治 3)～1246(寛元 4)	1246
5	北条 時頼	1246(寛元 4)～1256(康元 1)	1263
6	北条 長時	1256(康元 1)～1264(文永 5)	1264
7	北条 政村	1264(文永 1)～1268(文永 5)	1273
8	北条 時宗	1268(文永 5)～1284(弘安 7)	1284
9	北条 貞時	1284(弘安 7)～1301(正安 3)	1311
10	北条 師時	1301(正安 3)～1311(応長 1)	1311
11	北条 宗宣	1311(応長 1)～1312(正和 1)	1312
12	北条 煕時	1312(正和 1)～1315(正和 4)	1315
13	北条 基時	1315(正和 4)～1315(正和 4)	1333
14	北条 高時	1316(正和 5)～1326(嘉暦 1)	1333
15	北条 貞顕	1326(嘉暦 1)～1326(嘉暦 1)	1333
16	北条 守時	1326(嘉暦 1)～1333(元弘 3)	1333

<室町幕府의 將軍>

代数	氏名	在職期間	寿命
1	足利 尊氏	1138(暦応 1)～1358(延文 3)	54
2	足利 義詮	1358(延文 3)～1367(貞治 6)	38
3	足利 義満	1368(応安 1)～1394(応永 1)	51
4	足利 義持	1394(応永 1)～1423(応永30)	43
5	足利 義量	1423(応永30)～1425(応永32)	19
6	足利 義教	1429(永享 1)～1441(嘉吉 1)	48
7	足利 義勝	1442(嘉吉 2)～1443(嘉吉 3)	10
8	足利 義政	1449(宝徳 1)～1473(文明 5)	56
9	足利 義尚	1473(文明 5)～1489(延徳 1)	25
10	足利 義稙	1490(延徳 2)～1493(明応 2)	58
		1508(永正 5)～1521(大永 1)	再任
11	足利 義澄	1494(明応 3)～1508(永正 5)	32
12	足利 義晴	1521(大永 1)～1546(天文15)	40
13	足利 義輝	1546(天文15)～1565(永禄 8)	30
14	足利 義栄	1568(永禄11)～1568(永禄11)	29
15	足利 義昭	1568(永禄11)～1573(天正 1)	61

<江戸幕府의 將軍>

代数	氏 名	在 職 期 間	寿命
1	徳川 家康	1603(慶長 8)~1605(慶長10)	75
2	徳川 秀忠	1605(慶長10)~1623(元和 9)	54
3	徳川 家光	1623(元和 9)~1651(慶安 4)	48
4	徳川 家綱	1651(慶安 4)~1680(延宝 8)	40
5	徳川 綱吉	1680(延宝 8)~1709(宝永 6)	64
6	徳川 家宣	1709(宝永 6)~1712(正徳 2)	51
7	徳川 家継	1713(正徳 3)~1716(享保 2)	8
8	徳川 吉宗	1716(享保 2)~1745(延享 2)	68
9	徳川 家重	1745(延享 2)~1760(宝暦10)	51
10	徳川 家治	1760(宝暦10)~1786(天明 6)	50
11	徳川 家斉	1787(天明 7)~1837(天保 8)	69
12	徳川 家慶	1837(天保 8)~1853(嘉永 6)	61
13	徳川 家定	1853(嘉永 6)~1858(安政 5)	35
14	徳川 家茂	1858(安政 5)~1866(慶応 2)	21
15	徳川 慶喜	1866(慶応 2)~1867(慶応 3)	77

<内閣總理大臣>

代数	氏 名	出身地	身分	在 職 期 間
1	伊藤 博文1	山 口	文官	1885(明治18),12~1888, 4
2	黒田 済隆	鹿児島	陸軍	1888(〃 21), 4~1889,12
3	山県 有朋1	山口	陸軍	1889(〃 22),12~1891, 5
4	松方 正義1	鹿児島	文官	1891(〃 24), 5~1892, 8
5	伊藤 博文2	山口	文官	1892(〃 25), 8~1896, 9
6	松方 正義2	鹿児島	文官	1896(〃 29), 9~1898, 1
7	伊藤 博文3	山口	文官	1898(〃 31), 1~1898, 6
8	大隈 重信1	佐賀	文官	1898(〃 31), 6~1898, 11
9	山県 有朋2	山口	陸軍	1898(〃 31),11~1900,10
10	伊藤 博文4	山口	文官	1900(〃 33),10~1901, 6
11	桂 太郎1	山口	陸軍	1901(〃 34), 6~1906, 1
12	西園寺公望1	京都	文官	1906(〃 39), 1~1908, 7
13	桂 太郎2	山口	陸軍	1908(〃 41), 7~1911, 8
14	西園寺公望2	京都	文官	1911(〃 44), 8~1912,12
15	桂 太郎3	山口	陸軍	1912(大正 1),12~1913, 2
16	山本権兵衛1	鹿児島	海軍	1913(〃 2), 2~1914, 4
17	大隈 重信2	佐賀	文官	1914(〃 3), 4~1916,10

代数	氏　名	出身地	身分	在　職　期　間
18	寺内 正毅	山口	陸軍	1916(〃 5),10～1918, 9
19	原　　敬	岩手	文官	1918(〃 7), 9～1921,11
20	高橋 是清	宮城	文官	1921(〃 10),11～1922, 6
21	加藤友三郎	広島	海軍	1922(〃 11), 6～1923, 8
22	山本権兵衛2	鹿児島	海軍	1923(〃 12), 9～1924, 1
23	清浦 奎吾	熊本	文官	1924(〃 13), 1～1924, 6
24	加藤 高明	愛知	文官	1924(〃 13), 6～1926, 1
25	若槻礼次郎1	島根	文官	1926(〃 15), 1～1927, 4
26	田中 義一	岡山	陸軍	1927(昭和 2), 4～1929, 7
27	浜口 雄幸	高知	文官	1929(〃 4), 7～1931, 4
28	若槻礼次郎2	島根	文官	1931(〃 6), 4～1931,12
29	犬養　毅	岡山	文官	1931(〃 6),12～1932, 5
30	斎藤　実	岩手	海軍	1932(〃 7), 5～1934, 7
31	岡田 啓介	福井	海軍	1934(〃 9), 7～1936, 3
32	広田 弘毅	福岡	文官	1936(〃 11), 3～1937, 2
33	林 銑十郎	石川	陸軍	1937(〃 12), 2～1937, 6
34	近衛文麿1	東京	文官	1937(〃 12), 6～1939, 1
35	平沼騏一郎	岡山	文官	1939(〃 14), 1～1939, 8
36	阿部 信行	石川	海軍	1939(〃 14), 8～1940, 1
37	米内 光政	岩手	陸軍	1940(〃 15), 1～1940, 7
38	近衛 文麿2	東京	文官	1940(〃 15), 7～1941,10
39	近衛 文麿3	東京	文官	1941(〃 16), 7～1941,10
40	東条英機	東京	海軍	1941(〃 16),10～1944, 7
41	小磯 国昭	山形	海軍	1944(〃 19), 7～1945, 4
42	鈴木貫太郎	千葉	海軍	1945(〃 20), 4～1945, 8
43	東久迩宮稔彦王		皇族	1945(〃 20), 8～1945,10
44	幣原喜重郎	大阪	文官	1945(〃 20),10～1946, 5
45	吉田　茂	東京	文官	1946(〃 20), 5～1947, 5

연민수(延敏洙)

　동국대학교 사학과, 동 대학원 석사과정 졸업

　일본 큐슈(九州)대학 일본사학과 수사, 박사과정 졸업(문학박사)

　부산대학교 연구교수

　바른역사기획단 선임연구관

　한일관계사학회 회장(2004-2008)

　동북아역사재단 연구위원(현)

논저　『고대한일관계사』(1998, 혜안)

　　　『고대한일교류사』(2003, 혜안)

　　　『일본고중세 문헌 속의 한일관계사료집성』(공편, 2005, 혜안)

　　　『한일고중세사』(공저, 1999, 방송대출판부)

　　　『새로 쓴 일본사』(공역, 2003, 창비)

　　　『기억의 역사』(공저, 2003, 이화여대출판부)

　　　『천황과 일본문화』(공저, 2004, 한림대 아시아문화연구소)

　　　『한일관계 2천년』(공저, 2006, 경인문화사)

일본역사

1998년 11월 10일 초판 발행
2011년 02월 26일 11쇄 발행

편저자 : 연민수
발행인 : 김흥국
발행처 : 도서출판 **보고사**(제6-0429)
주　소 : 서울시 성북구 보문동7가 11번지
전　화 : 02)922-5120~1(편집부)
　　　　 02)922-2246(영업부)
팩　스 : 02)922-6990
메　일 : kanapub3@chol.com
www.bogosabooks.co.kr

가격
9,000원

ISBN　89-86142-81-3

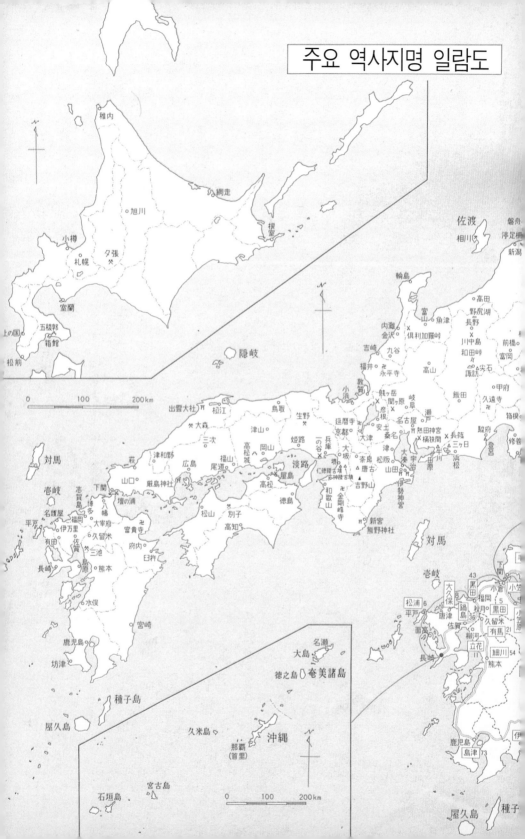

주요 역사지명 일람도

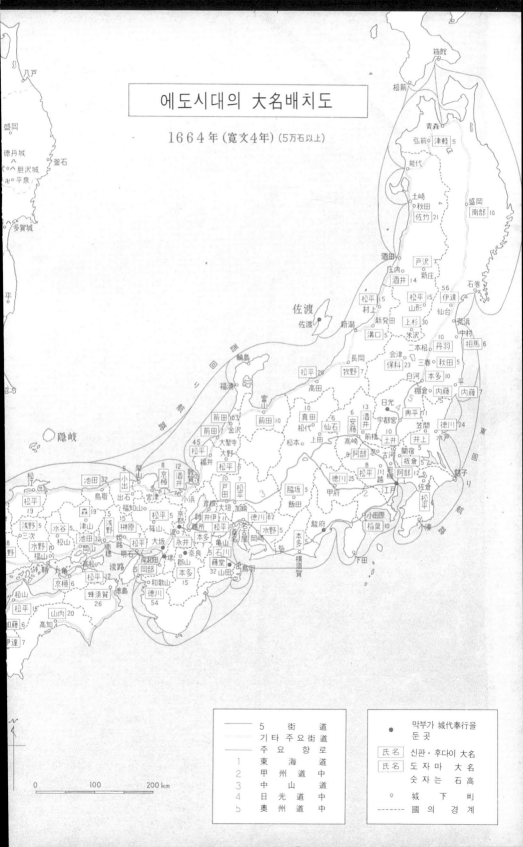

에도시대의 大名배치도

1664年 (寛文4年) (5万石以上)